21世纪高等院校会展管理优秀教材

婚庆策划与管理

刘德艳 ◎ 编著

清华大学出版社
北京

内容简介

"婚庆策划与管理"作为会展管理的一门课程，目的是使学生了解婚庆策划与组织的全过程，最终将学生培养成掌握婚庆基础知识和未来发展趋势的婚庆公司的策划人、主持人、经理人和现场布置与督导等婚庆行业的专门人才。本书系统地构建了婚庆活动策划与管理的理论与实践的专业知识框架，系统阐述了婚庆活动策划与组织管理的全过程、方法与技巧。本书可作为婚庆类课程的教科书，适合开设婚庆类课程的本科、专科、婚庆公司从业人员、婚庆行业培训资料及社会适婚人群阅读和使用。

本书封面贴有清华大学出版社防伪标签，无标签者不得销售。
版权所有，侵权必究。举报：010-62782989，beiqinquan@tup.tsinghua.edu.cn。

图书在版编目(CIP)数据

婚庆策划与管理/刘德艳编著. —2版. —北京：清华大学出版社，2022.8(2023.12重印)
21世纪高等院校会展管理优秀教材
ISBN 978-7-302-60344-3

Ⅰ.①婚… Ⅱ.①刘… Ⅲ.①结婚－礼仪－高等学校－教材 Ⅳ.①K891.22

中国版本图书馆CIP数据核字(2022)第043554号

责任编辑：陆浥晨
封面设计：汉风唐韵
责任校对：宋玉莲
责任印制：杨 艳

出版发行：清华大学出版社
网　　址：https://www.tup.com.cn，https://www.wqxuetang.com
地　　址：北京清华大学学研大厦A座　　邮　编：100084
社　总　机：010-83470000　　邮　购：010-62786544
投稿与读者服务：010-62776969，c-service@tup.tsinghua.edu.cn
质量反馈：010-62772015，zhiliang@tup.tsinghua.edu.cn

印　装　者：三河市天利华印刷装订有限公司
经　　销：全国新华书店
开　　本：185mm×260mm　　印　张：16.5　　字　数：377千字
版　　次：2014年3月第1版　2022年8月第2版　印　次：2023年12月第2次印刷
定　　价：59.00元

产品编号：078491-01

编　委　会

总主编：冯学钢

副主编：张凌云　邹统钎　高　峻　徐红罡

编　委：（按姓氏笔画为序）

王江英　王春雷　由亚男　冯娴慧

刘明广　刘德艳　江金波　汤亚东

许传宏　李　玺　李智玲　吴　泓

何会文　张跃西　罗秋菊　庞　华

胡　平　黄　彬　辜应康　焦　黎

蓝　星　戴光全

序 一

2011年年底,商务部出台了《关于"十二五"期间促进会展业发展的指导意见》,明确了"十二五"期间,促进会展业发展的指导思想、基本原则、主要任务和保障措施,是我国会展业发展的第一个中长期指导性文件。文件提出的"整合资源,错位发展,提高质量,调控总量"的发展宗旨,有利于我国会展业健康发展。我想,把这十六个字放在会展教育领域也是非常适合的。

整合资源。进入21世纪以来,我国会展经济硕果累累,会展教育也得到了迅速发展,会展教育资源能否得到充分利用,是一个绕不开的话题,不过如何整合资源是一个重大课题,是用市场手段,行政手段,还是两种手段皆有之?整合资源必然会损害某些业者的利益,如何处理这些关系,或采取哪些兼并措施,都是值得研究的课题。

错位发展。会展教育有高等学校,有中等学校,有本科,有专科,还有研究生,学校如何错位?是项目的错位还是城市之间的错位?错位需要规划。如果我国能在整合资源及错位发展上下真功夫,或许会牺牲部分人的利益。资源整合与错位发展,说说容易,做起来还要下功夫。

提高质量。如果前八个字是手段,真正的目的就是这四个字。会展教育机构的质量像贫富悬殊一样,好的特别好,差的不堪入目,大部分处于中间浮移状态。特别差的当然要砍掉,所以提高质量主要是指处于中间状态的会展教育机构,这部分量大而难搞。如何提高、如何转型、如何整合、如何扶持,等等,都是重要课题。

调控总量。就会展专业本科而言,全国已经有40多所院校开设,部分城市的学校也比较集中。不过毕业生签约率不高的信号已经传出,因此总量是否应该适当控制呢?这是一个值得研究的话题。

改革开放30多年来,我国会展业的发展速度是惊人的,成绩是喜人的,会展业对国民经济的贡献也是很大的。我们在欢欣鼓舞的同时,也必须保持冷静的态度,尤其是会展工作的管理者、研究者更应以实事求是的精神去认识、总结经验,吸取教训。那么我们对我国会展业更健康成长必然有期望,对尽早实现在世界会展舞台高端运行也会更加有期望。

中国会展经济研究会会展教育与培训专业委员会和清华大学出版社联合全国多家知名高校编辑一套全新的会展教材,我们认为是有必要的。一是因为"后奥运"和"后世博"时代我国会展经济出现了一些新的特点,需要及时认识、及时总结。二是会展教育和会展产业的同步性与适应性进一步协调,这些都对会展教材提出了新的要求。因此,尽管会展教材从数量上来看并不少,但是新形势背景下的教材还是需要的,这也体现了我国的会展教育正在与时俱进,整合推进地发展。

参加本套教材编写的作者源于华东师范大学、上海师范大学、东华大学、上海对外贸易学院、浙江大学、中山大学、华南理工大学、北京联合大学、南开大学、上海工程技术大学、上海第二工业大学、新疆师范大学、新疆财经大学、澳门城市大学。

编写教材是一件吃力不讨好的工作,需要作者的辛勤工作,因此向本套教材的作者表示敬意。希望他们的劳动获得社会的认可,希望这套教材能够为我国会展教育贡献力量。

中国会展经济研究会会展教育与培训专业委员会
21世纪高等院校会展管理精品教材编委会
2013年春

序二

党的十八大胜利召开,我国各项事业都面临着新的发展形势,会展业也继续保持了蓬勃发展的良好势头。我国"十二五"规划已经提出了"促进会展业健康发展"的目标。规划实施两年来,会展业出现许多新的东西,诸如:新的会展业态、新的活动形式、新的理论观点、新的实践探索。其中"大会展"的概念逐步明晰,"大会展"的内容更加丰富。目前,"大会展"的范围涵盖了展览、会议、节庆、赛事、演艺及奖励旅游等多个方面,成为会展城市广泛关注的领域。此外,会展产业与文化创意产业的联系与结合也日益紧密。商务部作为全国会展业的政府主管部门,先后出台了行业发展的指导意见以及关于资金扶持的文件,并在上海、天津建设国家级会展项目。这些都是中国会展业发展的新背景、新情况、新特点。为此,我国的会展教育工作者必须关注这些变化和动向。相应地,会展教材也需要与时俱进,及时更新。

知悉中国会展经济研究会会展教育与培训专业委员会和清华大学出版社联合全国多家知名高校编辑了这套全新的会展教材,并着力体现上述情况和精神,我感到非常欣慰,并愿为这套教材作序。在与编委会及部分作者交流探讨以及对书稿研读之后,我感受到本套教材确有一些值得推荐的亮点。

一、选题精准。本套教材主要围绕"大会展"的概念进行编写,提出了会展业在开展"大会展"活动中面临的一些焦点、热点和难点问题,并相应进行了理论思考,因此具有选题精准、视野宽广、观点较新的显著特点。

二、作者较强。本套教材的作者既有来自高校的教师,又有来自行业的经营者;既有重点大学的本科专业教师,也有专科层次的老师;还有境外的专业师资参与。故阵容比较强大。

三、体系完整。本套会展教材围绕导论、新业态和管理职能等方面,进行多角度、多模块的组合,努力做到理论与实务相结合,体现了"出精品,成系列,建体系"的指导思想。

四、配置灵活。本套新编教材吸取了以往各种会展教材的长处和经验,既考虑到使用本教材不同院校的共同需求,又力求使每本教材各具特色,便于不同院校有所取舍。所以,它的配置是很灵活的。

应该说,编写一套教材就是一项系统工程,需要作者们和出版社的辛勤工作与大量付出,也需要会展业界的广泛支持和集思广益。希望这套教材能够满足会展教育在会展新形势下的新需求,并为我国的会展教学、理论研究和教材编写起到承上启下、开拓创新的作用,为推动我国会展教育事业的发展贡献力量。

中国会展经济研究会

2013年春

前言

开宗明义,本书的读者主要为三类:准新人及其亲友团,婚庆公司创业者及从业人员,已开设或拟开设婚庆类课程的老师及准备学习该课程的学生。

随着人们生活水平的提高,新人们对自己的婚庆活动产生了更多的期待和更高的要求,他们在筹备婚礼时需要了解一系列自己关心的问题。婚庆公司从业人员需要了解相关的业务知识、创业计划及经营管理。高校的老师和学生则需要系统了解和学习市场上需要的婚庆业务,并能加盟婚庆公司或者自主创业开办婚庆公司。本书正是为这三类读者答疑解惑的,即先有了准新人的婚礼服务需求,接着有了婚庆公司服务的供给,最后高校紧跟其上,有了婚庆类课程的开设及学生的培养。

本书的框架体系就是围绕着上述三类读者的需要而展开:在了解我国婚庆业的产生、演变与发展的基础上,学习婚礼策划与婚礼类型选择;婚庆司仪与婚庆风险管理;婚庆花艺与现场布置;婚庆服饰、化妆、摄影与摄像;婚庆音乐、游戏与婚礼督导;以及婚庆公司的行业认知、开业筹备与经营管理。

本书得以面世还有一个重要原因,即全国第一批获批开办会展教育的上海师范大学的会展教育正处于从"会展管理"到"活动管理"转型的积极探索中,正是这个转型,使得"婚庆活动"这一"甜蜜的幸福产业"进入了笔者的视野。笔者长年在上海师范大学旅游管理专业任教,早年开设了"活动策划与管理"本科课程,在此基础上,萌生了依托婚庆产业的发展与人才需求,开设一门"婚庆策划与管理"课程的想法,并于2009年起连续至今,在上海师范大学旅游学院的旅游管理专业和会展经济与管理专业本科生中开设了这门课程。2006年上海旅游高等专科学校划归上海师范大学后,在上海旅游高等专科学校会展与经济学院的专科学生中也开设了这门课程。

然而,从筹备到开设这门"婚庆策划与管理"课程的过程中笔者才发现:与如火如荼、乱象丛生的婚庆业实践相比,有关婚庆业的理论及书籍资料极度缺乏,连最基本的课程框架都无从谈起。

于是,笔者静下心来从头做起,从2009年起,一点一滴地开始了这门课程的建设,并最终有了摆在读者面前的这本书。课程建设陆续得到了上海师范大学旅游学院教学改革研究项目、国家示范性高等职业院校建设项目、上海高等教育内涵建设"085"工程建设项目、上海师范大学应用型本科建设等项目的大力支持。书稿交付出版社之日,回想起这几年为了写这本书所花费的那么多的时间和心血,真是百感交集。

本书的成书过程中,要感谢上海师范大学会展系的同仁的启发、帮助与支持,感谢已经开设过"婚庆策划与管理"课程的2009~2012级会展经济与管理专业及旅游管理专业的本、专科同学们,感谢成书过程中提供了写作思路和资料的参考文献的作者们。本书引用的文字部分都已在脚注中加以标注,引用的图片除了已经加注水印的以外,也均在脚注中予以说明。最后笔者还要感谢热情地接待了我校2009～2012级学生们考察、调研、兼职、实习、就业的全国诸多的婚庆公司及婚庆相关机构。正是业界和高校的一起努力,才能更好地打造让新人们更满意、让婚庆公司发展更规范的中国婚庆业的美好明天。

作　者

修订版 前言

笔者从教的第一天起,就暗下决心要做一个有教育理想的老师。因此,每当开发出一门新课时,都会思考这个问题:如何教出既能满足行业眼下的需求,又能引领行业未来发展的前瞻性人才呢?

从2008年筹备开设"婚庆策划与管理"课程至今,笔者不断地在培养的每一届学生身上进行新的教学设计。比如这次修订版中增加的学生自述板块"我的爱情宣言",就是近年来做的教学尝试。这个板块的教学目的就是希望学生能体会新人们的爱情观和婚礼上可能的心情,然后去策划、设计、引领一对新人的爱情在婚礼上升华成"为爱加冕"的仪式,并从此走向新的人生阶段。笔者认为,学校培养的婚庆产业的人才,不能只教会他们如何从技术层面上去做一场婚礼,而是应该围绕着"美好爱情的样子"或者"美好爱情应该有的样子",用专业水准为新人奉上令人难忘的、量身定制的婚礼。

本书在修订时,每章前增加了**"我的爱情宣言+刘德艳博士的点评"**板块,意在与学习婚庆课程的学生、婚庆公司的从业人员、准新人这三类读者分享一些对爱情及婚姻生活的看法。本书中,提出这些爱情观的大多是学习笔者课程的大三学生,年龄为20~23岁。他们中有的已经有了男朋友或者女朋友,有的还在憧憬爱情的到来。虽然他们不能代表所有年龄段人的爱情观,但是,也许他们的"爱情宣言"能让读者想起自己的"爱情初心"。也许,正是这些"爱情初心",才支撑着我们在婚姻生活遇到困难的时候,能有勇气相互支持并陪伴彼此,在人生的路上继续幸福地走下去。来看看下面这组**爱情宣言**。

秦同学:凡是最登对,必定各独立。

吴同学:若不是一起变好,不如一个人终老。

徐同学:爱情是细水长流的平静和稳定。

李同学:爱情是人生的惊喜,婚礼是生活的考验,长路漫漫,希望有人同行。

朱同学:我觉得爱情是陪伴,是一起做饭。

钱同学:应该能经得住时间的考验,抵得住流年,经得住离别,能够忍受思念,惊艳了时光,温柔了岁月。

刘德艳博士的点评:他们不要互相依附,要各自独立;他们不要互相将就,要一起变好;他们知道热恋之后是平静和稳定;他们渴望爱情给人生带来惊喜,但也深知婚姻生活的长路漫漫;他们懂得将爱恋化为一餐一饭的陪伴;他们希望自己的爱情能经得住离别,抵得住流年。

通过了解这些同学的爱情观,是不是看到了婚俗观念正在随着时代的发展而不断演变?带着这些新的婚俗观念来进行婚庆活动的策划和管理,是不是会让我们更有新思路?因此,本书在此次修订时,笔者在每一章前增加了这个新的板块,让读者带着对爱情、婚姻和人生的思考来开始每一章的阅读与学习。

在《婚庆策划与管理》第一版出版后，很多学校陆续开设了婚庆类课程，很多婚庆公司和新人购买和使用了本书，并给出了许多积极的反馈。笔者荣幸地在"2017中国·上海首届国际婚礼时尚周"上获得了"受行业欢迎教学奖"。笔者带领上海师范大学的本科生积极参与了首届国际婚礼时尚周活动，上海国际婚礼时尚周组委会还特别为上海师范大学颁发了感谢牌匾。2020年7月，笔者的《婚庆策划与管理》一书荣获了第十二届中国会展经济研究会二级成果奖。

每年实习和毕业季，笔者都有学生尝试婚庆行业兼职、就业和创业。他们带着笔者对于婚庆行业人才培养的理想，在婚庆行业实践中，为中国的婚庆产业良性发展做出努力。

基于以上情况和婚庆行业的不断发展，笔者带着对婚庆产业新发展的思考，在本书修订时，在各章节中增加了一些新观点，更新了一些新的认识。每章前的"引入案例"及章后的"引申案例"中，基本上都更换了新的材料，以期使读者了解最新的婚庆行业的变化与趋势。

由于笔者工作繁忙，本书的修订历时较长。在本书的写作及修订过程中，除了要感谢悉心关爱自己的家人以外，还要感谢上海婚庆行业协会的帮助。上海的婚庆行业无论是在婚庆风尚的引领、行业自律和行业标准的制定，还是服务投诉的处理上，都处于全国前列。此外，还要感谢中国传统文化促进会婚庆文化产业发展委员会主任、中国商业联合会婚庆行业委员会主任曹仲华先生，他不仅致力于发展上海的婚庆行业，奔走于推动长三角乃至全国婚庆产业的联动发展，还对笔者的婚庆教学工作和学生都给予了悉心的指导。最后要大力感谢的是清华大学出版社的编辑陆浥晨女士，正是她持续的温柔和耐心，以及严谨专业的工作态度，才鼓励着笔者不断地抽出时间去完成本书的修订工作，和那么多期待本书修订的读者们，相会在甜蜜的婚庆产业中。

最后，笔者想送给本书的读者朋友们八个字：来过，爱过；人间，值得。

让我们，和这本书一起，为爱加冕。

刘德艳于上海
2021年3月

刘德艳老师获得"受婚庆行业欢迎教学奖"

上海国际婚礼时尚周组委会特别为上海师范大学颁发的致谢牌匾

《婚庆策划与管理》荣获改革开放四十周年会展经济研究优秀成果奖三等奖

《婚庆策划与管理》荣获中国会展经济研究会二级成果

目 录

第一章 我国婚庆业的产生、演变与发展 …………………………………… 1

第一节 我国婚庆的起源与婚俗演变 ………………………………… 2
　　一、我国婚庆的起源与概念界定 ………………………………… 2
　　二、我国婚俗的演变 …………………………………………… 3

第二节 我国现代婚庆业的现状与问题 ……………………………… 14
　　一、我国现代婚庆业的现状 …………………………………… 14
　　二、我国现代婚庆业存在的问题 ……………………………… 18

第三节 我国现代婚庆业的发展 ……………………………………… 19
　　一、影响我国现代婚庆业发展的因素 ………………………… 19
　　二、我国现代婚庆业的发展趋势 ……………………………… 20
　　三、我国现代婚庆业的风向标——婚博会 …………………… 23

　小结 ……………………………………………………………………… 27
　复习思考题 ……………………………………………………………… 27
　引申案例一　上海国际婚礼时尚周开幕：长三角婚庆业将实施一体化
　　　　　　　发展三年行动计划 ………………………………………… 27
　引申案例二　新人遭遇婚庆消费陷阱："这里面的水太深" …………… 27

第二章 婚礼策划与婚礼类型选择 …………………………………………… 31

第一节 婚礼策划 ……………………………………………………… 32
　　一、婚礼策划的含义与作用 …………………………………… 32
　　二、婚礼策划的理论基础 ……………………………………… 34
　　三、婚礼策划师 ………………………………………………… 34
　　四、婚礼策划的原则 …………………………………………… 37
　　五、婚礼策划方案 ……………………………………………… 38

第二节 中式婚礼 ……………………………………………………… 40
　　一、中式婚礼的传承和接受 …………………………………… 40
　　二、中式婚礼之传统习俗 ……………………………………… 40
　　三、中式婚礼的道具 …………………………………………… 41
　　四、中式婚礼的流程 …………………………………………… 42

五、中式婚礼的费用 ·· 44
　　六、中式婚礼的其他注意事项 ·· 44
第三节　西式婚礼 ··· 45
　　一、西式婚礼的婚礼传统 ··· 45
　　二、西式婚礼的流程 ·· 48
　　三、西式婚礼的举办场所 ··· 49
　　四、西式婚礼中的婚礼主持词 ·· 50
第四节　中西合璧式婚礼 ··· 51
　　一、中式婚礼和西式婚礼的区别 ··· 51
　　二、中西合璧式婚礼的出现 ··· 53
　　三、中西合璧式婚礼的流程 ··· 53
　　四、中西合璧式婚礼的注意事项 ··· 54
第五节　主题婚礼 ··· 54
　　一、主题婚礼的含义 ·· 55
　　二、主题婚礼的类型 ·· 55
　　三、主题婚礼的表现 ·· 64
第六节　集体婚礼 ··· 65
　　一、集体婚礼的来历与演变 ··· 65
　　二、集体婚礼的类型 ·· 66
　　三、集体婚礼的适合人群 ··· 69
　　四、集体婚礼的一般方案 ··· 69
　　五、集体婚礼的一般流程 ··· 71
小结 ··· 72
复习思考题 ·· 72
引申案例一　女儿在加拿大的"中西合璧婚礼" ······································· 73
引申案例二　海南打造婚庆旅游目的地产品丰富多样 ······························· 73

第三章　婚庆司仪与婚庆风险管理 ··· **90**

第一节　婚庆司仪的概念与历史变迁 ··· 91
　　一、婚庆司仪的概念 ·· 91
　　二、婚庆司仪的历史变迁 ··· 91
第二节　婚庆司仪从业人员分析 ··· 92
　　一、婚庆司仪的性别 ·· 92
　　二、婚庆司仪从业人员构成与从业门槛 ··· 93
　　三、婚庆司仪的类型 ·· 94
第三节　婚庆司仪的职业分析 ·· 95
　　一、婚庆司仪的职责 ·· 95

二、婚礼司仪的职业特点 …………………………………………… 96

第四节　婚庆司仪的素养与培训 …………………………………………… 97
　　一、婚庆司仪的职业道德 …………………………………………… 97
　　二、婚庆司仪的基本素质 …………………………………………… 98
　　三、婚庆司仪的培训 ………………………………………………… 99

第五节　婚庆司仪的主持词及经验技巧 …………………………………… 103
　　一、婚庆司仪的主持词 ……………………………………………… 103
　　二、婚庆司仪的经验技巧 …………………………………………… 104

第六节　婚庆风险管理 ……………………………………………………… 105
　　一、婚庆风险的种类 ………………………………………………… 105
　　二、婚庆风险管理的内涵 …………………………………………… 105
　　三、常见的婚礼注意事项及突发状况管理 ………………………… 106

小结 …………………………………………………………………………… 114
复习思考题 …………………………………………………………………… 114
引申案例一　杭州一对新人草坪婚礼出现意外　新娘被虫咬婚戒取不下 … 115
引申案例二　婚宴上,铁架倒塌砸伤人 …………………………………… 115

第四章　婚庆花艺与现场布置 …………………………………………… **116**

第一节　婚庆花艺 …………………………………………………………… 117
　　一、婚庆的常用花及花语 …………………………………………… 117
　　二、婚庆花艺的用花原则 …………………………………………… 121
　　三、婚庆用花的类型及注意事项 …………………………………… 123

第二节　婚庆现场布置及常用道具 ………………………………………… 131
　　一、婚庆现场布置及注意事项 ……………………………………… 131
　　二、婚庆常用道具 …………………………………………………… 134

小结 …………………………………………………………………………… 139
复习思考题 …………………………………………………………………… 140
引申案例一　刘诗诗、吴奇隆为何请这位狂人设计婚礼花艺? ………… 140
引申案例二　刘诗诗手捧花曝光,27朵 roseonly 玫瑰花寓意"爱妻" … 140

第五章　婚庆化妆、服饰、摄影与摄像 ………………………………… **157**

第一节　婚庆服饰 …………………………………………………………… 158
　　一、新娘结婚礼服 …………………………………………………… 158
　　二、新郎结婚礼服 …………………………………………………… 166
　　三、伴娘、伴郎礼服 ………………………………………………… 170

第二节　婚庆化妆 …………………………………………………………… 171
　　一、新娘化妆 ………………………………………………………… 171

二、新郎化妆 174
　　三、婚庆化妆存在的问题 174
第三节　婚庆摄影 175
　　一、婚礼跟拍的意义 175
　　二、专业婚礼跟拍与非专业婚礼跟拍的区别 176
　　三、跟拍的价位及跟拍内容 176
　　四、跟拍的后期制作 177
　　五、婚礼前新人与跟拍摄影师需沟通的问题 177
　　六、婚礼全程跟拍攻略 178
第四节　婚庆摄像 180
　　一、婚礼录像拍摄流程要点 180
　　二、婚礼摄像技巧 186
　　三、婚礼摄像师须知 188
小结 189
复习思考题 189
引申案例一　我把婚礼图修美后，被客户投诉了 190
引申案例二　婚礼化妆师的一天 190

第六章　婚礼音乐、游戏与婚礼督导 202

第一节　婚礼音乐 203
　　一、婚礼音乐的起源 203
　　二、音乐在婚礼中的作用 203
　　三、婚礼音乐的特征 203
　　四、婚礼音乐的分类 204
　　五、婚礼音乐的选择技巧 204
　　六、西方教堂婚礼音乐的选择 205
　　七、西式现代婚礼音乐 206
　　八、中国传统婚礼音乐 207
　　九、中国现代婚礼音乐 208
第二节　婚礼游戏 209
　　一、婚礼游戏的功能 209
　　二、常见的婚礼游戏 210
　　三、婚礼游戏的注意事项 212
第三节　婚礼督导 212
　　一、婚礼督导的含义 212
　　二、婚礼督导的分类及其工作原则 214
　　三、婚礼督导的作用 215

四、婚礼督导的职责 ·· 216
　　五、婚礼督导需要具备的能力 ··· 219
　小结 ·· 221
　复习思考题 ·· 221
　引申案例　婚礼督导师手势动作一举一动严格规范 ···································· 222

第七章　婚庆公司的行业认知、开业筹备与经营管理 ······························· 223

　第一节　婚庆行业认知 ·· 224
　　一、基本概况 ·· 224
　　二、组织构架 ·· 226
　　三、设备设施 ·· 226
　　四、员工培训 ·· 226
　　五、行业现状 ·· 227
　　六、投资规模 ·· 227
　　七、竞争特点和形式 ··· 228
　第二节　婚庆公司的开业筹备 ·· 229
　　一、选定经营场所 ··· 229
　　二、筹措资金 ·· 230
　　三、公司装潢装饰 ··· 230
　　四、配置办公设备 ··· 231
　　五、招聘员工 ·· 232
　　六、申请注册公司 ··· 232
　　七、办理工商税务登记 ··· 233
　　八、办理银行开户手续 ··· 233
　第三节　婚庆公司的经营管理 ·· 234
　　一、经营管理理念 ··· 234
　　二、接单策略 ·· 235
　　三、营销策略 ·· 235
　　四、促销策略 ·· 236
　　五、客户推销策略 ··· 237
　　六、投诉应对策略 ··· 237
　小结 ·· 238
　复习思考题 ·· 238
　引申案例一　小夫妻创业案例，6年北漂后回家创业，开婚庆公司年入百万 ······ 239
　引申案例二　国庆"爆仓"订单火爆　这家婚庆公司开创了商业新模式 ············ 239

附录 ··· 240

附录 1 《婚姻庆典服务》国家标准 ·· 240
附录 2 上海市《婚庆服务规范》·· 240
附录 3 上海婚庆礼仪服务合同 ·· 240
附录 4 上海婚庆行业自律公约书 ·· 240
附录 5 上海婚庆礼仪服务投诉处理办法 ·································· 241
附录 6 黑龙江省婚庆礼仪消费争议解决办法 ·························· 241

第一章

我国婚庆业的产生、演变与发展

引 言

究竟是从什么时候开始,我们发现身边的新人们在筹备婚礼时纷纷开始找婚庆公司了? 我们受邀参加的婚礼越来越美,办得也越来越专业了?

本章作为《婚庆策划与管理》的开篇,先从我国婚庆的起源与婚俗演变展开分析,从黄帝婚礼、中式婚礼、集团婚礼一直到我国现代婚庆业的出现;从传统婚姻习俗礼仪的"三书六礼"到中华人民共和国成立以来的婚俗变化,再到21世纪婚俗的"个性张扬";从我国现代婚庆业的现状与存在的问题,到我国现代婚庆业的发展的制约因素与发展趋势;最后,用婚博会这一婚庆业的"一站式综合体"让读者对我国的婚庆业目前的发展有一个大致的了解。

学习要点

- 我国婚庆的起源与婚俗演变
- 我国现代婚庆业的现状与问题
- 影响我国现代婚庆业发展的因素
- 我国现代婚庆业的发展趋势

爱情宣言

管同学:爱情应该是一件很自然的事情,我们相爱并且默契。

张同学:爱情就是两个人在一起互相喜欢、互相成长、互相依赖。

雏同学:我能想到最浪漫的事,就是和你一起慢慢变老。

刘同学:爱不是相互凝望,而是朝同一个方向看去。——《小王子》

张同学:不一起看星星,星星它亮有什么用。

张同学:爱情不是一辈子不吵架,而是吵架了还能一辈子。

刘德艳博士的点评:

爱情是自然地发生,互相地喜欢;是互相依赖着,朝着同一个方向一起看星星,一起吵架,一起默契,一起慢慢变老。

引入案例

婚庆行业为大学生就业开辟新空间[①]

第一节　我国婚庆的起源与婚俗演变

一、我国婚庆的起源与概念界定

（一）我国婚庆的起源

中国传统婚礼是华夏文化的重要部分。古人认为黄昏是吉时，所以会在黄昏行娶妻之礼，基于此原因，夫妻结合的礼仪称为"昏礼"。昏礼在五礼之中属嘉礼，是继男子的冠礼或女子的笄礼之后的人生第二个里程碑。《容斋四笔·得意失意诗》（宋·洪迈）中也将"人生四喜"定义为：久旱逢甘雨，他乡遇故知。洞房花烛夜，金榜题名时。其中象征着结婚喜庆的洞房花烛夜，无疑是人生中最重要的时刻之一。由于结婚被视为一辈子的事情，因此，新人结婚之前，总会忙活一阵子，为结婚做准备。除了购置各种今后一起生活的结婚用品外，常常还要通知亲朋好友来参加结婚典礼，一起见证新人结为夫妻的神圣时刻。结婚典礼不仅是人类生存繁衍的重大仪式，一定程度上也是人类文明传承的重要表征。对于中国人来说，从古到今，"婚嫁"就是"人生四喜"之一，而"婚庆文化"也构成了中国传统文化与习俗的重要组成部分。

（二）婚庆的概念界定

1. 婚庆的含义

狭义的婚庆指的就是婚礼庆典，主要是指为新人量身打造的婚礼策划方案及组织实施该方案的全过程，主要包括：婚礼策划方案的提供，婚礼仪式现场的花艺等布置，婚礼司仪和婚礼督导的服务，化妆师、摄影师、摄像师的服务，以及音响、灯光、婚车等服务。

广义上来说，婚庆指的是狭义婚庆"仅注重婚礼庆典"的婚庆行业的延伸与扩充，是为处于家庭生命周期中的新婚阶段（包括婚前准备、婚礼庆典、婚后蜜月安排等）的新婚人群提供系列产品和全面服务的各种与婚庆有关联的行业的集合。因此，凡是与婚礼庆典相关的事务都可称为婚庆。如今，在婚礼服务（见图 1-1）、婚纱摄影（见图 1-2）、婚纱礼服生

---

① 本文是《新民晚报》（2011 年 3 月 24 日）大学生版记者沈奕盛同学对笔者 2009 年起在上海师范大学旅游学院开设"婚庆策划与管理"课程的采访。同时，沈奕盛同学还就婚庆策划与管理采访了时任上海市婚庆行业协会秘书长何丽娜女士。

产(见图 1-3)、婚宴服务(见图 1-4)四大行业龙头产业带领下,与房地产、家用汽车、家用电器、婚戒首饰(见图 1-5)、婚车租赁(见图 1-6)、婚房装修、彩妆造型(见图 1-7)等 76 个关联产业一起,逐步形成了以结婚消费产品和服务为核心的婚庆行业集群。

2. 婚庆业的含义

婚庆业是指由利益相互联系的、具有不同分工的、由围绕婚庆提供服务的各个相关行业所组成的业态总称。尽管婚庆相关各个行业的经营方式、经营形态、企业模式和流通环节有所不同,但是,它们的经营对象和经营范围都是围绕着婚庆这一共同产品而展开的,并且可以在构成业态的各个行业内部完成各自的循环。婚庆业是社会分工的产物,是社会生产力不断发展的必然结果。随着社会生产力水平不断提高,产业的内涵不断充实,外延也不断扩展。

二、我国婚俗的演变

(一) 从黄帝婚礼到目前熟知的中式婚礼

1. 中式婚礼的起源

关于中式婚礼,《礼记·郊特牲》中有一段话:"夫昏礼,万世之始也……壹与之齐,终身不改。"从古至今,从国内到国外,婚礼是很多人生命中一场最重要的仪式。广义上的中式婚礼的起源包括了中国 56 个民族的所有婚礼仪式,最早可以追溯到原始社会。狭义上讲,现在人们熟悉的中式婚礼,实际上是指明末清初到现在,人们举办的次数最多、普及率最广的婚礼仪式,这种中式婚礼始于明末清初。

原始社会时期,黄河南岸有一个伟大的部落名叫有熊。在司马迁的《史记》中有着明确记载:男女无分长幼,皆食熊肉闻名。有熊部落少典之子,姓公孙名轩辕,他就是《史记》中记载的三皇五帝之首——涿黄帝。黄帝成为有熊部首领之后,励精图治、发奋图强,先后平定了炎帝叛乱,并在涿鹿大战中剿灭兼并了蚩尤率领的部落、苗蛮部落等,实现了一统华夏的宏伟霸业。黄帝发明了人类的第一种婚礼——黄帝婚礼,让人类绝大多数部落中流行的父母与子女、兄弟与姐妹通婚这种野蛮无知的行径得到根本遏制。司马迁在《史记》中明确记载:上古男女无别,结合礼仪而成夫妻。到了西周之初,黄帝婚礼正式命名为周制婚礼,也就是我们今天的中式婚礼的鼻祖。

因此,中式婚礼的起源可以追溯到原始社会,而中式婚礼当中具有划时代意义的第一个程序——开礼敬香则起源于汉朝武帝时期,其寓意为祭天敬祖,忠君爱国。现在流行的中式婚礼中,开礼敬香已经逐渐演变为敬祖爱国的含义。在封建社会时期,中式婚礼的礼仪形式虽然随着历史长河不断发展演变,但历朝历代都将开礼敬香作为中式婚礼仪式的第一个流程,并且传承至今。

我们现在绝大多数人熟知的中式婚礼其实包括三种:以凤冠霞帔和状元服为标志的明制中式婚礼、以格格装和阿哥服为标志的满制中式婚礼、以秀禾装和长衫为代表的民国中式婚礼。由于明末清初到中华人民共和国成立初期,这三种婚礼仪式已在中国深入人心,因此,全世界的华人都称这段时期的婚礼仪式为中式婚礼,意思是中国人的婚礼。其实,此时的中式婚礼和原始社会时期的婚礼在内在含义上已经完全不同了,红盖头、秤杆、火盆、马鞍等婚庆用具划时代地出现在婚礼仪式当中。如今,大家只要一提起中式婚礼,首先想到的就是跨过火盆、跃过马鞍、挑开红盖头等场景,可见这种中式婚礼仪式在中国普及之广。由于我国历史悠久、人口众多,因此,这种中式婚礼举办的次数可能成为世界各国、各民族婚礼之最,甚至成为世界各国人民认识中国的符号之一,成为中国文化的代表之一。所以,这种今天普及率最高的中式婚礼的起源可以定性在明末清初。

黄帝婚礼与目前人们熟知的中式婚礼由于起源不同,因此所表现的特色也就完全不同。前者以大气高贵名扬四海,后者则以喜庆热闹深入人心。黄帝婚礼作为广义上中式婚礼的开山鼻祖,以新人面对几案相对而跪行礼。在仪式上以鲜花作为忌讳,因为古代仪式上,花是很不吉利的东西,花者寡也(出自司马迁《史记》)[①]。只有在后唐末代帝王李煜时期曾经流行摆放过并蒂莲,其他各朝各代在婚礼仪式上都很少看见鲜花,大多是以灯笼作为吉祥之物。现在流行的中式婚礼,是以新人站着行礼为标志。在婚礼仪式上忌吃狗肉,因为这种婚礼真正的原创民族是东北的女真族(满族)。清朝的开国皇帝努尔哈赤由于在战场上被一条大黄狗救过性命,所以下令满族不得食狗肉。在婚礼仪式上更不能将狗肉作为婚礼喜宴的食物而食用。这段时期的中式婚礼大多以鸳鸯戏水作为婚礼的吉祥物来体现新人之间的恩恩爱爱。

2. 中国古代的婚俗[②]

《礼记·昏义》对婚姻的描述是:"昏礼者,将合二姓之好,上以事宗庙,而下以继后世也。故君子重之。"因此,在中国所有传统的人生礼仪中,婚礼最受人们重视,婚礼的程序也极为讲究。在最早记载中国婚礼仪式程序的《仪礼》中,对婚礼仪式有明确的规定:"婚有六礼,纳采、问名、纳吉、纳征、请期、亲迎。"从此,婚姻"六礼"就成了中国传统婚礼的规范模式。

一是纳采。纳采是嫁娶的第一礼,是男女双方家庭的第一次接触,因此意义很重大。通俗地讲,纳采就是求亲。如果男方家长认为某家之女可以作为儿媳候选人,便请媒人到女方家献采摘之礼,进行说合。如果女方家也有结为婚姻的意向,就会"乃后使人纳其采而择之礼"。当然,在纳采之前,男方已派媒人到女方家征求了意见,并得到了女方家庭的初步同意。纳采时一定要用雁,而且要用活雁。清人胡培晖在《仪礼正义》中对用雁之事解释说取其"随时南北不失其节,明不夺女子之时也",又取其"飞成行,止成列,明婚娶之礼,长幼有序,不相逾越也"。可见纳采这样重视用雁,原因有三:第一,大雁随着季节的改变而南飞北还,定时而且有规律,这象征了婚嫁有时,不可耽搁。第二,雁是一种"随阳"之鸟,喜欢往暖和的地方飞。古者,夫为阳,妻为阴,用雁为礼,有夫唱妇随、不离不弃之意。第三,大雁飞征,必成行列,则嫁娶之礼要长幼有序,不可逾越。雁在古代婚礼中是很

[①] 黄帝的长女女魃在大喜出嫁之日,黄帝手下大将魑魅(蚩尤旧部,战败后归降黄帝)用一种有毒的鲜花酿造了一坛美酒作为大礼敬献给黄帝,结果阴差阳错地被黄帝赐给了女魃饮下。由于酒中含有剧毒,魑魅当场事败被杀。女魃虽勉强保住性命,但全身长满毒疮,终生不愈。黄帝龙颜大怒,将原本打算册封为花神的魑魅册封成了代表病痛与邪恶的瘟神,同时下旨:花者寡也。凡是举办婚礼时让鲜花进入喜堂内场的夫妻,必须受到诅咒,三世都将孤辰寡宿,就算今生侥幸逃脱,也会在二世、三世的投胎转世后接受天谴。

[②] 段淑萍. 中英婚俗文化及差异. 岳阳职业技术学院学报,2006(2).

重要的礼物，"六礼"中除"纳征"外，其余"五礼"都要用雁。

二是问名。问名就是请教女子的姓名。在古代，女子的姓名不外传，到了议婚之时，才告诉夫家。宋代《梦粱录·嫁娶》中说："婚娶之礼，先凭媒氏，以草帖子通于男家。男家以草帖子问卜，或祷鉴，得吉无克，方回草帖。"由此可见，问名不仅仅是了解一下女子的姓名，还要在草帖上写下女子的生辰八字，以供男方占卜之用。有的还写下曾祖父、祖父、父亲三代人的官职，以及可资提供的陪嫁，为男方选择提供参考。有趣的是，在问名的过程中，起联系沟通作用的不是男方，也不是女方，而是媒人。在婚礼的其他几礼中，媒人的身影也无时不在。因为中国的传统婚姻，历来都信奉"父母之命""媒妁之言"。唐代的《唐律疏义·户婚律》中甚至规定"为婚之法，必有行媒"，把媒妁之言作为婚姻有效的法律依据。《诗经·卫风·氓》中写一个小伙子向姑娘求婚，姑娘对他也满意，却拒绝了小伙子。姑娘拒绝的理由是"匪我愆期，子无良媒"。这位姑娘为何做出让今天的人们觉得匪夷所思的行为呢？因为在古代没有媒人的自由结合，就是私奔、野合，是为封建伦理道德所不齿的，可见媒人在传统婚姻中有着举足轻重的作用。当然，媒人也良莠不齐。有的媒人因骗婚，被人们称作"媒婆"，以示轻蔑、厌恶。也有些媒人因撮合有功，被冠以"月老""红娘"的美名，为人们所喜爱。

三是纳吉。问名之后，男方有了女方的生辰八字，就会拿去问卜。问卜包括两方面的内容，一是卜妇德。《白虎通·嫁娶》说："娶妻卜之何，卜女之德，知相宜否。"古人把妇德放在三从四德之首，十分看重妇德。钟离春、诸葛亮的夫人，都是相貌丑陋而妇德高尚的代表。更何况古人常有三妻四妾，为了家庭内部的团结稳定，也要重视妇德。所以又有"娶妻取德，纳妾取色"之说。二是卜吉克。如果女子的生辰算出来，与男方八字不合，甚至克夫，婚事就会告吹。如果算出来，与男子相合，有"旺夫"之运，便大吉大利，男方便会遣媒人告知女方，并送去"小聘"之礼，欢欢喜喜地上门交换帖子。这桩婚事就基本议定了，嫁娶进入实质性阶段。

四是纳征。《仪礼》①一书中把"纳征"又称为"纳币"，民间把它称作"下聘"，就是男方给女方家送聘礼。《礼记·曲礼》中说："非受币不交亲。"所以，是否授受聘礼是女方是否许婚的标志。一旦女方接受了男方的聘礼，就表示两家已定下了婚姻，不能随便更改。民间的聘礼讲究"三金"，即金钏、金镯、金臬帔，而富豪人家对聘礼就更重视了。如《红楼梦》中贾宝玉和薛宝钗结婚前，贾家下的聘礼就有金项圈、金珠首饰八十件，妆蟒四十匹，各色绸缎一百二十匹，四季衣服一百二十件，还有折羊酒的银子。下聘礼有两层意义：第一是对女方的父母表示感谢，因为女子出嫁后便是"泼出去的水"，是夫家的人了；第二是给女方家置办嫁妆之用。

五是请期。通俗地讲，"请期"就是"定日子"，是男方定好黄道吉日之后，差遣媒人到女方家告知，让女方做好嫁女的准备。古人对结婚时间的选择非常慎重，他们一般会请人查看黄历或进行占卜。古人喜欢把婚娶时间定在春季或秋季，因为春天是万物复苏、生命

---

① 《仪礼》记述有关冠、婚、丧、祭、乡、射、朝、聘等礼仪制度。《仪礼》为儒家十三经之一，内容记载着周代的各种礼仪，其中以记载士大夫的礼仪为主。秦代以前篇目不详，汉代初期高堂生传仪礼十七篇，另有古文仪礼五十六篇，已经遗失。

阴阳交接之时，有利于生命的孕育。秋天是收获的季节，人们劳作了一年之后，有了收入可操办婚嫁之礼。当然，有些特殊的婚礼日期就没那么多讲究。如《红楼梦》中贾宝玉失了那块"通灵宝玉"之后，变得有些疯疯癫癫，贾家为了给宝玉冲喜，便匆匆忙忙地给他娶了亲。

六是亲迎。经过了五道郑重而烦琐的礼仪之后，迎娶之期终于"千呼万唤始出来"，婚礼进入最热闹、最华美甚至最残酷的时刻。这一天，新郎要骑着高头大马，着礼帽披红花，带着花轿到女方家亲自迎娶新娘。当新郎到达后，女方的亲戚朋友们也会借机考问和捉弄一下新郎官。比如有的地方，新郎要和女方的朋友们对歌，直到女方家满意，才允许新郎进屋。现在民间还流传着"苏小妹三难新郎"的故事。可此时闺房里的新娘却没有一丝喜庆之色，反而号啕大哭，这就是"哭嫁"。《礼记·曾子问》中记载孔子说："嫁女之家，三夜不熄烛，思相离也。娶妇之家，三日不举乐，思嗣亲也。"其实，"哭嫁"的原因还有：一是"哭嫁"起源于原始社会的抢劫婚，女子被抢之后，必然会痛哭。后来的婚姻虽不是抢劫婚，但这一古老的习俗却保持了下来。二是古时候妇女地位低下，小媳难当，新妇对婆家感到畏惧。三是婚前新娘对新郎所知甚少，新娘忐忑不安，面对无法预知的未来，新娘只有痛哭。①在新娘的啼哭声中吉时到了，身着漂亮嫁衣的新娘子，被蒙上红盖头，被人抱进花轿，在一路热闹的吹打声中，到了夫家。新娘下花轿之后，双脚不能沾地，而是踩着青毡米袋，来到厅堂拜花烛行大礼。礼成之后，新人就会被送入洞房，直到这时新郎才能揭去新娘头上的喜帕。

"三书"是结婚过程中所用的文书，包括聘书、礼书和迎书，可以说是古时保障婚姻的有效文字记录。聘书即订亲之文书，在纳吉（男女订立婚约时），男家交予女家之书简。礼书即在过大礼时所用的文书，列明过大礼的物品和数量。迎书即迎娶新娘之文书，是迎接新娘过门时，男方送给女方的文书。

3. 中国古代婚俗的沿袭

历经时代变迁，在中国现代的婚俗礼仪中，"三书六礼"的婚俗礼仪已化繁为简，一般遵循提亲、纳征（即过大礼）和亲迎（即接新娘）的礼仪。在现代婚俗礼仪中，"三书六礼"中的纳征是保留得比较完整和较受重视的传统礼节。

（二）由"文明结婚"到"集团婚礼"

1. 清末民初"文明结婚"的兴起②

几千年来，中国传统婚姻一直实行的是"纳采、问名、纳吉、纳征、请期、亲迎"的六礼之仪，具有迷信、粗俗、烦琐、奢靡等弊病。19世纪末，随着中国社会的发展变化和西方婚仪的东渐，一些先进的中国人开始参酌中西礼法，既吸取西式婚仪的隆重、热烈、简便的优点，又抛弃其在教堂举行等宗教习俗，创造了一套中国式的"文明结婚"仪式。这种新式婚仪，改变了旧式婚礼的许多陋习，带来了不少方便，从而逐步为民众所欢迎，并绵延至今。

---

① 哭嫁在今天可能会有些难以理解，但在古时，因为交通不方便，女儿出嫁后，很难有机会再见到家人。而且出嫁后的女子也不像今天一样随时可以返回娘家探望家人，回娘家需要得到夫家的批准。

② 本部分内容参考邵先崇.近代中国的新式婚丧.北京：人民文学出版社，2006，5。

新式结婚,即"文明结婚",在清末已出现于东南沿海的大都会和商埠中。徐珂编撰的《清稗类钞》记载了当时"文明结婚"的情况:迎亲之礼,晚近不用者多。光、宣之交,盛行文明结婚,倡于都会商埠,内地亦渐行之。礼堂所备证书(有新郎、新妇、证婚人、介绍人、主婚人姓名),由证婚人宣读,介绍人(即媒妁)、证婚人、男女宾代表皆有颂词,亦有由主婚人宣读训词,来宾唱文明结婚歌者。

这种新式的"文明结婚",男女青年经人介绍或自己相识,经过一段时间交往、恋爱,并经双方家长同意而结婚,不仅大大简化了结婚礼仪,而且尊重了男女双方的意愿。新式婚礼以其简单隆重的特点而逐渐受到社会各界的欢迎,有关"文明结婚"的报道日益增多。据《南山日报》报道:1907年10月13日,天津塘沽张小田与北京慕贞女子书院的贾玉莲,在天津海大道美以美会微斯教堂,由陈牧师主持举行文明婚礼。报载:"中西往贺者甚众。鲍太太按琴,男女学生唱诗,一时颇形热闹。礼毕,新夫妇乘双马车往北门外蓝家胡同张君本宅,并有成美学馆袁牧师夫妇及路矿等局诸友,均乘马车送新夫妇回家。"

到民国初年,这种新的婚姻仪式得到了更多新人的欢迎。有人以"五更调"的形式宣传"文明结婚"的情况:"戒指为定,大媒做见证人,最要紧,结婚书呀,双方盖定。""文明结婚"的特征如下。

① 典礼时,位置很有讲究。"文明结婚"者,男女双方不会去命馆合婚,也不需要什么龙凤帖,而是到婚丧用品服务社买两张印好的结婚证书,填上新郎、新妇的姓名、年龄、籍贯,等到举行婚礼时,由证婚人、介绍人和男、女双方主婚人用印,就算成了。

证婚人是男女双方共同邀请的,一般是有一定社会地位、在群众中有威望的长者,是结婚典礼的主持人。主婚人则是新郎、新妇双方的家长。

结婚典礼可以在家里举行,也可以在饭店举行。事前由男女双方家长出帖,邀请亲友前来参加婚礼。当时,社会上有专门租赁"文明结婚"用品的商店。经营范围包括"文明结婚"用的花马车、花汽车、乐队以及礼堂里的陈设,新郎、新妇穿的礼服、花篮、手花、胸花,甚至连结婚典礼的仪式单都印好了。办事时,院内高搭席棚,设摆茶座,正厅设礼堂。堂上正面摆设大型红色双喜字的霓虹灯,前设长形礼案,上铺红毡,放着一式两份带方形纸套的结婚证书,三个印盒,一束手花,一对花篮。礼案前铺着红色地毯或红毡,两旁陈列着亲友们送来的礼品。

迎娶时,一般用由红缎双喜字绣片装饰着的花马车,也有用扎了花红彩带和纸花的汽车,车内遮上红绣片。到达女方家后,新娘由伴娘搀着,手捧鲜花,由两个男女儿童拉着头纱,踏过红毡子上车。到男方家后,新郎向新妇三鞠躬。新妇下车后,来宾们即扬起"文明结婚"五色纸,表示庆贺和助兴。

新婚夫妇由司仪引入礼堂。典礼时,位置很有讲究:新郎站在礼堂右方,新妇站在礼堂左方,拉纱的小孩站在新婚夫妇后边正中,面向礼堂,礼堂右方为男来宾,左方为女来宾。礼堂正中为证婚人,右方为介绍人,左方为男、女主婚人。婚礼有主婚人、介绍人、证婚人参加,他们和新婚夫妇都要在结婚证书上用印。结婚典礼仪式由司仪掌握进行。其具体仪节有几十道。实际上,在具体举行时,不一定要严格按照仪式步骤执行,往往有所简化。

婚礼之后,一般要摄影留念。然后,新郎、新妇即可入洞房休息。接着新郎家人便摆桌招待亲朋吃饭,通常只准备一顿宴席。有的人家为了节约,只预备茶点,搞个茶话会。当然那些受西化影响较深者,多学习西洋的做法,搞个象征性的酒会,预备些糕点、水果、葡萄酒、色酒、汽水等。但是婚礼上还要摆上长桌,甚至将来宾坐次都用事先写好的红帖子标出来,照例让新郎、新妇坐在长桌的正面,证婚人、介绍人坐首席。酒会开始,首先由新郎、新妇向各位来宾一一敬酒,然后,在司仪的提议下,全体宾客起立举杯向新郎、新妇祝福。在这种婚礼上,很少有让新郎、新妇报告恋爱经过的,更没有搞恶作剧,变相闹洞房调笑新郎、新妇等不雅的举动。

② 婚礼新旧参半。源于中国传统的旧式婚俗和源于西方的新式婚俗包含了不同的婚姻观念。着红装、拜天地、拜父母及祖先的旧式婚礼,往往与不自由的婚姻和家族主义相联系;而着西服、用印、致辞的新式婚礼,较多地体现了自由婚姻、法律婚姻的色彩。

事实上,在新旧婚制尖锐冲突的同时,新旧婚礼的冲突也时有发生。当时的报刊记载,新式婚俗的变化和与旧婚制的冲突主要发生在上海、北京、广州等接受西方文化较多的城市中,广大农村及偏僻城镇旧俗尚无明显变化。

民国初期,"文明结婚"仪式仅具雏形,社会上传统的旧式婚礼仍在风行,而且占上风。所以,"文明结婚"的婚礼从形式到内容都不免新旧混杂,不甚规范。直到20世纪30年代,东北各大城市的民间婚礼还往往新旧参半。在一些大城市的街头经常出现这样的情景:一顶四人抬的花轿,前头却是一班西式乐队前导,由于乐器过于单调,活像是卖洋糖的;在一辆汽车前边弄几个传统式的吹鼓手,敲着一个鼓面直径不足一尺的单鼓,声音很脆,像老北京正月里"耍耗子"味道,十分滑稽。旧时,有人对此题打油诗:"某市结婚不论谱,大个喇叭小个鼓。半新半旧分不清,好像北京耍老鼠。"

③ 蔡元培主持制定《婚礼草案》。1928年,南京国民政府礼制服章审订委员会及大学院院长蔡元培、内政部长薛笃弼,以各地行礼自为风气,或仍沿前清旧习,或滥用缛节繁文、新旧庞杂、漫无标准为由,将所拟现行婚礼草案会呈国民政府,请核定颁布。该《婚礼草案》的中心是:矫正奢侈,消弭诈伪,破除迷信,提倡质朴,并酌情采纳旧的礼仪制度中的可用部分。

这个草案的主要内容有以下几点。

关于订婚。第一,订婚年龄:依法律之规定。第二,订婚信物:双方交换订婚帖,各种聘礼一概免除。

关于通告。结婚一月前,由男女两家同意,订定结婚日期,双方只具名帖,所有礼品一概革除。

关于结婚。第一,结婚地点:在公共礼堂或在家庭举行。第二,结婚关系:甲——介绍人;乙——主婚人,双方父母或保护人为当然主婚人,无父母或保护人者,各就亲长中推定一人主婚;丙——证婚人,双方公推本地有声望者一人为证婚人;丁——傧相,男、女傧相各二人,由双方邀请;戊——司仪,由双方公推一人为司仪。第三,结婚礼服:结婚时,应着礼服。第四,结婚礼节依次为:司仪人入席;奏乐;来宾入席,各就各位;全体肃立,向党、国旗及孙中山画像行三鞠躬礼;证婚人读证书;证婚人分别询问新郎、新妇是否同意。新郎、新妇随后盖章或签字;证婚人、介绍人、主婚人依次盖章或签字;新郎、新妇相向立,互行三鞠躬礼,并交换戒指;证婚人、主婚人致辞;来宾致贺词;新郎、新妇谢证婚人、介绍人以及来宾;奏乐,礼成。

该《婚礼草案》无疑是将旧式婚礼与新式婚礼杂糅之后制定的,基本上是以旧式婚礼的程序为基础,革除了旧式婚礼的烦琐,吸收了新式婚礼的俭朴和热闹。而在结婚仪式上,基本上采用了新式婚礼的程序。它是当时新旧婚俗调和的产物,既是对旧式婚礼的一种改良,也是对新式婚礼的一种变通。

④ 蒋宋婚礼使白色婚纱风靡上海滩。新娘身穿白色婚纱,新郎身着西式大礼服,是新式婚礼的基本要求。民国初期,大礼服和白色婚纱虽已传入中国,但采用的并不普遍。真正使白色婚纱风靡全国各大都市的,是1927年12月蒋介石、宋美龄在上海举行的婚礼。

1927年12月1日,蒋介石与宋美龄在上海举行了隆重的婚礼。当天,蒋介石发表《我们的今日》的文章,称他们的婚姻是"神圣的结合"。随《我们的今日》一同见报的,是蒋介石与宋美龄两人的新婚照。照片上的宋美龄,身着白色婚纱,风姿绰约,光彩照人,令无数青年女子仰慕不已。此后,白色婚纱在上海滩广泛流行起来。①

2. 方兴未艾的集团婚礼②

民国时期,新式婚礼得到进一步的发展,而且开始为南京国民政府所提倡。但是,对一般民众来说,新式婚礼仍有费时费钱费力之缺憾。为了弥补这方面的不足,一些进步人士致力于婚仪改革活动。于是,一种更新的婚姻方式——集团结婚(也叫集体结婚,或集团婚礼),在20世纪30年代的上海、北平等地应运而生。

1935年2月7日,上海市社会局公布了以简单、经济、庄严为宗旨的集团结婚办法。4月3日下午3时,全国首届集团结婚典礼在上海江湾的上海市政府大礼堂举行。参加者共57对新夫妇。按统一要求,新郎均着蓝袍黑褂,新娘均着粉红色软缎旗袍,头披白纱,手持鲜花,在军乐进行曲声中挽手步入礼堂。司仪宣读新人名单,新郎新娘按照名单顺序,两对依次轮番登台,向孙中山画像三鞠躬,双方相互两鞠躬,向证婚人一鞠躬。然后由证婚人赠送结婚证书和纪念品,致证婚词。礼毕,新郎新娘在音乐声中步出礼堂,到广场摄影留念。

上海首届集团结婚这种隆重、热烈、简朴、文明的做法,给人耳目一新的感觉,一时要求参加者甚众。上海市政府确定每年举行四次集团结婚,是年全市即举行了五届,参加者达300余对。

上海的集团结婚举行后,立即引起社会各界的关注。南京、杭州、芜湖、北平、天津等地纷纷仿办,甚至在一些边远省区也尝试举行集团结婚。

在广西,1935年5月,省政府颁布《集团结婚办法》,1936年1月1日,邕宁县(现邕宁区)首先举行,以作示范。随后便开始在全省各县陆续推行。在云南,新生活运动促进会也"指导举办昆明集团结婚"。其中,1937年北平市政府举行的集团结婚比较有代表性。③

正当集团结婚这一新式婚仪在全国不断发展之际,抗日战争爆发了。在沦陷区,除个

---

① 王荣华.上海大辞典.上海:上海辞书出版社,2007.
② 本部分内容参考了《由"文明结婚"到"集团婚礼"——从婚姻仪式看民国婚俗的变化》一文,作者为左玉河。
③ 常人春.老北京的风俗.北京:燕山出版社,1990:170-172.

别地方(如上海、北平等地)曾出现过一些集团结婚之外,由国民政府主办的集团结婚被迫中断。但在广大的大后方,如湖南、四川等地,由于新生活运动仍在继续推行,故此项活动不仅没有中止,反而有了进一步的发展。

1942年2月,湖南省新生活运动促进会制定了《湖南省新生活集团结婚办法》,其主要内容为:第一,新生活集团结婚由湖南新运会与民政厅责饬各县新生活运动促进会暨县(市)政府举办,并督促各乡镇公所及其他机关普遍仿行。第二,新生活集团结婚日期、地点由主办机关先期公告。第三,申请登记应向举办机关索取申请书,以墨笔正楷填写;申请人应各备三张二寸半身照片,一张自行粘贴于申请书上,其余两张粘贴于结婚证书上;申请书填就,经家长或监护人及主婚人署名盖章后送往举办机关呈核。第四,举办机关对于申请人所填申请书经审查合格后,应将其姓名、年龄、籍贯登记公告。第五,新郎穿蓝袍黑褂或中山装,新娘穿长旗袍或短衣长裙。第六,结婚时,双方亲友均须凭观礼券入礼堂观礼。

1942年6月23日,长沙举行了抗战以来全国首届集团结婚。此后,湖南又举办了数届,各县也开始举办。

1942年11月1日,在各省举办集团结婚及制定有关规定的基础上,国民政府内政部发布《集团结婚办法》。

内政部的《集团结婚办法》与《湖南省新生活集团结婚办法》有许多相似之处。它基本上是以《湖南省新生活集团结婚办法》为蓝本制定的,但比湖南等省自拟的办法更为周详。

国民政府内政部对推行集团结婚十分重视,1943年12月31日,内政部在致各省市函中要求"将办理集团结婚经过情形报部备查"。不久,各省陆续汇报所办情况。据初步统计,四川省的成都、江津、江北、万县、三台等市县先后举办了集团结婚,新疆的迪化、柯坪、镇西、新知等地也举办集团结婚,河南省的镇平县、邓县,广东省的韶关市,陕西省的西安,湖北省的光化县等地都举办了集团结婚。重庆市举办的集团结婚最为热闹。1943年以前,重庆已举办过17次集团结婚,从1943年2月19日至12月25日,重庆又举办了第18~21届共四届集团结婚,这四届的参加人数达118对之多。1943—1944年,江西省的黎川、宁都、上饶、南城、安福、金昌、永新、兴国、上饶、定南等县都举行集团结婚,次数达40次之多,159对新婚夫妇参加了婚礼。1941年11月和1942年5月,福建省新生活运动会也举办了两次集团结婚。

抗日战争胜利结束后,各地再次掀起了举办集团结婚的热潮。1945年12月25日,上海市社会局举办了抗战胜利后第一届集团结婚,定名为"胜利纪念集团结婚"。接着又于1946年3月3日、10月10日、12月12日以及1947年4月4日举行了第2~5届集团结婚典礼。1946年10月10日,南京新生活运动会与市社会局合办了国民政府还都后的首届南京市新生活集团结婚。到1947年12月,南京已举办了六届集团结婚,参加者共有700多对。

此外,长沙、沈阳、北平、天津、武汉等地也举办了集团结婚。1945年到1946年江西的宁都、安福、永新、万载、万安、峡江、寻乌、安远、赣县等地共举办12次集团结婚,600多对新人参加了婚礼。到了1947年1月16日,内政部致函各省市,要求报告1946年办理集团结婚的经过。结果,未举办集团结婚的只有河北、青海两省。可见,抗战胜利后全国大部分地区都举办了集团结婚[①]。新式婚礼已得到社会各界的广泛支持,传统婚仪在婚姻革命中经历着前所未有的涤荡。

3. 民国时期婚姻仪礼嬗变的主要特征：新旧并呈、中西杂糅、多元发展

与晚清相比,民国时期婚俗的变迁是相当猛烈的。其主要表现在四个方面：一是婚姻观念发生了重大变化,人们不仅提出了"婚姻自由"的口号,而且提出了"废除婚制""婚姻革命"的主张；二是婚姻制度发生了重大变化,纳妾制受到猛烈批判,一夫一妻制逐渐成为主要的婚姻制度和家庭制度；三是婚姻日益自由,包办婚姻逐渐减少,自主婚姻增多,离婚更加自由,离婚案件增多；四是婚礼趋向简化,形成了一股新式婚礼取代旧式婚礼的大趋势。

从旧式婚礼向新式婚礼的改变,不仅仅是结婚仪式的改变,更重要的是婚姻性质和婚姻观念的变化。在人们婚姻观念未发生大变、传统婚姻观念仍占主导地位的文化环境中,新式婚礼显然受到传统婚俗的抵制和阻挠。同时,新式婚礼为男女青年寻找幸福提供了机会,对于解放思想观念、促进人们的人格独立和个性解放有着极大的促进作用。但它并不能保证行新式婚礼者就一定能得到婚姻幸福。实行新式婚礼者,有些因为草率,婚后出现感情破裂而导致离婚的现象也是存在的。另外,在现实生活中,男女青年因社交氛围不佳,相互隔膜,因此出现许多错误的恋爱。新式婚姻存在的问题,不仅给传统婚姻维护者以攻讦的口实,而且影响社会大众对于"婚恋自由"的看法和态度,阻碍了婚姻变革的正常发展。

应该看到,传统婚俗尽管在新思潮的冲击下已经有了微弱变化,但在此变化中,习惯势力仍然是相当强大的。社会习惯势力对婚姻变革的阻挠作用还是很大的。他们极尽攻击新式婚姻之能事,对男女社交公开和自由恋爱进行责骂。从总体上说,民国时期旧式婚姻还占绝对统治地位,不仅人数多,而且地域辽阔。即使如杭州这样的城市,"旧式婚姻居十之七八,新式者不过十之二三",更别说城镇乡村了。除了上海、北平等沿海沿江和内地大中城市外,绝大多数地方仍然按照旧式婚俗行事,虽偶有采取新式婚礼者,也是极少数。而旧式婚制和婚俗下的许多恶习陋俗,如童养媳、抢婚、转婚、闹房、纳妾、守节等,仍然比较普遍。

民国时期是中国社会发生剧烈变动的时期。民国婚姻礼俗的变化,与社会政治、经济和思想观念的变化相比,无疑是缓慢的。然而,如果将民国时期的婚姻礼俗与前清时代作比较的话,就会清楚地发现,民国时期婚姻礼俗的变化还是非常剧烈的。"文明结婚"、集团结婚等新式婚姻礼俗出现并逐渐流行,就是对旧式的婚俗婚礼的极大冲击。当然,因新式婚礼的冲击,民国时期的婚姻礼仪及它所表现的婚姻观念已经发生了微妙的变化。这些变化,因为各种因素的制约,在全国又呈现出极大的不平衡性。有些地方变革剧烈,新式婚姻礼俗占了主导地位,而有些地方却根本没有受到太多的西式风俗的影响。大体上说,汉族地区的变化大于少数民族地区；沿海地区的变化大于内陆地区的变化；东、南省的变化大于西、北各省的变化；文化先进地区的变化大于落后地区的变化；大中城市的变化大于广大乡镇的变化；上层社会的变化大于基层社会的变化；受过教育和教育程度高的

[①] 参见任野春.民国时期的集团结婚.民国档案,1996,2.

民众的变化大于没有受过教育或教育程度较低的民众的变化。

民国时期旧式的婚姻礼俗尽管存在着许多弊端和陋习,但仍然占据着主导地位。新式婚礼尽管没有占据主导地位,但因为有着很多的优点和长处,却显示了无限的发展潜力。新式礼俗取代旧式礼俗的过程尽管需要很长一段时间,但变革旧式礼俗却是大势所趋。正因如此,民国时期的婚姻礼俗呈现出一幅异常复杂多样的图景。

(三)我国现代婚庆业的出现

1. 中华人民共和国成立以来的婚俗变化

民国肇始,西风东渐,传统婚俗与新式婚俗并行发展,互相融合。1949年开始,结婚与革命挂钩,不仅仅是家庭之间、个人之间的事,更重要的还是个人与"组织"之间的事。改革开放后,婚俗再次向着传统回归,与组织脱钩。中华人民共和国成立70多年来,中国人的婚礼奏出了一首响亮的《解放进行曲》,如今我们正迎来一个婚俗多元化、个性化的时代。

(1) 20世纪50年代

1950年5月1日,《中华人民共和国婚姻法》正式实施,这是中华人民共和国成立后颁布的首部法律,可见婚姻在社会生活中的重要。从此以后,"组织"开始影响中国人的婚姻,结婚要打申请,领证需要单位证明和领导签字,婚礼的突出特征是简朴。

20世纪50年代,一切要体现出"新",革掉很多老习俗。至少在汉族社会,传统婚礼和中西合璧婚礼消失了,一种新的婚礼取而代之。然而再"新"的婚礼也有三个"旧"的元素清晰可见:结婚——男女可以在一起合法生活;婚礼——告诉大家能在一起合法生活了;结婚证——合法共同生活的法律凭证。新人讲讲革命婚史、唱两支革命歌曲,表明今后为革命事业努力工作、互促进步的打算,是婚礼上常见的节目。

(2) 20世纪60年代

物质匮乏虽然贯穿着改革开放前30年,但从未像20世纪50年代末60年代初那样严峻。

这个时候,婚礼已不单纯是简朴,而是困难。中国人热情好客,终身大事宁可委屈自己也绝不能不讲点面子。很多人结婚时,从亲朋好友那里借来粮票、烟票、糖票,办一场简朴的婚礼。

(3) 20世纪70年代

中华人民共和国成立初出生的一代逐渐进入适婚年龄,他们所受的教育使他们"根红苗正"。政治仍然在婚姻中占据绝对优势,婚礼的革命意味空前浓烈。

这时期结婚照开始流行,组织批准后,新人们可以拍张手握"红宝书"、心向红太阳的结婚照。婚礼上,请领导和贫下中农代表宣读革命誓言,算作证婚。

(4) 20世纪80年代

人品、外貌、家境、学识在婚姻考量中所占比重逐步提升。

结婚仍然不很奢华,但一般得有"三大件"或者"三转一响",才算具备了结婚的基础。那个年代,买到这些东西不容易,除经济原因外,往往需要通过关系才能备齐。20世纪80年代末,"三转一响"也不好使了,逐渐被电视机、洗衣机、电冰箱所替代。

原汁原味的传统婚礼虽未出现,但更多地体现出土洋合璧、今古融合、地方自创的特色。订婚、迎亲、哭嫁、拜堂、揭盖头……已不少见;西装、旗袍、婚纱比比皆是。

(5) 20 世纪 90 年代

结婚变成一件能赚钱的事儿,有它就有了商机,可以变成一个帮助新人搞婚庆的产业。1990 年,"紫房子"在北京正式营业。最初,它还是国营的婚庆公司,却不是新生事物,只不过重操旧业。民国年间,"紫房子"就为很多政要名人操办过婚礼,20 世纪 50 年代退出历史舞台。

从此以后,婚庆公司像雨后春笋般诞生。中国人婚礼的排场越来越壮观,自行车队、摩托车队迎亲已无法适应时代的需求,豪华轿车排成长龙迎娶新娘也不算稀罕。

(6) 21 世纪

改革开放 40 多年,中国人总体摆脱了物质生活的贫乏,在较富足的生活中成长起来的新一代也该结婚了。对于这个群体,婚姻虽然离不开物质基础,但更追求个性张扬,思想开放。

在如今个性化时代,金钱和排场也可能变得不是首要追求,简约浪漫被大家所青睐。个性化恋情、个性化婚礼已得到充分的尊重理解。什么婚礼最受欢迎,一切皆凭新人的口味。

草坪婚礼正方兴未艾,海底婚礼、沙滩婚礼、烛光婚礼、水上婚礼等开始频频出现,目前虽未成为主流,但婚庆公司已看准了这个市场,迎合城市白领的口味,为他们量身打造各类个性化婚礼。

2. 中华人民共和国成立以来的婚俗变化的特征

我国的婚俗观在经历了 20 世纪 50 年代至今的半个多世纪的岁月变迁后,从极强的政治色彩和社会干预,转向了价值回归和人性启蒙的艰辛旅程,现在正朝着个性化、多元化、人性化方向迈进。随着更多的"90 后"及"00 后"新人不断进入婚恋市场,中国的婚俗还将进一步继续发生变化。

除了新人自身的变化,从政府到民众,对婚姻中"人性"的尊重进一步加强。2003 年,新《婚姻登记条例》实行,结婚不再需要单位和街道证明,婚检从强制要求变为自愿行为,体现了国家对公民权利的尊重,是社会文明进步的表现。最高人民法院 2011 年 8 月 12 日又召开了新闻发布会,发布了《最高人民法院关于适用〈中华人民共和国婚姻法〉若干问题的解释(三)》。对于近十余年来,由于房地产价格的持续走高而引发的在男女双方之间的房产纠纷做出了新的规定,这些都对我国现代的婚俗产生了一定程度的影响。

现代婚庆的意义与过去不同,一般更多指的是结婚当日所举行的礼仪。过去的"三书六礼"的结婚过程则包括了从谈婚、订婚到结婚等过程的文书和礼仪。虽然在我国历史发展的不同时期,婚俗礼仪有所不同,但在现代我国的婚俗礼仪中,尤其在一些乡村地区的婚姻形式中仍可见到"三书六礼"的明显痕迹。不过,在我国现代的婚俗礼仪中,"三书六礼"的婚俗礼仪已化繁为简,"三书六礼"的纳征是保留得相对比较完整和较受重视的传统礼节。

3. 中华人民共和国成立以来婚俗变化的法律变迁

无论婚俗观念如何变化,在法律规定的框架范围内开展婚庆活动都是最基本的要求。

我国第一部《婚姻法》于1950年颁布实施，确立了婚姻自由、一夫一妻、男女平等、保护妇女和儿童合法权益等原则，奠定了我国婚姻家庭立法的基础。1980年通过了新《婚姻法》；2001年《婚姻法》大修。2020年5月28日十三届人大三次会议表决通过了《中华人民共和国民法典》（以下简称《民法典》），2021年1月1日正式施行《民法典》，《婚姻法》《继承法》《合同法》《担保法》《收养法》《民法通则》《民法总则》《物权法》《侵权责任法》同时废止，这是由法变典的跨世纪改变。《民法典》婚姻家庭编针对我国当前婚姻家庭领域出现的新情况和新问题，对原《婚姻法》等规定做出了一些修改和完善。

与原《婚姻法》关于婚姻编的部分内容相比，《民法典》中婚姻家庭篇出现了一些新的变化。《民法典》第一千零五十三条：一方患有重大疾病的，应当在结婚登记前如实告知另一方；不如实告知的，另一方可以向人民法院请求撤销婚姻。请求撤销婚姻的，应当自知道或者应当知道撤销事由之日起一年内提出。而原《婚姻法》中规定：患有医学上认为不应当结婚的疾病，禁止结婚。《民法典》的这一修改，让患有医学上认为不应当结婚的疾病患者，可以享有更多的人权。《民法典》的出现，让更多的人享有了婚姻自由权。

《民法典》第一千零四十三条：家庭应当树立优良家风，弘扬家庭美德，重视家庭文明建设。这条在原《婚姻法》有关"家庭关系"的规定当中是没有的，是《民法典》婚姻家庭篇新出现的条例。反映了对家风、美德和文明建设的强调，意在以家庭和睦为准则，进一步提高整体国民素质。

我国婚姻家庭立法迄今已走过整整71年的历程。从强调形式上的平等，到更加关注实质的平等，再到关照弱势群体的利益，我国婚姻家庭立法随着社会的发展进步，始终保持着对正确婚恋家庭观念的引领。时代在变迁，婚姻家庭立法也不断回应时代的需求与民众的期盼，在传承中不断发展完善。《民法典》婚姻家庭编将社会主义核心价值观融入了民事法律规范，大力弘扬家庭美德和社会公德，为塑造幸福、健康和睦的婚姻家庭关系提供了强大的法律保障，也为婚庆产业这一"幸福产业"在开展自身业务时提供了法律依据和努力的方向。

第二节 我国现代婚庆业的现状与问题

改革开放以来，随着我国国民经济的快速增长，城乡居民生活水平的日益提高，人民群众对生活质量和幸福感追求的不断提高，以及人们对现代社会文化和时尚的不懈追求，使得大众生活中现代婚庆习俗和想法不断产生变化，进而诞生了有相当规模的婚庆市场及婚庆产业，并不断地完善和扩大。

一、我国现代婚庆业的现状

（一）婚庆消费需求现状及新婚消费结构

1. 婚庆消费需求现状

首先，婚庆消费需求与消费意愿、能力密切相关。随着我国经济发展和人民生活水平的不断提高，消费需求与消费意愿、能力都很强烈。大家对婚庆活动越来越重视，婚庆活动越办越好,对婚庆服务的需求也不断提升。其次,婚庆消费与结婚人数密切相关。据中国产业信息网 2019 年 10 月 17 日发布的报告显示:2018 年全国依法办理结婚登记 1013.9 万对,同比下降 4.6%,结婚率为 7.3‰。以 2013 年为分水岭,2008—2018 年,结婚对数开始成倒 U 形发展,从 2008 年的 1098.3 万对逐年上升,到 2013 年达到 1346.9 万对的顶点;自 2013 年后结婚对数开始逐年下降,并降至 2018 年的 1013.9 万对。[①] 2019 年 1 月 19 日上午,民政部在举行的 2020 年第一季度例行新闻发布会上公布:2019 年全国婚姻登记机关共办理结婚登记 947.1 万对。对比历年数据发现,这是近十年来结婚数量首次低于千万对。虽然结婚人数在下降,但消费总额依然乐观。由于我国人口基数较大,2015 年 10 月又全面放开了二孩政策,未来婚庆消费的整体体量依然很大。

从中国婚礼消费现状上来看,2018 年中国婚庆服务预算范围在 5 万~10 万元的用户占比最高,为 32.2%,其次是预算为 3 万~5 万元的用户,占比 23.4%,再次是预算为 10 万~15 万元的用户,占比 14.2%。总体来看,有近七成用户婚礼预算在 10 万元以内,整体备婚人群平均婚礼预算为 9.6 万元。[②]

2. 婚庆消费结构

结婚产业以婚宴、婚纱摄影、婚纱礼服以及婚礼策划四大行业为主,与酒店、旅游、家纺和白酒等行业密切关联,同时涵盖了珠宝首饰、婚品百货以及婚车等消费品类,并逐渐扩展至金融、房产、家装,以及母婴、健康等产业。

统计显示:婚礼服务核心业务消费中,婚宴酒席占比 49.3%。婚宴酒席在整套婚礼流程的消费中一直以来都居高不下。2017 年全国婚宴酒席的平均价格为每桌 1650 元,而且大部分消费者都可以接受 3000 元以下的价格。排在第二位的是婚礼策划消费,占比 28.7%。现在的消费者追求个性化的婚礼,在环节上喜欢创新博人眼球,因此婚礼策划的成本相较从前有了成倍的增加,多数用于科技特效的使用。而婚纱摄影和婚纱礼服一直都是婚礼中的稳定消费,大约都占总消费的 10%。

根据智研咨询发布的《2020—2026 年中国婚庆行业产业运营现状及发展前景分析报告》中的数据显示:备婚人群在选择婚礼花销品类时,对于珠宝钻戒、婚宴预订和婚礼策划的选择比例较高,用户占比分别为 76.2%、75.1% 和 64.6%,其次为婚纱摄影 62.2% 和婚礼礼服 53.4%。备婚用户结婚花销品类选择主要受传统婚姻观及核心用户群体结婚消费观念影响。

婚庆这一"甜蜜产业"显示出巨大的发展前景。婚庆消费总额的不断增长,为从事婚庆业的上下游企业带来了巨大商机。

3. 婚庆消费需求的发展趋势

尽管全国很多机构都先后对结婚消费进行过调查,但目前仍缺乏全国性的连续调查和报道。虽然目前这方面的数据不够完整和系统,但从宏观上仍可看出我国的结婚消费

[①] 2018—2019 年中国婚庆产业发展现状及消费趋势分析. https://www.chyxx.com/industry/201910/794067.html.

[②] 2018—2019 年中国婚庆产业发展现状及消费趋势分析. https://www.chyxx.com/industry/201910/794067.html.

需求的整体发展趋势如下。

(1) 婚庆消费水平从20世纪90年代以来一路上涨

我国的结婚消费水平从20世纪的50年代一张床,60年代一包糖,70年代"红宝书",80年代"三转一响",90年代星级宾馆讲排场,到21世纪特色婚宴个性张扬。从中华人民共和国成立到改革开放的不断深化,中国人的生活逐渐由温饱进入了小康,结婚作为人生大事,在形式上不断"升级换代"的同时,消费水平也从20世纪90年代以来一路上涨。

(2) 婚庆消费内容和项目不断增加,档次不断提高

如今,新人对婚宴的质量和气氛提出了更高的要求。有些地区的金牌婚庆司仪甚至要提前一年预约,不仅婚庆的内容和项目不断增加,档次也有较大提升。随着社会经济的发展,在经济承担能力之内的婚庆经济行为普遍得到人们的认可。

(3) 婚庆消费行为多样化,个性化消费不断增多

随着新生代适婚群体进入婚庆消费领域,他们的婚恋观发生了很多的变化,婚庆消费不断升级,婚庆文化更加个性化和时尚化。结婚的仪式感不再局限于传统的婚礼庆典、婚礼宴会、海外旅拍和蜜月旅行,户外景区婚礼、跨国目的地婚礼、沉浸式婚礼等婚庆消费方式不断出现。例如,婚庆摄影已不仅仅是传统的婚纱影楼拍摄和婚礼当天的跟拍,国内外景拍摄乃至海外拍摄目前都已经很流行。此外,"海外婚礼+蜜月旅行"的方式也深受新人们的青睐。甚至有新人在蜜月旅行部分的消费占比仅次于婚宴消费。新的科技元素也助推了婚庆的个性化消费。新技术给高品质的婚庆活动创意设计不断提供技术加持,如已经出现的利用全息投影技术打造科技与浪漫完美结合的全息婚礼等。

(4) 婚庆消费时间过于集中,传统观念对结婚择日仍有影响

首先是传统观念对结婚择日仍有影响。比如有的年份被说成是"寡妇年",不宜结婚,结果就出现了在所谓的"寡妇年"年前扎堆结婚的现象。遇到农历"猪年"的时候,又认为遇到了"金猪年",结果属猪的孩子出生率猛涨。其次是节假日的影响。比如"五一""十一"、元旦、春节,新人扎堆结婚。由于结婚往往要遍请亲朋好友,所以在这些节假日里结婚,一个原因也是便于大家前来参加婚礼。再次是吉祥数字的影响。除了逢"6"逢"8"等结婚吉日外,还有一些数字谐音后具有特殊含义的另类"吉日",也受到新人的热捧。比如2010年10月10日被寓意为"十分十全十美",为讨个好彩头,不少新人扎堆在这一天办理结婚登记手续或举行婚礼,各地掀起结婚登记潮。而2011年11月11日,由于数字"1"云集,结果不少新人将"六连一"解读为"当日'脱光',告别单身,一心一意",因而纷纷选择在这一天结婚。甚至有的新人在2011年年初就订下了这一天的婚宴。此外,谐音"就要久"的9月19日、谐音"我爱你"的5月20日等吉日,都是婚庆服务和婚宴消费等集中的时间。新人们在节假日里扎堆结婚,直接造成了婚庆公司和酒店等在"结婚旺季"忙不过来,而"结婚淡季"的业务量又急剧下降。不过,对于新人来说,传统的黄道吉日的婚宴一席难求,好的婚礼司仪一抢而空,这些"另类"的吉日往往能避开高峰,节约成本,也不失为一种选择。

(二) 我国现代婚庆业的发展现状

(1) 新婚消费需求持续增温

随着我国国民经济快速增长,城乡居民的生活水平也日益提高,人民群众的生活质量

也在不断提高,但近年来我国结婚登记数量逐年递减,结婚人口逐年减少,给婚庆服务企业造成了一定的压力。不过,随着适婚人群婚庆活动消费意识的增强,我国居民结婚人均消费金额还是呈上涨趋势。根据《2020年中国结婚消费趋势洞察报告》数据,2019年平均每对新人结婚消费达22.3万元,是2015年的3.5倍,可见,我国的结婚消费金额依然呈迅速增长的态势,婚庆市场的消费潜力依旧可观。[①]

(2) 婚庆业总量规模越来越大

随着我国婚庆市场的不断发展,现已经形成了"五一""十一"和春节三个大的婚庆市场消费旺季,然后是周末这样的便于宾客云集的日子。除此之外,一些受年轻人热捧的如"双11"等新潮选择也不时地在我国的婚庆市场上掀起波澜。围绕着这些消费旺季,各地的一站式婚礼会馆、婚纱摄影工作室、酒店婚宴场所、婚礼堂、婚庆公司、珠宝行业、婚礼喜糖喜饼公司、承接蜜月旅游及外景拍摄的旅行社、婚庆道具公司等与婚庆活动消费密切相关的行业,以及汽车、家具、装修、健身、美容、银行保险、法律维权等众多关联行业,正逐步形成了紧密的婚庆产业链。在每年的2月、3月、7月、8月和11月、12月就开始为这三大结婚旺季策划和筹备。各种满足新人们的多元化、时尚化、个性化需求的摄影工作室、MV拍摄制作公司、婚庆家装及软装公司、婚庆健身及美容公司等多个关联行业形成的婚庆产业链,紧随潮流,为满足当代新婚人群追求浪漫个性的婚庆服务需求而不断在供给侧上开拓,整个婚庆市场供给总量有所扩大。

(3) 婚庆产业链逐步形成

由于婚庆产业链是围绕着婚前准备、婚礼庆典及婚后蜜月,甚至是结婚周年庆典这四个不同阶段形成的产业链,因此,是属于以产品与服务相结合的需求拉动型的产业链。由于上下游与婚庆相关的产品与服务较多,整个产业价值链较长,其产业带动效应明显。我国结婚产业在婚礼服务、婚纱摄影、婚纱礼服生产、婚宴服务四大行业龙头企业的带动下,76个关联行业相互连接,逐步形成了以结婚消费产品和服务为核心的行业集群和令人瞩目的婚庆产业链,充满了巨大的潜在商机。以婚纱生产为例,目前中国婚纱礼服业中,具有一定规模、档次和效益的婚纱礼服生产企业主要集中在广东潮州、中山、深圳、广州,江苏苏州,福建厦门和泉州等地,这些地区主要从事婚纱礼服的贸易加工。现在中国的婚纱批发市场已形成广州、苏州两大集散地,国内从事婚纱礼服生产销售的经营体超过1 500家,从业人员超过3万人。据iresearch数据显示,截至2019年年末,我国婚纱礼服(定制服务)公司已超7万家[②]。

(4) 区域市场结构特点明显,地域性行业品牌正在形成

目前我国的婚庆服务品牌企业主要集中在北京、上海、广州等相对发达的大城市,生产企业主要集中在沿海及发达的大中城市,在小城市的分布相对较少。婚庆行业消费的区域性特点比较明显,同时,婚庆业生产的区域性特点也很明确。目前在全国各地区都有一些在当地市场已经形成了一定知名度和良好口碑的婚庆公司、婚纱摄影公司等。但在区域分布上,婚庆产业各行业的企业产品销售和服务区域性很强,跨地区经营的大型连锁

[①] 婚庆行业趋势分析:逐步走向精耕细作. http://www.sohu.com/a/399711567_473133.
[②] 2020年婚纱礼服市场现状及竞争格局分析. http://www.sohu.com/a/398024939_473133.

企业很少。由于婚庆业是一个新兴的服务行业,除了原来相关行业的品牌外,真正的全国性婚庆业品牌尚未形成,但有一批在当地市场份额大、具有竞争优势的婚庆行业领先企业,正在逐渐形成行业品牌。优势婚庆企业主导的行业整合将提升婚庆市场集中度和行业整体盈利水平。近年来在北京、上海、广州、深圳等新婚消费能力很强的地区,已经出现了连锁经营的服务企业,涉及婚礼庆典服务、婚纱礼服、婚纱摄影等。

二、我国现代婚庆业存在的问题

(一)婚庆企业规模较小,从业人员专业程度不高

从主要提供婚礼庆典服务的婚庆公司角度看,企业的规模较小,经营者和从业者的专业水平参差不齐。从企业的从业人员平均人数来看,全国各城市的婚庆企业的平均从业人员以 10 人居多。有的婚庆公司甚至只有一间办公室就到处联系业务,然后再四处寻找外包商提供分项服务。从事婚纱摄影的企业平均从业人数为 40~60 人,尽管婚纱礼服生产企业有一些大中型企业,但除潮州、厦门、广州、苏州等大型生产基地外,手工定制和家庭作坊式的小型企业还是占大多数。

为了规范婚庆行业从业人员的服务,提升从业人员的专业素质,2009 年 4 月底,中国社会工作协会婚庆行业委员会出台了一项政策:从 2009 年开始在国内婚庆行业推行婚庆策划人、主持人持证上岗制度。但对于大量没有加入该协会的小型婚庆公司来说,该政策并没有约束力。

(二)婚庆公司的产品与服务同质化,经营欠正规

随着婚庆公司的大量涌现,婚礼庆典服务分工越来越细化,服务范围扩大并日益丰富,已经包括了婚礼咨询、婚礼策划、婚礼司仪、婚礼花艺、婚礼化妆、MV 设计拍摄、婚车出租等方面。但由于我国多数经营婚庆业务的公司还处在"小打小闹"阶段,造成了我国婚庆市场上问题不少。很多婚庆公司目前只能提供简单的服务,尚未进入产品和服务的全面提升阶段。我国的婚庆公司还需要进一步提升文化层次,注重服务和产品的多样性、个性化。目前我国婚礼服务行业尚无全国统一的标准,缺少行业规范行为,婚庆行业整体上还处于起步阶段。全国只有上海、河南、四川、重庆、广东、江苏、浙江等少数地区成立了婚庆协会,其余地区婚庆行业仍处于各自为政的状态。正因为行业整体素质不高、产品和服务缺少创新,开始出现行业的低价低质的恶性竞争。

(三)全国婚庆"一站式"服务的专业市场仍在发展中

目前,全国婚庆市场呈高度分散局面,婚庆相关的各个环节的产品和服务主要分布在:承办婚礼庆典的婚庆公司、婚纱制作或者租赁公司、婚纱摄影公司、婚庆礼品和小商品市场、珠宝商店、婚庆服饰的百货商场和专卖店、鲜花专卖店、婚车租赁公司等。这些产品和服务散居在一座城市的各个行业和角落,呈高度分散局面,目前没有真正意义做到提供婚庆服务"一站式"服务的市场。准新人们往往为了结婚奔走于各个环节去购买结婚所需要的产品和服务,在购买过程中疲于奔命、焦头烂额。目前能够缓解这种局面的是各类

婚博会和逐步兴起的一站式婚礼会馆。如中国婚博会每年在北京、上海、广州、杭州、武汉、天津、成都等地同时举办春夏秋冬四季展,先后已有 30 多个国家的名品名店、名设计师、名流明星来中国婚博会发布国际前沿结婚时尚。中国婚博会已成为中国数百万新人向往的结婚采购品质平台和中国结婚时尚风向标。此外,一站式婚礼会馆的出现在一定程度和较小范围内缓解了新人们筹备婚礼的不便。

第三节　我国现代婚庆业的发展

一、影响我国现代婚庆业发展的因素

(一) 新人不愿错峰结婚,结婚扎堆现象突出,造成婚庆公司业务忙闲不均

近年来,凡是遇到结婚的高峰年、良辰吉日等,婚庆公司的业务就应接不暇。受婚庆公司的人手限制,在这些扎堆结婚的好日子里,纵然有再多的业务上门,婚庆公司也分身乏术,结果就造成了婚庆公司业务忙闲不均,旺季很旺,淡季很淡。新人不愿错峰结婚,对婚庆公司的影响主要体现在以下两点。

① 婚庆公司在人员配备上难以把握。雇更多的人,怕淡季人力成本过高;少雇点人,又怕旺季应付不过来。

② 婚庆公司在业务上难以专业化。为了应对淡季,一般婚庆公司除了婚礼庆典外,大多还要承接其他业务,如周年庆典、开业典礼、礼仪庆典、商业演出、剪彩仪式、开工仪式、开幕仪式、奠基仪式、入住仪式、楼盘开幕、年会策划等,这样就使婚庆公司在业务上难以专业化。

(二) 资源配置效率低下,产业服务不规范,行业管理欠缺

目前我国婚庆市场为新人提供的大多是"分段式"服务,婚庆行业整体的资源配置效率低下,产业资源亟待整合。以婚庆公司和酒店的合作为例,由于我国目前的婚礼庆典主要是在酒店举行,因此,引发了婚宴市场的火爆。多个城市"五一""十一"和春节期间的报道显示:自 2010 年以来,北京、上海、广州、深圳等一线城市和武汉、成都、大连、昆明等二线城市各大饭店的全年婚宴大多都被提前排满,不仅"一席难求",而且婚宴价格连年上涨。在婚庆消费链里,婚宴利润本来就相对较高。即使酒店免费提供一系列新人蜜月套房、喜庆蛋糕、鲜花等优惠,婚宴的利润率也达 30%～40%。婚宴消费 30 桌以下已是少数,大部分在 50～80 桌之间,有的甚至超过百桌。如果新人在结婚消费链里某一环节消费过高,则可能会减少在其他消费环节的花费。

现阶段婚庆公司在数量上一哄而上,存在着良莠不齐、鱼龙混杂的现象,婚庆业服务不规范,如不与客户签订正规合同、服务内容缩水、诚信问题突出等常见问题,导致许多新人对结婚消费充满不信任,"红色投诉"居高不下,影响婚庆行业的发展。从行业发展规律来看,目前我国婚庆行业缺少品牌意识、商标与知识产权保护意识,缺少核心竞争力。我国婚庆市场"洗牌"在即,应树立品牌意识,增强整个产业链的吸引力,树立我国婚庆行业的整体信誉和形象。

对于日益壮大的婚庆市场，相关部门在行业管理上缺乏行业标准，行业管理力不从心。政府部门和行业协会应加强管理，如对婚庆公司从审批注册到日常管理，从婚庆公司的等级到常规服务的定价，都应该有一套相应的规定和措施，并且严格把关，规范运作。

（三）从业人员素质偏低，职业培训欠缺或者不够完善

一个行业的良性发展离不开人才的培养。目前我国婚庆行业人员从业无"门槛"设置，从业人员资质良莠不齐。"婚庆人"对婚庆文化缺少深层次的理解，导致大量不规范的经营行为和低端竞争手段的出现，伤害了婚庆行业和婚庆消费者的感情与利益。同时，我国各类院校婚庆类专业和课程设置少之又少。笔者自 2009 年起在上海师范大学和上海旅游高等专科学校的会展经济与管理专业、旅游管理专业的本、专科班级连续开设了"婚庆策划与管理"课程。学生在学习期间走访各类婚庆公司时发现，婚庆行业的从业人员从经营管理者到一般工作人员，系统学习过婚庆专业知识的很少。当然，作为一个实践性很强的行业，行业实践的积累的确十分重要，但对于高端婚礼和新人们越来越追求的个性化服务，从业人员的学历和人文知识的积累就有一定的作用了。特别是现在行业发展迅猛，婚庆公司想要做大做强，不仅需要婚庆类知识，更需要一定的市场营销和公司经营管理的知识。在职业培训方面，目前只有婚礼策划师和婚礼主持人的培训相对多一些，缺乏针对其他必要的行业人员的系统培训。

二、我国现代婚庆业的发展趋势

虽然存在着以上种种问题，但随着人民生活水平的不断提高，我国现代婚庆业的未来依然是一个兴旺的"甜蜜的产业"。

（一）以国家婚庆行业管理与服务标准制定工作为契机，规范婚庆行业行为，树立婚庆服务标准意识，加快婚庆业的基础建设

全国婚庆婚介标准化技术委员会成立大会暨 2008 年年会 1 月 24 日在北京中民大厦举行。民政部人教司科技处处长甄炳亮同志在会上宣读了国家标准化管理委员会《关于全国婚庆婚介标准化技术委员会成立的批复文件》。甄炳亮随后指出，全国婚庆婚介标准化技术委员会的成立来之不易，它的成立对于这个行业将来能够正规有序地发展有着重大的意义。

（二）政府更加注重婚庆业的规范，更多的婚庆协会也将陆续成立，大力提倡贴心服务、诚信服务

随着婚庆市场的进一步繁荣，政府会更加重视引导婚庆文化和消费，制定和完善婚庆消费行业规范，治理行业市场。同时，为了有效地对迅速发展的婚庆公司及相关产业进行管理，一些省市已经成立了一些婚庆协会，以上海为最早（见表 1-1）。这些行业协会的行业业务主管单位一般是各省市的经济委员会，协会业务主管单位是各省市的行业协会发展署，登记主管是各地的社团管理局。这些协会团体同时接受各省市经济委员会、各省市行业协会发展署、各省市社团管理局的业务指导和监督管理。会员单位以本省市的婚庆

礼仪企业为主,包括有关婚礼策划、摄影、摄像、化妆、司仪、现场布置、喜糖、婚车、花卉等婚礼一条龙服务的企事业单位。婚庆行业协会往往是跨地区、跨部门、跨所有制的行业组织,是以推动婚庆行业生产与技术发展、加强婚庆行业规划管理为目标的实行行业服务和自律的非营利性社会团体。如上海市婚庆行业协会就是通过法律、法规授权,政府委托,开展行业统计、行业调研、行业评比、技术培训、会展招商、维权争议、公信证明、行业准入资格资质审核、发布行业信息等一系列工作,是具有权威性、主导性、代表性的组织机构。

表 1-1　部分已经成立的地区婚庆协会及其宗旨

协会名称	成立时间	协会宗旨
上海市婚庆行业协会	2004 年 1 月	以服务企业、规范行业、发展产业为己任,推进婚庆行业规范化发展,先后联合消保委、工商行政管理局等部门,制定了《上海市婚礼庆典合同示范文本》《上海婚庆礼仪投诉处理办法》等文件,详细约定了婚庆活动各个环节中的权利、义务以及违约赔偿细则,保障了婚礼的质量,降低了投诉率,促进了行业诚信的建设,因而受到广大新人的好评,成为上海老百姓心目中称心又放心的民间组织
河南省婚庆服务业协会	2005 年 4 月	弘扬中华民族婚庆先进文化,倡导婚庆新理念,规范婚庆行业管理,推动婚庆产业健康发展,反映会员呼声,引导和教育会员树立爱党、爱国、诚信的文明服务意识;团结本行业同人,发挥自我管理职能,在政府、社会与企业之间发挥桥梁纽带作用,为全省婚庆服务行业的规范管理与健康发展做出贡献
成都婚庆行业协会	2005 年 4 月 27 日	倡导婚庆新理念,弘扬中华民族先进文化,规范婚庆行业管理,推动婚庆产业发展,为社会主义精神文明建设服务,为社会的全面进步做出贡献
黑龙江省婚庆礼仪行业协会	2005 年 10 月	倡导婚庆礼仪文化新理念,传承和弘扬民族婚姻传统和婚庆礼仪先进文化,加强婚庆礼仪行业自律和规范,推动婚庆礼仪产业的发展,为社会主义精神文明建设服务
四川省婚庆行业协会	2006 年 6 月 29 日	倡导婚庆新理念,弘扬民族传统婚庆文化,规范婚庆行业市场,推动婚庆产业发展,提升婚庆行业服务水准,努力促成全省婚庆行业健康、快速发展的新格局
重庆市婚庆行业协会	2006 年 11 月	支持婚庆服务机构发展,规范婚庆市场秩序,提高婚庆服务水平,促进婚庆产业繁荣
广东省婚庆行业协会	2008 年 3 月 19 日	倡导婚庆新理念,宣传贯彻国家有关婚庆行业的法律法规和方针政策,整合优化婚庆行业资源,发掘和弘扬中华民族优秀传统婚俗文化,倡导婚庆文明先进文化,推动婚庆产业发展,提供行业服务,规范行业行为,保障公平竞争,维护行业权益,实现行业自律,提高行业水平,增强行业竞争力,促进行业发展,发挥婚庆行业对社会、经济、文化发展和社会主义精神文明建设的积极推动作用
江苏省婚庆行业协会	2009 年 9 月 21 日	以和谐婚庆为前提,规范婚庆礼仪行业管理,引导婚庆礼仪产业健康发展;继承传统民族婚庆文化精髓,传播先进婚庆礼仪理念;为会员提供服务,维护会员合法权益,保障行业公平竞争;沟通会员与政府、社会的联系,促进行业经济发展
浙江省婚庆行业协会	2012 年 4 月 24 日	为会员提供服务,维护会员合法权益,保障行业公平竞争原则,在政府与婚庆行业企业间进行的协调、沟通、联系中起到桥梁与纽带的作用,以便规范行业市场的经营秩序,维护会员自身合法权益不受侵害

续表

协会名称	成立时间	协会宗旨
云南省婚庆行业协会	2013年5月	开展大型展会活动,提升行业的品牌形象;开展比赛争优活动,提升行业企业软实力;组织学习交流,促进企业合作发展;建立行业标准体系,促进行业和谐发展;使云南的婚庆行业朝着专业化、正规化、健康化的方向发展
福建省婚庆行业协会	2014年6月	宣传贯彻国家有关婚庆行业的法律法规和方针政策,整合优化婚庆行业资源,发掘和弘扬中华民族优秀传统婚俗文化,倡导婚庆文明新理念,推动婚庆产业发展。提高行业服务,规范行业行为,实现行业自律,保障公平竞争,维护行业权益,提高行业水平,促进行业发展,为海峡两岸婚庆产业发展搭建交流平台,积极发挥婚庆行业对社会、经济、文化发展和社会主义精神文明建设的推动作用
北京市婚俗婚庆文化协会	2014年11月	团结会员,遵守国家宪法、法律、法规和国家政策,遵守社会道德风尚。推动中华婚俗婚庆文化的研究和发展,推动北京地区婚俗婚庆文化创意产业的发展,宣传和倡导中国优秀的传统婚俗文化,提倡婚俗婚庆行业自律,开展婚俗婚庆行业为全社会服务,推动婚俗婚庆文化创意园区的创建,为促进社会和谐建设做贡献
安徽省婚庆行业协会	2015年2月	推动行业自律和服务规范,其中首推的是"一单式收费告知"和"标准化服务协议"制度
海南省婚庆服务行业协会	2017年4月	致力于相关行业市场方面研究、行为方面规范指导,以及婚庆文化的打造,将有利于全省婚庆服务行业的自律与相互监督,朝更加专业化、规范化的健康有序的方向发展

(资料来源:笔者根据各婚庆行业协会网站整理而成)

除了一些省及直辖市相继成立婚庆行业协会外,一些省内的婚庆行业协会也陆续成立。同时,跨区域的婚庆行业组织也开始出现:2019年9月21日,中国传统文化促进会婚庆文化发展委员会在上海挂牌成立。该委员会由多家省市级婚庆业社团组织组成。这些婚庆行业协会和商会均在积极采取措施,为规范婚庆市场和推动婚庆产业发展做出了一定的贡献。

(三)婚庆企业积极创新产品和服务,改善经营与管理方式,注重创建婚庆业知名品牌,鼓励良性竞争

婚庆企业行业分工将进一步细化,服务范围不断扩大,提供的婚庆产品和服务应更加丰富,服务质量不断提升,更加注重服务档次和内容;应更加注重创建婚庆业知名品牌,打造婚庆企业的核心竞争力。同时,各类婚庆服务公司可以合纵连横,行业内与企业间强强联合、资源整合,共赢发展,注重网络等现代科技手段在婚庆业中的作用,提高全行业经营管理水平。用更多、更新的理念、服务与产品促进行业的专业化进程,以此来满足新婚消费群体的市场需求。

以上海为例,为了规范上海市婚庆行业经营行为,遵守诚信准则,强化行业自律机制,维护经营者与消费者的合法权益,建立良好的经营秩序,促进婚庆行业健康有序发展,上海市婚庆行业协会依照国家相关法律法规以及结合婚庆行业的特点,陆续推动制定和颁布的标准和规定有:上海市《婚庆服务规范》(见附录)、上海婚庆礼仪服务合同(见附录)、

上海婚庆礼仪服务投诉处理办法(见附录)和上海婚庆行业自律公约书(见附录)。从行业的自律与管理、行业的道德与诚信和行业的行为规范等方面做出了详细的规定。这些标准和规定的制定，都是为了加快提升上海市婚庆服务质量，规范企业经营和竞争行为，实现企业自我约束、自我保护，避免恶性竞争和无序竞争，引导行业走向健康、持续、快速的发展道路。这些规定保障了婚庆消费者的权益，也规范了上海市婚庆服务行业的行为，保护了相关当事人的合法权益，提高了诚信服务，促进了上海婚庆行业的健康发展。

（四）加大婚庆行业人才培养力度，加强专业与技能培训，通过实施人才战略来提升婚庆企业的核心竞争力和抗风险能力

目前我国婚庆业存在着这样一种现象：一面是上万的婚庆从业人员，还有不少人跃跃欲试想进入婚庆业；另一面却是婚庆业主感慨人才紧缺，很多婚庆公司都在着急招不到人。面对我国婚庆业目前的这一矛盾，不少婚庆公司经理道出了玄机："干婚庆这行的人很多，但是经过培训、持证上岗的却太少。"甚至有业内人士保守估计，目前我国从事婚庆行业的人员有70%是"草台班子"。婚庆行业涉及面很广，婚礼策划师、婚礼司仪、婚礼督导、化妆师、摄影师、摄像师、婚礼花艺师等，都是婚庆行业人力资源的重要组成部分。但一直以来，很多婚庆公司的这些人员是兼职，没有经过专业培训。正是因为对专业人才的忽视，使得婚庆行业人员良莠不齐。事实上，国家劳动部门对婚庆行业的一些专门人才会颁发相关资质和证书，比如婚庆行业的"礼仪主持人"和"摄影师"的职业资格认证。不过近年来，随着全面深化改革，政府进一步转变职能、转变观念、提高认识，加大了职业资格许可和认定事项清理力度，不断降低人才负担和制度成本。为了持续激发市场和社会活力，促进就业创业，"礼仪主持人"和"摄影师"的职业资格许可和认定已被取消。

三、我国现代婚庆业的风向标——婚博会

（一）婚博会的含义

婚博会，即婚庆博览会，是在各地举办的以婚庆服务、婚纱摄影、婚宴场地、婚纱礼服为主题的婚庆产业交易采购展览会。目前，婚博会的概念越来越广，包括与结婚相关的边缘服务，如房屋装修、新婚家电、新婚家具、新娘化妆等，目的是宣传婚庆的时尚元素及新兴理念，吸引消费者的关注，推销各自的品牌。婚博会展出时间通常为3～5天，同期主办方会举行婚纱秀、大型婚礼展示等一系列活动。

（二）主要的婚博会

目前各地都有围绕婚庆业的大大小小的各类婚庆博览会，其中，全国最大型的婚博会是中国婚博会。中国婚博会是由商务部、民政部、国家工商总局批准，由民政部举办的世界品牌结婚展，商务部全国百家重点支持品牌展会，每年联手世界四大著名结婚时尚盛会分别于每年3月、6月、9月、12月在北京、上海、广州、武汉、天津、杭州、成都等地同时举办。以2019年夏季的婚博会为例(见表1-2)。

表 1-2　2019 年夏季中国婚博会概况

举办地	举办时间	举办地点
北京	3月2—3日	国家会议中心
上海	3月16—17日	上海世博展览馆
广州	3月9—10日	广州琶洲保利世贸博览馆
天津	3月30—31日	天津梅江会展中心
杭州	3月2—3日	杭州奥体国际博览中心（G20主会场）
武汉	3月16—17日	武汉国际博览中心
成都	3月9—10日	中国西部国际博览城

（注：作者根据相关网络资料整理而成）

（三）婚博会举办的意义

在中国，婚庆消费一直是老百姓最重要的生活消费之一，而婚庆涉及行业非常广，小到吃、穿、戴，大到住房、车子，消费者往往要花上半年甚至更多的时间张罗准备。婚博会的举办，将婚庆消费的相关行业集中在一起，聚集了各个行业的品牌企业，使消费者能放心地享受优质、专业、诚信的商品和服务，新人们可在展会上获得全方位婚礼资讯和"一条龙"婚庆服务，既快捷又实惠。同时，这也是优质企业集中销售与树立品牌形象的大好时机。婚博会旨在为企业和消费者搭建一座沟通交流的桥梁，满足企业与消费者的双向需求，降低社会综合交易成本，为扩大内需和推动现代服务业的发展发挥着积极的作用。婚博会由于集中结婚采购商家，能为结婚新人提供一站式结婚消费服务，从而最大化降低社会综合交易成本。随着消费水平的提高，年轻人对于"婚"这个概念的时尚要求越来越高，各地的婚博会也越办越红火。

（四）中国婚博会被誉为首选采购平台和时尚风向标的原因

1. 品牌形象定位清晰

登录中国婚博会的官网，首先就可以看到一段对中国婚博会的简短介绍，其中主办方对中国婚博会进行了如下定位说明。

中国婚博会始办于 2005 年，作为全球超大婚博会、世界品牌结婚展，先后经商务部、民政部、国家工商总局、中国社工协会批准，不仅是商务部"全国百家重点支持的展会品牌"，还是超大规模的世界品牌结婚展，中国婚嫁领域最具影响力的一站式体验订购平台。中国婚博会近些年来发展迅猛，规模越做越大，在全国各地开办分会场。现在每年在北京、上海、广州、武汉、天津、杭州、成都等地同时举办春、夏、秋、冬四季展。有需求才会有市场，正是因为众多新人都选择婚博会作为自己婚庆消费以及了解婚庆行业现状的平台，婚博会才得以日益壮大。

迄今为止，先后有 30 多个国家的 3000 多名品、名店、设计师、名流明星等来中国婚博会发布当季国际前沿结婚时尚。目前，中国婚博会已成为中国千万新人向往的结婚采购平台和中国结婚时尚风向标。

中国婚博会严选国际国内一线大牌、小众精品、设计师定制品牌、近百万款结婚新品，并且用送现金、送家电等现场促销手段惠及新人,让新人们享受高性价比一站式结婚采购服务,轻松筹备自己的品质婚礼。

2. 满足了市场和消费者的需求

(1) 婚博会为什么是首选的采购平台

① 价格优惠,购物礼相送。不管是平日里以高端路线示人的商家,还是一贯价格亲民的商户,在婚博会的时候,都会拿出最大的优惠折扣。

② 展品丰富,消费一站式。一般来说买婚纱、拍婚纱照、买结婚戒指、订婚庆公司、订婚宴、买喜糖、新房装修……一场婚礼可涉及近70个行业。尽管一般的婚博会有很多,但这些婚博会基本只涉足婚纱、婚庆等少数几个行业,难以满足结婚新人的全部需求。为了让新人们节省精力和时间,规范婚庆消费市场,创建诚信婚庆品牌,中国婚博会为新人们提供了一站式结婚采购服务。新人们不仅能在最短的时间把同种类的商家合在一起相互比较,而且可以省却平日里"跑了东家跑西家"的奔波之苦。对于工作繁重的上班族,他们有集中的时间一次性搞定很多筹备婚礼的项目,不仅花费的时间短,而且效率高。

③ 品牌聚集,时尚更权威。婚博会上除了众多名品的聚集以外,还有很多商家会推出各种秀场,精彩纷呈的表演让人目不暇接,这对新人来说也是一个诱惑力。

④ 满足消费心理和新观念。随着生活水平的提高,人们的消费观念也与时俱进。结婚是件大事,一生就一次,人们都希望尽善尽美,因此每位新人,包括双方的父母,在婚礼消费的选择上都极其慎重,经常为了找到合适自己心意的产品"货比三家"。中国婚博会不仅满足了大众的这一心理,而且大大节省了新人们的时间与精力。新人们在一个展览馆内就可以尽情地挑选与比较,选购到最为满意的产品。

(2) 婚博会为什么是时尚风向标

中国婚博会是集婚庆策划、婚纱摄影、喜宴酒店、婚嫁首饰、婚纱礼服、婚车租赁、蜜月旅游、结婚百货、家居家装等所有婚嫁行业于一体的一站式采购平台,提供了充分的可选性和高品质的放心服务。

中国婚博会品牌云集,每年在北京、上海、广州、武汉、天津、杭州、成都七座城市四季开展,汇集3000多个国内外品牌、30多个国家的设计师、明星现场发布每季国际前沿结婚时尚,有最新潮、最热门的结婚筹备资讯独家放送,以及婚庆行业顶尖品牌带来的创意活动和各种促销,为结婚消费者提供高水准、系统、清晰、务实的个性化筹婚方案顾问服务,让准新人们秒变筹婚达人。

下面以2019年春季武汉婚博会为例,[①]来看看婚博会是如何带领着准新人们追赶潮流的。

2019年3月16—17日,全球最大一站式结婚采购平台——中国婚博会在武汉拉开了2019年武汉春季展的帷幕。进入武汉国博中心A1—A4馆,扑面而来的是浪漫、喜庆、时尚的气息,鲜花布置的展位、蛋糕装点的门脸儿,一个个缩小版的婚礼现场跃然眼前。婚庆设计师们用各种各样梦幻般的场景呈现,甚至有商家将价值600万元的劳斯莱斯开

---

① 时尚风向标!婚博会武汉站发布2019婚嫁时尚趋势. https://www.sohu.com/a/301996702_313287?_f=index_chan23news_8.

到了婚博会现场,以吸引更多的筹婚新人关注。作为中国结婚时尚的风向标,中国婚博会举办的"百万新娘DE醉爱"评选活动在现场进行了武汉站决赛评选,现场展示了来自婚纱礼服、婚纱摄影、珠宝首饰等136家品牌商家的参赛作品。新人们不仅可近距离观摩品鉴,大饱眼福,更可在现场订购、租赁,把高奢婚纱、珠宝穿戴上身。

据了解,由中国婚博会举办的"百万新娘DE醉爱"评选活动,是基于国内外一线婚嫁品牌、小众精品的婚纱礼服、婚纱摄影、婚嫁首饰三大系列的潮流设计新款、经典作品,经过1.5万对新人的有效投票,从5000余件作品中票选出了大家"醉爱"的近百件婚纱礼服、婚纱摄影与珠宝首饰作品入围决赛。在北京、上海、广州、杭州、天津、成都、武汉七地展会现场展出,让新人不仅能零距离观摩、品鉴时尚的婚礼单品,还能为新人的婚礼提供灵感,让新人的婚礼更潮。这些作品不仅代表了现在年轻人的婚礼喜好,更诠释、体现了2019年最新婚尚潮流。据悉,中国婚博会2019年春季展武汉站,仅周六当天,销售额达2.19亿元,其中婚庆0.23亿元,婚宴0.36亿元,婚纱礼服0.17亿元,蜜月旅游0.16亿元,婚纱摄影0.36亿元,珠宝首饰0.31亿元,婚品0.17亿元。

中国婚博会历届都有国际结婚流行时尚权威发布,中外名流明星荟萃。婚纱发布会、妆容造型发布会及相关活动及人物纷纷闪亮登场。还有美轮美奂的全球流行婚尚大典,由中国婚博会发起并主持,在婚嫁行业成为无法攀越的高峰。2019年中国婚博会成都的婚尚大典集结了全球排名前十位的婚纱品牌,以及国内外新锐设计师品牌,把全球结婚风尚带到了中国婚博会成都站的现场。2019年中国新娘妆容发布秀是一场灯光、电声、华服和美妆的盛宴,既能看到最前沿的新娘妆容,也有婚礼现场最实用的新娘妆容造型。准新娘在发布会现场还可以拍下喜欢的妆容造型给自己的婚礼造型师参考,从而成就一个最潮的新娘。

3. 对婚博会的总结

综上分析,婚博会把握住了天时、地利、人和。

(1) 天时

顺应了婚庆市场的发展。

① 结婚消费需求的增加,越来越多的新人对婚庆的档次和质量提出更高的要求。

② 结婚消费范围的扩大,从婚纱礼服的选购拍摄、婚戒的购买,到婚宴上灯光、音乐、司仪的安排布置,以及婚后的蜜月旅行,等等。

③ 结婚观念的多元化,由以往简单的物质追求发展到对精神层面的追求,新人们希望自己的婚礼充满创意、个性化、时尚化。

(2) 地利

顺利抢占了北京、上海、广州、武汉、天津、杭州、成都七座城市。

(3) 人和

婚博会的营销体系摒弃了国内专业展会的单一乏味、缺乏亮点的传统运营模式,开创了以迎合结婚消费为导向的新型产业营销模式,横向结合了结婚产业链上的婚纱生产、婚纱摄影、婚礼策划服务、婚宴服务、珠宝、房产、汽车、家装、家居、蜜月旅游、花艺、喜烟喜酒等结婚服务和产品,纵向集聚各行业中最具影响力的强势品牌企业,并配以婚纱流行趋势发布、彩妆流行趋势发布、珠宝流行趋势发布、新婚必知报告等活动,彰显了整个展会看点多、强势品牌全、配套服务完备、资讯丰富、媒体关注度高、社会影响大的优势。

小结

本章主要围绕我国婚庆业的产生、演变与发展展开，使读者逐渐了解从黄帝婚礼到人们熟知的中式婚礼、由"文明结婚"到集团结婚，直至我国现代婚庆业出现的新旧婚俗嬗变历史。再通过分析我国婚庆业的现状及存在的问题找出影响我国现代婚庆业发展的因素，并分析了我国现代婚庆业的发展趋势。最后以婚博会为例，展现了我国现代婚庆业的现状。

复习思考题

1. 简述我国婚庆的起源。
2. 简述我国婚俗的演变。
3. 简述我国现代婚庆业的现状。
4. 简述我国现代婚庆业存在的问题。
5. 简述影响我国现代婚庆业发展的因素。
6. 简述我国现代婚庆业的发展趋势。

引申案例一

上海国际婚礼时尚周开幕：长三角婚庆业将实施一体化发展三年行动计划

引申案例二

新人遭遇婚庆消费陷阱："这里面的水太深"

图 1-1　婚礼服务

图 1-2　婚纱摄影

图 1-3　婚纱礼服生产

图 1-4　婚宴服务

图 1-5　婚戒首饰

图 1-6　婚车租赁

图 1-7 彩妆造型

第二章

婚礼策划与婚礼类型选择

引 言

婚礼的类型在我国历经时代变迁。第一章我们梳理了"我国婚庆的起源与婚俗演变",应该说,婚礼的类型也经历了一个又一个轮回:从中国传统婚礼到纯西式婚礼,从中西结合式婚礼到改良式传统中式婚礼,从为一对新人单独举办的主题婚礼到集体婚礼……

自古以来,中国不同历史时期传承下来的具有浓郁特色的传统婚礼文化一直延续至今,我们常常在新人的婚礼流程中感受到中式传统婚礼习俗。随着改革开放的不断深入,我们受西式婚礼文化的影响也越来越多。无论是新人的服饰还是婚礼的内容和流程安排,都注入了一些西式婚礼特有的色彩。伴随着东西方文化不断的交流与融合,我们的婚礼从传统的纯中式婚礼逐渐演变为与西式婚礼相结合的中西合璧式婚礼,也有一些新人选择了纯西式婚礼。中西合璧式婚礼在保留了中国独有的婚礼文化特色的同时融入了一部分西方婚礼文化的元素,使得当下的结婚庆典在具体方式上的选择更加多样化和个性化。在这么多的婚礼类型可以选择的情况下,再结合每对新人的具体情况和对婚礼的不同向往,催生了婚礼策划和婚礼策划师的出现。

学习要点

- 婚礼策划
- 婚礼策划师
- 中式婚礼
- 西式婚礼
- 中西合璧式婚礼
- 主题婚礼
- 集体婚礼

爱情宣言

周同学:爱情是陪伴,是相互成就。

徐同学:最好的爱情莫过于你挽着我的手,共赴璀璨的未来。

郭同学:最合适的爱情是两个人在一起的时候依然可以舒舒服服做自己。

刘同学：爱情是恪守，爱情是忠诚。

汪同学：真正爱你的人，会督促你变得更优秀。

丁同学：随遇而安。

刘德艳博士的点评：

真正的爱情，是恪守和忠诚，是随遇而安的陪伴，是可以舒舒服服做自己的同时还相互成就。是互相挽着手、共赴璀璨未来的同时，让你我都变得更优秀。

引入案例

那些不想办婚礼的年轻人，最后都怎么样了？①

第一节　婚 礼 策 划

结婚是一件令人高兴的大喜事，但也是一件很烦琐的事。随着社会分工的不断深化，越来越多的人将婚礼交给了专业的婚庆公司，让他们帮助策划一整套的婚礼进行方案，让准新人们安心做其他工作。

一、婚礼策划的含义与作用

（一）婚礼策划的含义

婚礼策划是指婚庆公司根据准备举办婚礼的客人的预算和对婚礼的品质要求而策划的一整套婚礼活动的服务项目组合。

婚礼不仅仅是一个仪式的呈现，它其实是一系列活动的组合，牵扯的面很广。因此，婚礼策划不是简单的婚礼流程组合或者婚礼现场布置设计，而是依据每对新人的喜好和诉求，为整个婚礼确定一个主题，并紧紧围绕这一主题做好各种准备工作，如婚礼流程设计、司仪、舞美、灯光、音响、专业的DJ、化妆、服饰、摄影、摄像、花艺、道具，甚至突发状况处置预案等。有鉴于此，有人觉得叫"婚礼策划"显得太"单薄"了些，更喜欢用"婚庆策划"来描述上述整个策划过程。本书中"婚礼策划"与"婚庆策划"概念不作严格区分，都是指上述的整个策划过程。

目前，人们对婚礼策划存在着一些理解上的误区，主要有以下几方面。

1. 婚礼策划就是忽悠人的

有些人觉得婚礼就是一个系列活动的组合，无非是预订一个婚宴场所，给新人化个

---

① 何书瑶. http://mp.weixin.qq.com/s/2eT-rZ2w4GXjOutaJ1JBGA.

妆,有个仪式进行的大致流程,找个主持人串场,再找个人拍拍照录个像而已,根本不需要什么婚礼策划,所谓的婚礼策划就是忽悠人的。但实际上,就像家庭装修一样,过去因为经济不宽裕,自己又不太懂,就只好请几个木匠、泥水匠、管道工等来做一下最基本的装修就行了。后来人们有钱了,就不仅想要满足最基本的生活需要,还想使自己的家装修得跟别人不一样,要有自己的风格。于是,在开工装修之前,就要先请一个室内设计师做一个整体设计。婚庆策划与家庭装修中的室内整体设计一样,并不是忽悠人的,而是随着消费者经济能力的提高,新人对自己的婚礼提出了更高的要求,希望自己的婚礼能有特色。婚礼策划可以对新人进行有效的帮助和引导,使新人拥有一个跟别人不一样的婚礼。

2. 婚礼策划主要就是策划婚礼现场的场景布置

有人认为婚礼策划就是帮新人把婚礼现场布置得美轮美奂。但其实婚礼策划的重点在于整场婚礼本身,而婚礼现场布置的重点只在于场景的布置。一场好的婚礼,现场布置是为婚礼服务的,它是为了更好地表达婚礼的主题而设置的一个元素。如果把婚礼策划的重点放在婚礼现场的场景布置上而忽略婚礼其他环节,这个婚礼策划就是不完整的。一个好的婚礼策划除了婚礼现场的场景布置外,还必须同时兼顾很多其他环节的策划。

3. 婚礼策划就是拼哪家婚庆公司的点子和创意多

许多人认为婚礼策划就是比较哪家婚庆公司的点子和创意多。这是把策划与点子和创意混淆的典型表现。简单来说,点子和创意都不是策划,但策划一定包含了点子和创意。策划是面,而点子和创意是点和线。真正意义的婚礼策划要将点、线、面很好地结合在一起。

另外,婚礼策划是一系列活动,其策划要具有合理性、统筹性和可操作性,其最终效果的实现必须要靠婚庆公司的工作团队。婚礼策划师光有好的点子和创意是远远不够的,没有婚庆公司工作团队的现场配合,策划的效果就难以实现和保证。

(二)婚礼策划的作用

1. 帮助新人发现和挖掘自己想要的婚礼主题

很多的新人在踏进婚庆公司的大门时,并不能清楚地表达出自己到底想要什么样的婚礼。大部分新人只是说想要一个浪漫、热闹、喜庆的婚礼,这时就需要专业的策划,通过与新人的良好沟通与交流,准确地把握新人的婚礼主张,并给出专业的主题建议。

2. 帮助新人做好情感疏导和心理疏导

"准新人在筹备婚礼的过程中分手了"的新闻应该听到过吧?是的,很多新人觉得筹备婚礼是个大负担。每个人都想要一个梦幻般的婚礼,但大部分人做不到停下工作来筹备婚礼,而且很多事情不懂,又没有经验,还要受到财力的限制,因此,准新人难免会闹点矛盾。婚庆公司可以在接洽客户时,用专业的婚礼策划知识和能力,帮助新人做好情感疏导和心理疏导,为新人制订整个婚礼筹备的计划,从而解除新人们的后顾之忧,让他们能够省心、省力、省钱地筹备婚礼。这样也可以减少新人们在筹备婚礼过程中发生不愉快的事情,较好地控制婚礼筹备期间的情绪,为迈向美好的婚姻生活开个好头。

3. 通过有效的沟通和价格决算来制定所有的内容方案

愉快的沟通可以使新人和婚庆公司策划人员迸发出更多的灵感。在新人预算范围内,通过婚庆公司的婚礼策划工作,把握新人的婚礼主题、内容和细节安排,找到婚礼的主题创意,反复修改婚礼策划方案,使婚礼更加符合新人的特质,并最终做出合理的人员配置和价格决算以及制定所有内容方案。通过婚庆公司专业的婚礼策划,让新人们的婚礼更加有意义、更加与众不同、更加完美。

4. 通过合理的人员配置和默契的现场配合执行成就一场完美的婚礼

光有最终的策划方案还不够,通过合理的人员配置和默契的现场配合执行才能成就一场尽善尽美的婚礼。"三分策划,七分执行",执行是整个婚礼中的核心,执行的核心在于配合。在婚庆公司工作人员团队默契配合的基础上,再通过有效地引导达成新人之间的配合、新人家人的配合、现场来宾的配合、酒店和婚礼场馆方的配合等,因为只有好的配合才有好的执行,这时候,婚礼策划人员就要和现场督导达成完美的配合,以确保新人拥有一场难忘的婚礼。

二、婚礼策划的理论基础

(一)管理学原理

管理就是一种在正式组织内由一个人或更多的人来协调其他人活动的活动过程,其主要职能是计划、组织、领导、控制。婚庆活动就是一个典型的需要加以协调的活动。

(二)活动策划与组织

活动策划与组织所研究的是活动追求的目标、活动主题的策划、活动场馆的选择、活动的现场管理、制定与控制预算、制定日程安排、活动团队、气氛的营造与高潮的设计、活动的风险管理……这些都是婚庆活动策划与管理者所关注的。

(三)项目运营与管理

项目实质上是一系列活动,仅完成一项工作往往不能完成整个项目的目标。项目活动是一个过程,各个项目都必须在某个时间内完成,有始有终是项目的共同特点。项目都有一个特定的目标,或称独特的产品或服务。项目就是一次性的任务。项目有资金、时间、资源等许多约束条件,项目只能在一定的约束条件下进行。项目整体管理是指在项目的整个生命周期内,汇集项目管理的知识,对所有项目计划进行整合、执行与控制,以保证项目各要素相互协调。对婚庆公司来说,每场婚礼都是一个项目管理的过程。

三、婚礼策划师

(一)婚礼策划师的含义

尽管目前市场上对婚礼策划师的理解不尽相同,但笔者认为,婚礼策划师是根据即将举办婚礼的新人和婚庆公司的要求,为新人的婚礼主题、流程和内容进行创意策划,形成婚礼策划方案,并对实施这一主题策划过程中的每个环节提出合理方案,进行婚礼现场协调,以保证策划方案实施全过程的综合性人才。婚礼策划师是使得主题策划能够完美实施、帮助新人在婚礼中完成他们梦想的婚庆公司的专业核心人员之一。

婚礼策划师提供的是特色婚礼,即有个性体现的整场主题婚礼服务。婚礼策划师提供的不仅仅是婚礼策划服务,因为婚礼策划服务只是婚礼中的精彩片段,特色才是婚礼的生命,才是婚礼策划师存在的意义。

正规的婚庆公司都配有专门的婚礼策划师,同时还配有各类婚庆业务支持人员,包括司仪、督导、花艺、化妆、摄影、摄像、灯光、专业DJ、道具、后期制作、门市接待等。规模更大的婚庆公司还配有专门负责婚纱礼服、婚宴、婚车等业务的支持人员。当然也有小型婚庆公司把花艺、化妆、婚车等业务外包给其他公司的,尤其是规模小、刚起步的婚庆公司。但也有一些婚庆公司不设婚礼策划师,而是将婚礼策划的职责交给了司仪甚至门市接待人员。但是,由于司仪和门市接待人员在部门衔接和职责分配上不像专职婚礼策划师那么明确,因此,婚庆公司在客人的婚礼当天的失误常常发生在内部人员的协调不够、跟进不足上。婚礼的策划和管理是一个系统的工程,每个环节都疏忽不得,所以每个环节都应配备相对应的专业人员。

(二)婚礼策划师在婚礼中的作用

1. 提供基础服务

婚礼策划师围绕着一场婚礼的主题,使司仪的主持风格、花语设计的基调、婚礼音乐的处理、现场婚礼道具的配合等基础项目与婚礼主题相匹配。

2. 提供针对性服务

婚礼策划师针对新人设计出新人专属的LOGO、婚礼主题故事的演绎、现场布置、道具制作、婚礼音乐、婚礼短片、互动游戏设计等,强调针对特定客人的"一次性"服务,即针对特定的新人策划的从主题到细节,都不再用到另一对新人身上。

3. 提供品牌服务

婚礼策划师要想形成自己强烈的个人独创风格,就需要在婚庆行业多年的经验积累,综合运用个人的人文素养、人生阅历、情感经历等。这时候婚礼策划师在婚庆市场上的价值体现在其自身的品牌价值就已经让人们对这场婚礼产生强烈的期待。

(三)婚礼策划师的工作职责

1. 通过沟通了解新人诉求

婚礼策划师负责前期与客户沟通,包括接单时应了解新人的真实想法及其对婚礼的构想和期待,有针对性地为客户制定适合其自身特点的婚礼主题。

2. 策划并撰写婚礼策划案

签订订单后与客户保持良好的沟通,确保策划方案的准确性。至少与客户沟通三次进行方案的修改。

3. 监督婚礼策划案的实施

配合婚礼督导,负责婚礼各环节执行人员与工作的安排、协调、监督,核实各部门配合与婚礼准备情况,负责与客户、婚礼场馆等各环节的工作人员沟通。

4. 协调婚礼现场的各项工作

婚礼当天协调各个环节与调配各方面工作人员,与主持人、音响师、婚礼场馆等工作人员核对婚礼流程,婚礼当天与婚礼督导沟通,把控婚礼全场。

5. 负责对客户进行回访

回访是为了进一步了解新人对本次婚礼策划案的创意及实施的最终反应、对婚庆公司服务的整体满意度,以及建立客户数据库以带来更多的业务等。

(四)婚礼策划师的基本素质

1. 人文素养

人文素养是婚礼策划师出创意的"土壤"。除了基础人文素养以外,婚礼策划师应对婚礼文化有着全面的了解。如对中、西式婚礼的异同点的认识和处理,对于婚俗文化的理解,对婚俗的地域性特点的把握,熟悉婚俗的时代变迁、花艺、美术、音乐、宗教等很多学科的知识。可以这样说,婚礼策划师的人文素养不仅关乎新人们的一场婚礼的效果,对于社会文化的传播和创新都有着深刻的影响。

2. 策划能力

光有人文素养还不够,婚礼策划师还要有把这些人文素养转化成策划方案的能力。这就需要婚礼策划师能系统地学习管理学、活动策划学及项目管理学的知识,具有丰富的想象力和创造力,注重对新人情感线索的挖掘和处理,能够帮新人全面考量和把关,分析婚礼的各种创意是否适合当天场馆、新人的父母及婚礼的来宾等,最终形成一个婚礼策划方案。

3. 沟通能力

好的婚礼策划师首先是乐于和善于与新人交流沟通的,只有充分了解了新人自身的背景和要求,才能从中挖掘出符合新人自身特质的适合的主题,策划出属于新人自己的独一无二的婚礼。其次,婚礼策划师还要善于与婚庆公司的工作团队沟通,这样婚礼方案才能被工作团队准确地理解和实现。

4. 创新能力

婚礼策划师要面对很多对新人。虽然有一些新人由于费用或者其他因素的限制等只要一个程序化的婚礼,并不需要很多的创意,但毕竟想要自己个性化专属婚礼的新人越来越多。这样就对婚礼策划师的创新能力提出了较高的要求。婚礼形式的创新、内容的创新、婚庆道具的创新、婚俗的创新引领等都是婚礼策划师需要考虑的创新方向。

(五)婚礼策划师的职业等级

婚礼策划师在国外是一个有行业专业培训认证证书的职业,但在国内兴起时间并不长。欧美国家具有其专业系统的认证体系。亚洲的日本、韩国、新加坡等国家以及我国台湾地区等也都有权威性的行业认证机构。由于我国尚未成立全国性的婚庆行业协会,所以,目前尚无全国统一的婚礼策划师职业等级划分体系。

目前我国已有一些机构和婚庆公司与各类国际上的婚礼策划机构取得了一些联系与合作。一些国内的婚庆公司成为美国婚礼策划师认证(Wedding Planning Professional, WPP)的婚礼服务公司。为了拓展中国市场,目前国际婚礼策划师协会在我国香港、北京、上海、厦门、武汉和广东等地设立一些办事机构。

国际婚礼策划师协会是亚洲各国和地区,尤其是日、韩、新加坡等国家和我国台湾地区等最具权威性的行业认证机构,是婚礼策划职业实力测定和婚礼策划师专业人士认证的机构,共有亚洲各国各地区婚礼策划、婚纱摄影、婚礼用品、婚礼咨询、婚礼杂志、婚礼场地设计、婚礼灯光舞美、婚礼网站、演艺等上万家公司和机构的成员,其总部设在美国。其对婚礼策划师的认证资格证书以其职业执行标准、国际职业认证、国际考核认证和新人评价体系综合给予评定。国际婚礼策划师分为 S、A、B、C 四个等级,其中 S 级是最高级别,C 级的条件最低,申请必须先从 C 级认证起,逐步才可获得 S 级。

2011 年 8 月 9 日,全美排名第一的婚礼策划师资格认证培训 Weddings Beautiful Worldwide[①] 宣布与我国一家婚礼策划行业机构达成战略伙伴关系,正式进入中国婚礼市场。该机构将在我国开展婚礼策划师认证课程培训,并授予两种不同的证书:一种是 ABC(Associate Bridal Consultant),初级婚礼策划师证书;另一种是在婚礼策划市场被人们所广泛熟知的 CWS(Certified Wedding Specialist),职业婚礼策划师证书。ABC 课程包括 9 个章节,主要侧重于婚礼策划的专业知识。而 CWS 课程包括 18 个章节以及最终的认证考试,CWS 将提供从初学者到实现职业婚礼策划师梦想的一条路径,为学员教授实际的创业规划和婚礼策划师的专业技能。

我国有一家婚礼行业专家培训机构也提供统一培训国际注册婚礼策划师课程,通过考试可获得国际注册婚礼策划师证书。精修国际注册高级婚礼策划师课程则可获得国际注册高级婚礼策划师证书。该机构经 ACI[②] 组委会审核。

四、婚礼策划的原则

很多新人把婚礼理解为新潮就好,所以在与婚礼策划师沟通时常常把重点放在是否够新潮时髦上。这时候婚礼策划师就要用自己的专业知识和经验来引导新人,让他们意识到:只有真正符合并反映新人特色的婚礼策划才是好的创意。

婚礼策划师应根据新人的不同需求综合考虑婚礼策划。

---

① Weddings Beautiful Worldwide 1968 年成立于美国,致力于为全世界的婚礼策划师提供高质量的教育和支持服务。Weddings Beautiful Worldwide 目前有两种级别认证课程,还有会员社区。课程培训已在包括日本、墨西哥、非洲一些国家、新加坡、马来西亚、巴哈马群岛、菲律宾以及中国香港、中国台湾等地区和最近加入的澳大利亚和中国内地开展。

② ACI:美国认证协会(American Certification Institute),是由美国哈佛大学、得克萨斯大学、耶鲁大学、加利福尼亚大学、杜克大学、森坦那瑞大学等美国数十个著名院校的专家教授共同组成的学术认证委员会,在全球范围内从事国际职业资格认证的专业机构,得到美国政府的合法注册,总部设在美国加利福尼亚州。

1. 风格各异

杜绝"千场一面"的程序化婚礼,策划出每对新人的婚礼主题风格,或纯美、或梦幻、或时尚、或幽默……

2. 文明浪漫

在坚持营造新人们普遍追求的浪漫元素的同时,正确传承和改良婚俗文化,杜绝不良婚俗、引领文明新婚俗。做到既保留传统婚俗的精华,又能去其糟粕;既能引进国外婚俗的有益元素,又不盲目崇洋媚外,从而带动社会文化的进步。

3. 可操作性

有一种情况是婚礼策划中会遇到的:很好的婚礼创意受婚礼场馆的限制、天气的限制、道具制作的限制、新人性格因素的限制、新人父母的不同意见的限制等,而使最后的效果不尽如人意。对于婚礼策划师来说,只是一场婚礼的失败,但对于新人来说,却是一辈子难以弥补的遗憾。因此,婚礼策划师一定要将婚礼策划方案的可操作性作为重要的原则加以考虑。

4. 考虑预算

在我国,结婚常常不是"两个人的结合",而是"两个家族的结合",婚礼不仅使新人耗资巨大,甚至连父母都会补贴很多钱。因此,婚礼策划师一定要帮新人在预算范围内做策划方案,尽量在有限的预算内达到最好的婚礼效果。

五、婚礼策划方案

婚礼策划方案也被称为婚礼策划案、婚礼策划书。

婚礼策划方案的撰写没有统一的格式,各个婚庆公司可能拿出来的婚礼策划案都各有侧重,每个婚礼策划师的婚礼策划案也不尽相同,但是婚礼策划方案一般都包括以下内容。

(一) 关于本场婚礼的基本信息

① 新郎新娘姓名。
② 伴郎伴娘姓名。
③ 婚礼举办时间。
④ 婚礼地点。
⑤ 参加婚礼的VIP名单。

(二) 婚礼策划的主题与形式

① 婚礼的主题,如本章第五节主题婚礼部分的"海上的月亮""梦中的花园""My Star 星光梦幻""缘牵一线""交响情人梦"等婚礼主题的确定。
② 婚礼的形式,如"温馨浪漫、高雅简洁的中西合璧式(以中为主,兼顾西式)"等。

(三) 婚礼的流程策划与细节呈现

① 婚礼的流程策划:需详细地写出婚礼的具体流程,时间精确到分钟,甚至秒。

② 婚礼的细节呈现：舞美、花艺、道具、司仪、化妆、摄影、摄像、现场督导等细节安排，每部分都需要表达出如何与婚礼的既定主题相匹配。

（四）婚礼项目的分解结构图编码表（WBS）与项目网络图（PND）

婚礼项目工作分解结构（work breakdown structure，WBS），一般是指结构代码。
WBS 的三个关键元素：
工作（work）——可以产生有形结果的工作任务；
分解（breakdown）——一种逐步细分和分类的层级结构；
结构（structure）——按照一定的模式组织各部分。
项目网络图（project network diagram，PND），简称网络图，是用于寻找项目的"关键路径"。
最终形成婚礼项目的：
① 工作结构代码的确定；
② 各工作间逻辑关系的确定；
③ 网络图。
在建立 WBS 的基础上，再对婚礼活动做纵向分解：
① 婚礼筹备计划；
② 婚礼前准备；
③ 婚礼前一天准备；
④ 婚礼当天流程；
⑤ 婚礼项目结束。

（五）人员安排及管理职能分工

为了确保婚庆工作有序进行，所有参与人员应相互支持与协作。为了清晰明了，可以制作一张"人员管理职能分工表"。

下面，在婚庆具体人员及分工中，以司仪为例来描述其管理职能与分工。

婚礼司仪必须有强烈的责任心，做事干净利落，行事有计划步骤。在婚礼上不是炫耀自己，而是以突出新人为主。婚礼司仪要经验丰富、细节周密、追求新意。

婚礼司仪的工作职责。
① 应在婚礼前两星期与新人见面，倾听新人的想法并沟通对婚礼的安排。
② 婚礼前一天到现场帮新人出谋划策，并进行彩排。
③ 负责全程迎亲引导、迎亲主持（供选择项目）。
④ 婚礼当天，婚礼司仪应在新人到达饭店前到达典礼现场，并与酒店工作人员协调，确保将婚庆典礼仪式中所需物品准备就绪。
⑤ 婚庆典礼当中应做到主持语言文明幽默、喜庆热烈、突出新人，使典礼流畅。
⑥ 婚礼仪式中可以为新人安排一些文明的小游戏（供选择项目）。
⑦ 整个流程中注意与督导、摄影、摄像、DJ、伴郎、伴娘等仪式密切相关人员做好衔接与配合。

（六）婚礼的费用估算

列出婚礼策划及执行的预算清单，可以以套餐价格的形式呈现。

（七）婚礼活动的风险管理

列出可能出现的因为天气、设备、交通、食品等风险引起的危机处置预案。

（八）备注

列出其他需要备注的事宜。

第二节　中式婚礼

传统的中式婚礼以古朴、礼节周全、喜庆和热烈张扬的气氛而受到人们的喜爱，尤其是许多年轻人和外国的新人格外钟情于此种形式，认为这是中国文化习俗的荟萃和体现。现在婚庆公司提供的中式婚礼大多是改良式的中式婚礼。改良的原因一是因为有些传统的礼俗随着时代的发展在内容上已经不合时宜，二是有些传统的礼俗在形式上已经难以呈现。

一、中式婚礼的传承和接受

中式婚礼体现的是我们中华民族独特的婚礼文化，作为传统文化的一部分被求新、求异的时尚男女所传承和接受，并成为彰显个性的一种表达方式。

中式婚礼突出的是喜庆和热闹的气氛，一般喜欢用大红色来营造出这种喜庆而热烈的婚礼气氛。同时，华丽的装饰和喜庆的色彩，使得中式婚礼显得雍容大气、华贵典雅（见图2-1）。此外，中式婚礼还以其古朴、欢庆、礼节繁多且热闹张扬而受到人们的喜爱。尤其是许多来自海外的新人们或者跨国婚姻的新人们，似乎特别喜欢中式婚礼，因为它集中展现了中国的婚礼习俗。

对婚庆公司来说，承办中式婚礼相对承办西式婚礼在传统道具、中式礼服、策划和表演方面更具有挑战性。如今婚庆公司承办的中式婚礼一般走的是高端路线。客户主要是那些尊重中国文化、尊重传统婚俗的新人们。

据婚礼服务机构"我要红妆"的统计：一般选定"我要红妆"为其策划中式婚庆的新人的文化程度为硕士及以上学历者达到30%，海归人士达50%以上，中西联姻者达20%。可见，中式婚礼在文化层次较高的人群中是非常受青睐的。同时，中式婚礼现在作为新时代的时尚特色婚礼，受到一些有想法、有追求，寻求与众不同婚礼的新人的追捧，也让爷爷奶奶们在子孙的婚礼上回忆起他们那个时代的婚礼。

二、中式婚礼之传统习俗

中式婚礼之传统习俗有很多，主要有以下几点。

(一)抬轿启程

在锣鼓、唢呐、舞狮的伴随下,花轿开始起程(见图2-2)。按传统,新娘应该被兄弟背出来送上轿子。不过现在很多独生子女只能由表兄弟等代劳,通常也改背为抱了。花轿的路程大多数只是走走形式,除非两家特别近,要不从这头抬到那头,轿夫肯定吃不消。不过不管吃得消还是吃不消,按照惯例是要给轿夫红包的,否则他们会"有意"颤动花轿,俗称"颠轿",让新娘坐在里面"好受"。

(二)跨火盆和射箭

古礼中是新娘坐花轿过火盆,不过现在新娘通常是在媒人的搀扶下直接跨过火盆。在下轿之前,新郎还得拉弓朝轿门射出三支红箭,用来驱除新娘一路可能沾染的邪气。

(三)拜堂和交杯酒

跨火盆之后有的还要跨过马鞍,象征新人婚后合家平安,然后才由新郎用红布包着的秤杆挑开新娘头上的喜帕,这时,一对新人就该正式拜堂了(见图2-3、图2-4)。拜堂后最重要的部分不是交杯酒(合卺酒),而是给双方高堂敬茶。通常这个时候都会令父母、新人及亲朋好友唏嘘不已,声泪俱下,场面感人,使婚礼在热烈的喜庆气氛中也透着浓浓的亲情。

(四)同心结发

现代的娶亲仪式,为了婚礼现场的效果,就把一些原本是在洞房里的婚俗搬到婚礼现场来展示。比如说结发,应是新人在洞房里相互剪些头发,作为夫妻关系的信物放在一起保存,现在则是在婚礼现场当众结发。

三、中式婚礼的道具

中式婚礼的各类小道具较多,主要有火盆、马鞍、弓箭、喜烛、金秤、喜帕、剪刀、麦斗、尺子、果盘、茶杯、合卺酒、双方信物等十几样东西。

1. 花轿

花轿作为传统婚礼的核心部分是从南宋开始流行的。现代花轿分四人抬、八人抬两种,又有龙轿、凤轿之分。轿身红幔翠盖,上面插龙凤呈祥,四角挂着丝穗。有钱人家娶亲为五乘轿,花轿三乘,娶亲去的路上女迎亲者坐一乘,其余二乘由压轿男童坐;迎亲回来时新娘、迎亲者、送亲者各坐一乘,另有二乘蓝轿,用蓝呢子围盖,上面插铜顶,由新郎、伴郎各坐一乘。

2. 旗锣伞扇和鞭炮

旗锣伞扇位于迎亲队伍之中、花轿之前,令整个迎亲仪式热闹、壮观。鞭炮则是在迎亲的行进途中一路燃放,表示庆贺。

3. 凤冠霞帔

嫁女儿的人家无论贫富对嫁衣都是十分讲究。内穿红袄,足蹬绣履,腰系流苏飘带,下着一条绣花彩裙,头戴用绒球、明珠、玉石丝坠等装饰物连缀编织成的"凤冠",往肩上披一条绣有各种吉祥图纹的锦缎——霞帔。为了配合新娘的着装,新郎官一般都身着蟒袍玉带,比起西式婚礼中的黑西装,另有一种富贵气。

4. 盖头

古时新娘着凤冠霞帔的同时都用红布盖头,以遮羞避邪,红色取吉祥之意。

5. 火盆

火盆是放置于大门口的一盆火,让新娘跨过去,寓意婚后的日子红红火火。现在为了安全起见,一般都以盆内放红绸来表示。

6. 马鞍

"鞍"与"安"同音,取平安长久之意。多放于洞房的门槛上,新娘跨马鞍,表示一世保平安。当新娘前脚迈入门槛,后脚抬起还没有落下的时候,由上有父母、下有子女的全人把马鞍抽掉,正好符合了"烈女不嫁二夫,好马不配双鞍"的意思。目前,跨马鞍这一环节保留了,但其含义已是只取其"平安"之意了。

7. 秤杆

原先是入洞房后,新郎用秤杆挑去新娘的红盖头,取意"称心如意"。现在常常将这一环节放在结婚庆典上举行。

8. 花烛

在婚礼仪式中使用红色的成对蜡烛,点燃于厅堂及洞房之内,因其上多有金银龙凤彩饰,故称为"花烛"。

9. 天地桌

天地桌多置于院中,桌上放大斗、尺子、剪子、镜子、算盘和秤,称为"六证"。意思是:可知家里粮食有多少、布有多少、衣服好坏、容颜怎样、账目清否、东西轻重等。民间常有只有"三媒(媒人)六证"俱全,才表示新婚合理合法的说法。等到吉时举行的结婚典礼,俗称为"拜天地",由司仪主持,一拜天地、二拜高堂、夫妻对拜。

10. 子孙桶

顾名思义,是保佑子孙万代、多福多寿的喜庆吉祥物,与子孙对碗、红木箱柜一起成为新娘的"嫁妆三宝",陪嫁时必不可少。子孙桶有三件:马桶、脚盆、水桶(又称"子孙三宝"),是民间嫁妆中最基本的必备物之一。其中,马桶亦称子孙宝桶,寓意早生儿女;脚盆亦称聚福宝盆,寓意健康长足;水桶亦称财势宝桶,寓意勤奋上进、事业有成。子孙桶里面放枣子(期盼"早得贵子")、长生果(带壳花生,节数越多越好,寓意长生不老和多子多福)以及桂圆、荔枝、百合、莲子等干果;再放进五只红鸡蛋,象征"五子登科",等等。子孙桶要专门由娘家兄弟在新娘进门之前拎进洞房。现在子孙桶虽然仍是一些新娘嫁妆必备之一,但意义上更趋向装饰之用。

四、中式婚礼的流程

为了在婚礼仪式上方便地呈现和满足新人的个人喜好,以及婚俗革新中去除古时对女性的歧视等考虑,以下中式婚礼之程序中,可以根据具体要求增减。

1. 食汤圆

新娘在结婚出发前,要与父母兄弟及闺中女友一起吃汤圆,表示离别,母亲喂女儿汤圆,新娘哭。

2. 讨喜

新郎与女方家人见面后,应持捧花给房中待嫁的新娘。此时,新娘的女友要故意拦住新郎,提出"条件"要新郎答应,通常都以红包礼成交。

3. 拜别

新娘应叩别父母,而新郎仅行鞠躬行礼即可。

4. 出门

新娘应由一位福分高的女性长辈持竹匾或红伞护其走至礼车,因为新娘在结婚当天的地位比谁都大,但因不得与天争大,因此头顶不能见阳光。另外也希望新娘像这位女性长辈一样,过着幸福美满的生活。可准备竹匾,并在上面贴上双喜字,竹匾可置于礼车后盖。

5. 敬扇

新娘上礼车前,由一名小男孩持扇给新娘(置于茶盘上),新娘则回赠红包答谢(准备一把扎有两个小红包的扇子)。

6. 掷扇

礼车启动后,新娘应将扇子掷到窗外,意谓不将坏性子带到婆家,小男孩将扇子捡起后交给新娘家人,新娘家人回赠红包答谢。

7. 燃炮

礼车离开新娘家时燃放鞭炮。

8. 改乘花轿

一般礼车到达花轿位置后,新人改乘花轿,向婚礼地点行进,来宾可以向新人喷放礼花弹,沿途设置欢乐球或彩带横幅,在锣鼓手的敲打声中喜庆热烈,场面热闹。

9. 摸橘

花轿至新郎家,由一位拿着两个橘子的小孩来迎接新人,新娘要轻摸一下橘子,然后赠红包答谢。这两个橘子要放到晚上,让新娘亲自剥皮,意味招来"长寿"。

10. 牵新娘

新娘下轿时,应由新郎家一位福分高的长辈持竹匾顶在新娘头上,并扶新娘进入大厅。进入大厅时,忌踩门槛,要跨过门槛。

11. 跨马鞍、跨火盆、踩瓦片、过米袋

新娘进入大厅后,要跨过马鞍(平平安安)和火盆(红红火火),并踩碎瓦片(开始新的生活),走过米袋(富裕传世代)。

12. 射箭

射箭也称"射轿帘"。放在花轿停下后进行。花轿停下后,新郎手执弓箭,分别向天、地、新娘空射三箭,取意举箭弓逢凶化吉。这个古老的习俗据说可以驱除新娘身上的邪气,现在解释为:一射天,天长地久;二射地,地老天荒;三射远方,幸福永远。

13. 拜堂和交杯酒

新郎挑开新娘头上的喜帕,一对新人正式拜堂,以及饮交杯酒。

14. 同心结发和谢媒

15. 进洞房

新人一起坐在预先垫有新郎长裤的长椅上,谓两人从此一心。

16. 燃鞭炮,赴喜宴

礼车离开洞房,燃放鞭炮。这一环节是因为现在结婚喜宴常常不放在家中举办的缘故。

17. 进入婚礼庆典举办地,结婚典礼开始

有人也将第11~14步流程放在结婚典礼上进行。

18. 婚礼庆典结束后闹洞房

亲朋好友与新人一起去洞房,做一些闹洞房的小游戏,让亲人和朋友们分享新人的新婚之喜。

五、中式婚礼的费用

办一场地道的中式婚礼的费用可真不少,虽然会场布置可以省略鲜花,却多了很多道具。化妆师也会比较辛苦,因为除了新人,还有伴娘、媒人、家人等都得配合化妆。至于中式婚礼主持人,价格就更高了,因为纯中式婚礼套词很多,而且很多都得又唱又吆喝。然后还得请一位相当于导演的现场总监,以协调扮演各种角色的人。婚礼督导更是必需的,因为花轿的路线以及酒店方面的协调等很多杂事都得有人安排。

六、中式婚礼的其他注意事项

礼车依然需要。因为在城市中新娘新郎家和婚宴地点的距离可能都较远,一般都是将新娘接到离婚宴地点不远的地方,再换乘花轿。

中式婚礼应尽量做到"地道"。从服装、化妆(见图2-5、图2-6),到场景(图2-7)、道具,都要与中式的婚礼内容吻合。不要亦中亦西,不伦不类,失去中式传统婚礼的风采。

以一场典型的龙凤呈祥中式婚礼套餐为例,需要准备的主要有:资深全程中式主持一名、中式唱礼官一名、中式婚礼背景音乐、资深中式督导一名(丫鬟或者喜娘)、中式主题舞台背景加宫灯六个(见图2-8)、舞台、案桌椅的中式喜字红绸布置、中式布置案桌("枣"生贵子(见图2-9)、龙凤花烛)、中式主题红灯笼(见图2-10)、灯光、纱艺拱门一座、中式仪式道具(喜秤、红盖头、盖碗茶盅、合卺酒盅、火盆、米袋、弓箭等)、新娘精品古装两套(见图2-11)、新郎精品古装两套、小丫鬟服饰一套、伴郎服饰一套、伴娘服饰一套、主桌椅背纱中式装饰、中式个性迎宾牌、个性签到卷轴、婚房气球、双喜字(见图2-12)、红丝带布

置,舞狮(见图2-13)七人组表演(包括鼓乐队),四人抬花轿或八人抬花轿等。

中式婚礼上要记得送给参加婚礼的亲朋好友具有浓浓中国风的喜糖(见图2-14、图2-15),他们会对新人完美的中式婚礼留下更深刻的印象。

第三节 西式婚礼

根据笔者的走访及所教的十几届学生对各地婚庆公司的调查发现,随着世界文化的广泛传播及消费者对婚礼的多样化、个性化的追求,很多消费者愿意选择西式婚礼。虽然真正的西式婚礼是欧美国家基于宗教信仰的一种结婚仪式,但一些国内的准新人们觉得,自己虽然不是教徒,但是当两个人的结婚誓言回荡在教堂上空时,感觉婚礼庄重神圣,结婚成了一生的盟约。

相对来说,西式婚礼没有中式婚礼复杂,繁文缛节相对较少,更多地体现了"结婚是两个人的事",而不像中式婚礼的"结婚是大家的事"。这正是西式婚礼受到一些年轻人青睐的原因之一。而且,很多婚庆公司表示,除高端婚礼外,办一场西式婚礼的费用一般要比中式婚礼少。

一、西式婚礼的婚礼传统

(一)订婚

订婚就是男女公开明确恋爱关系并初步拟订结婚的地点和时间等事项。订婚是一种承诺的公开化,虽然没有法律约束性,但可以向对方表达对爱情的忠贞和责任。

恋爱时期是甜蜜的二人世界,订婚则表示二人的男女朋友关系对外正式确定下来,成为未婚夫妻。订婚便于双方父母的密切往来,开始为正式举办婚礼进行筹划和准备。

(二)婚前准备

1. 教堂

教堂婚礼是一种宗教仪式。教堂在西方也叫作圣堂,其中的神父、牧师也被称为神的使者或最接近神的人。新人在教堂举行婚礼可以得到神的庇佑,驱走所有的不祥和邪恶的魔鬼。当然新人们也会在众目下接受神的祝福。

2. 有旧、有新、有借、有蓝

有旧,指的是新娘可以穿着或佩戴一样旧衣饰来象征她和娘家及过去生活之间的历史纽带。许多新娘将佩戴一件家传的珠宝饰品作为"有旧"的选择。有些新娘穿着她们母亲或祖母穿过的结婚礼服。实际上,旧的东西也可以是借来的东西。

有新,指的是穿戴一样新衣饰,象征新娘在新生活和婚姻中拥有成功和希望。

有借,指的是借来的服饰。它应该是从一位已幸福地结了婚的朋友那里借来的。据说他们的幸福会惠及于新人,给新人的婚姻带来长久的美满。

有蓝,指的是新人要穿戴一件蓝色服饰。蓝色结婚礼服代表着纯洁、忠诚和爱情。随着时间的推移,这一传统已从穿蓝色结婚礼服演变成后来的在新娘的结婚礼服下摆处缝上一圈蓝色的镶边,再演变到现代的普遍做法——新娘用蓝色的吊袜带。

有些新娘不太为传统所束缚,如果她们不想面面俱到,可以就携带一个小小的手袋,里面装有两块手帕——一块新的白色手帕,一块借来的蓝色手帕,这样她们就有新——白色手帕,还有旧、有借、有蓝——蓝色手帕。

3. 新娘婚纱

(1) 婚纱的起源

婚纱的前身是象征勇敢爱情的白色圣袍。据说16世纪的一个春天,一位来自爱尔兰皇室的Richry伯爵率领皇室贵族们到爱尔兰北部的小镇Fairy Tale Town打猎。在河边,他巧遇了正在洗衣服的Rose小姐,就在那一刻,Richry被Rose的纯情和优雅气质深深吸引,Rose小姐也对英俊挺拔的Richry伯爵产生了深深的爱慕之意。狩猎回宫后,Richry伯爵向农家女孩Rose大胆提出了求婚。但"门不当、户不对"是皇室所无法容忍的。为了让Richry伯爵死心,爱尔兰皇室向Rose小姐提出了一个几乎不可能完成的任务——在一夜之间缝制一件"白色圣袍",它的长度要达到从证婚台到教堂大门的长度。面对如此严苛的要求,Rose小姐并不示弱,聪明的女孩联手全镇居民,在天亮前缝出了一件线条简约而又不失皇家华丽气息的16米长的白色圣袍。当这件白色圣袍送到爱尔兰皇室面前时,所有人都深受感动,也被Rose小姐的聪明才智所折服。终于,Rose和Richry如愿以偿地举行了童话般的神圣婚礼。这就是婚纱的由来。而当Miss Rose变成Madam Rose之后,她在家乡小镇Fairy Tale Town创办了以Rose. Madam为品牌的圣袍(婚纱)设计公司。

(2) 婚纱的颜色

婚纱最早并不是白色的,而是蓝色或者按个人喜好选择。直到1840年,英国维多利亚女王在婚礼上以一身洁白雅致的白色婚纱示人,以及皇室与上流社会的新娘相继效仿后,白色开始逐渐成为婚纱礼服的首选颜色,象征着新娘的美丽和圣洁。现在,除了保留自己本民族的婚礼服饰外,越来越多的新人选择白色的婚纱。此外,新娘会将结婚礼服细心保存起来传给后代子孙,让圣洁的婚纱成为美丽的珍藏和爱的传承。

白色婚纱的色彩一般分为纯白、本白、乳白、米白、香槟白、银白,不同的白色对皮肤美感的影响有非常大的不同,在选择的时候和肤色也有着非常重要的对应关系。

如果新娘的皮肤比较白皙、细腻,头发的颜色偏棕黄色、茶色,建议选择本白色、乳白色的婚纱。偏白的皮肤中还有另外一类,特别容易出现红晕(红血丝)或者有时候看起来稍显苍白,头发偏灰黑色,本白和纯白是更好的选择。相对适中偏暗的皮肤,看起来像小麦色、古铜色,建议婚纱选择米白色、香槟白色。适中偏暗的皮肤中,瞳孔色与毛发色都偏黑色,建议婚纱选择干净的纯白色、光泽感强的银白色。

4. 新娘的手套

(1) 为什么新娘要戴手套(见图2-16)

因为手套被看作爱的信物。

(2) 新娘戴手套的起源

在中古世纪,许多绅士送手套给意中人表示求婚。如果对方在星期日上教堂时戴着那副手套,就表示她已答应他的求婚。所以手套就被作为爱的信物。

5. 新娘的面纱和头纱

(1) 新娘要戴面纱的起源

新娘戴面纱是年轻和童贞、青春纯洁的象征,白色面纱表示清纯和欢庆,蓝色面纱表示如圣母马利亚般纯洁,因此,许多新娘赴教堂举行婚礼时都选择戴双层面纱(见图 2-17)。新娘的父亲将女儿交给新郎后,由新郎亲手揭开面纱。

(2) 新娘戴头纱的起源

新娘戴头纱的习俗可以追溯到公元前 10 世纪,当时两河流域就已盛行女子戴头纱。古代女子在适婚年龄都头戴花环,以区别于已婚妇女,象征着童贞。在古希腊,举行结婚仪式时,不仅新娘要戴亚麻或毛织品的头纱,而且一对新人都要戴上花冠(见图 2-18)。

到了罗马时代,不同宗教信仰的人要戴不同颜色的头纱以示区别。中世纪以后,宫廷贵族之中出现了用珍珠装饰的花冠,而后发展成为白色头纱,并且尺码日益延长,遍及欧洲各地。

6. 婚戒

(1) 婚戒的起源

这种传统起源于原始早期社会,婚戒被认为是具有魔力的。古人认为左手无名指的血管直通心脏。中古世纪的新郎把婚戒轮流戴在新娘的三个手指上,以象征圣父、圣子和圣灵三位一体,最后把戒指套在无名指上。于是左手无名指就作为所有英语系国家传统上佩戴婚戒的手指。

英格兰人在教堂里举行婚礼仪式时,认为不戴戒指的婚姻是无效的。当神父询问一对新人是否愿意做对方的妻子或丈夫、能否相互尊重、白头偕老后,新郎给新娘的无名指上戴上一枚戒指。它象征着丈夫对妻子的纯真爱情,同时妻子也表示接受并忠实于这种爱情。

(2) 婚戒的意义

现在,婚戒象征两人相互承担的义务。金戒指象征爱情的纯真,银戒指意味情感温柔。西方各国一样,订婚戒指是金制的而且不镶嵌任何宝石,结婚戒指应加装饰物,至于戒指的质量则根据个人的经济条件不同而不同。订婚、结婚戒指可戴在同一无名指上,也可以由结婚戒指取代订婚戒指。

婚礼上,结婚戒指一般由第一男傧相携带。

7. 捧花

据说在古代的欧洲,小伙子为了向女孩求婚,会在山野里采集很多美丽的鲜花,做成花束,献给女孩。如果女孩接受了小伙子的鲜花,就表示接受了小伙子的求婚,并在那束鲜花中摘取最美的一朵戴在小伙子的胸前。这就是捧花和胸花的由来。

新娘将她手中的花束抛向身后的未婚女性客人,传说得到花束的女性将会成为在场客人中的下一个新娘。还有一个相似的风俗,新郎取下新娘的吊袜带,抛向身后的单身汉们,得到者将成为下一个新郎。这是捧花和吊袜带所传递出的对朋友的美好祝愿和感谢。

8. 花童

传说每当有新人举行婚礼时,便会有嫉妒新人幸福的邪恶幽灵出现,破坏新人的婚礼,甚至伤害新人,但香气浓郁的花草及香料则能驱除这些恶魔和新人一生的厄运及疾病。因此,需要有象征天使的花童在婚礼上为新娘新郎抛撒花瓣,祝福婚礼。

挑选花童可以是一男一女,也可以是两个女孩,没有特别硬性的规定。只要找得到,哪怕组一个花童团来为新人的婚礼增色也不为过。5~7岁的小朋友最适合做花童,这个时候的孩子不仅娇小可爱、天真无邪,而且更为关键的是,这个年龄段孩子有一定的自我约束能力。在确定了花童的人选后,就是着装的问题了,一般在出售新娘礼服的店里可以找到花童装,最出彩的是新郎、新娘礼服的儿童版。其实,活泼、可爱是孩子最大的资本,简简单单的衣服也是可以的。比如小男孩穿白衬衫、西裤,再打上一个小领结;小女孩穿一件连衣裙,就可以让他们成为新郎新娘的最佳拍档(见图2-19)。

9. 结婚蛋糕

结婚蛋糕一般都是特别定制的。自罗马时代开始,蛋糕就是节庆仪式中不可或缺的一部分。在那个时代,婚礼结束时,人们会在新娘头上折断一条面包。制造面包的材料——小麦,象征着生育能力,而面包屑则代表着幸运,宾客无不争着捡拾。依照中古时代的传统习俗,新娘和新郎要隔着蛋糕接吻。后来,想象力丰富的烘焙师傅在蛋糕上饰以糖霜,也就成了今天美味可口的结婚蛋糕。

10. 蜜月旅行

蜜月(honeymoon)一词起源于古欧洲的习俗。新婚夫妇在婚后的30天内,或直到月缺时,每天都要喝由蜂蜜发酵制成的饮料,以增进性生活的和谐。古时候,蜂蜜是生命、健康和生育能力的象征。蜜月是新婚夫妇在恢复日常生活前,单独相处的甜蜜时光。

二、西式婚礼的流程

(一)教堂中的流程

① 来宾入席。

② 一般同时开始演奏瓦格纳的歌剧《罗恩格林》中的《婚礼合唱》(也称作《新娘来了》)。亲友点上蜡烛,牧师(神父)领唱诗班进场,宣布婚礼开始。伴郎、伴娘、新郎陆续进场,女方家长(一般是父亲)陪新娘进场,全体起立。

结婚典礼时,新娘总是站在新郎的左边。起源是古时候,盎格鲁—萨克逊(Anglo-Saxon)的新郎常常必须挺身而出,以保护新娘不被别人抢走。在结婚典礼上,新郎让新娘站在自己的左边,一旦情敌出现,可以立即拔出佩剑,击退敌人。

③ 女方家长入席。新娘挽着父亲的手,款款步入礼堂,伴娘及花童一同进入会场。全体来宾起立,父亲郑重地把女儿交给新郎。女方家长就座,全体来宾入座。

④ 唱诗班吟唱圣歌祷告、献诗。

⑤ 牧师(神父)证婚。新人进行结婚宣誓,宣告愿意结为夫妇,不论疾病穷困,永结同心。

⑥ 新郎新娘互戴婚戒,宣誓。伴郎及伴娘捧上结婚戒指予新郎新娘,新郎新娘交换戒指并互相亲吻。新人在结婚证书上签名。

根据习俗,婚礼以新人的亲吻宣告结束。这一吻富有深刻的含义:通过接吻,一个人的气息和部分灵魂留在另一个人体内,爱情使他们合二为一。

⑦ 献诗(祝福的话)。来宾在唱诗班的带领下,唱祝福歌。

⑧ 礼成。演奏《结婚进行曲》,新郎在右边,新娘在左边一起走出教堂,伴郎伴娘随后,家属及其他来宾亦随后退场。

⑨ 新娘可于室外抛花束及摄影留念(见图2-20)。

婚礼仪式举行后,常常由家中的亲友往新郎新娘身上撒落一把把生米、玫瑰花瓣和五彩纸屑,以此祝愿他们多子多孙。现在,仍有向新人撒米的风俗,撒米的做法还在大多数婚礼仪式中盛行,寓意婚后生活富足。这一做法源于1491年英国国王亨利七世携王后到布里斯托尔旅行。旅行途中,被一位面包师的妻子看到,于是她从窗子里向他们撒麦粒。到16世纪时,这一习俗已广为流传,人们向新郎新娘撒麦粒,有时还染上各种颜色。麦粒象征着丰收和生活富裕,同时也祝贺新婚夫妇幸福长寿、子孙满堂。

(二)宴会的流程

① 乐队奏乐,宾客陆续进入餐厅,可以享用餐前开胃小菜和饮料。
② 新人进入餐厅后上第一道菜,侍者们给客人斟香槟,重要来宾致辞。
③ 开胃菜后,新郎新娘跳第一支舞(见图2-21)。伴郎伴娘及其他客人随后进入舞池一起跳舞。
④ 重新入座等待主食。
⑤ 上甜点的同时继续舞会。
⑥ 新娘也可在此时抛花束。
⑦ 新人在客人间穿梭,为他们的光临表示感谢,提供咖啡及各种餐后饮品。
⑧ 新郎新娘一起切蛋糕后(见图2-22),宾客跳舞或者自由退场。

三、西式婚礼的举办场所

很多准新人觉得西式婚礼只有在教堂举办才有味道,但据笔者及十几届学生的调查,并不是所有的教堂都能给需要的新人举办婚礼使用,绝大多数是有条件限制的,比如要求新人至少一方是教徒,并且在本堂经常聚会。教堂一般需要提前预约,以便有时间安排和布置教堂、安排唱诗班等。有的教堂可以免费使用,有的则适当收取一些费用。教会可视新人的经济条件,象征性地接受捐款。如果新人需要特别捐赠,按新人的经济能力的大小捐赠。

但也有一些教堂接纳外来人员的婚礼,至于这几年兴起的专为西式婚礼所设计建造的结婚礼堂(商业机构)就更没有很多限制了,新人只要在民政局领取了结婚证,交纳举办婚礼的费用即可办理。现在,国内在教堂举办婚礼的新人很多不是信徒,越来越多的人选择教堂婚礼是觉得新鲜。有人认为不信教的人最好还是不要在教堂举办婚礼,因为宗教是神圣的;也有人认为自己虽然不是教徒,但深信上帝是博爱的,在教堂结婚也是可以的。

一般来说,商业机构的结婚礼堂的收费标准从3000元到1万元不等,费用包含了牧师、唱诗班、花童、鲜花等系列场地布置,有的还提供摄影、摄像等服务项目,根据服务项目的多少和等级收费。近年来,随着举办教堂婚礼的新人的增多,一些商业机构的结婚礼堂甚至需要提前半年预订。一场教堂婚礼的时间为30分钟左右,工作人员布置场地的时间大概20分钟。有的教堂在结婚高峰的日子里,每个时间段的婚礼都被安排满了,两场婚礼之间间隔的时间很短。

四、西式婚礼中的婚礼主持词①

Judge——法官、牧师或者神父等主持婚庆典礼者。

Judge: I think it's time for the wedding to begin.

好,时间差不多了。

Judge: All right, ladies and gentlemen. Please take your place.
The wedding ceremony is about to begin.

好,女士们,先生们。请各就各位,婚礼马上就要开始了。

Judge: OK, (Sb.) start the music.

好,(某某)请放乐曲。

[the music and ceremony begin.]

[《婚礼进行曲》响起,圣洁的婚礼正式开始。]

Judge: Dearly beloved, we are gathered here today to join this man and this woman in holy matrimony.

Do either of you have any reason why you should not legally be joined in marriage?

大家好,我们今天在这里出席这位男士和这位女士的神圣的婚礼。

请问你们俩彼此当中,有谁有什么理由认为你们的婚姻不合法吗?

Is there anyone present who can show any just cause why these two people should not be legally joined in marriage?

在场的各位当中,有谁能提供正当的理由,指出这两位的婚姻不合法吗?

(如果任何人有什么理由使这次婚姻不能成立,就请说出来。)

Then, (full name of the bridegroom here), do you take (full name of the bride here) to be your lawful, wedded wife?

好,(新郎正式姓名),你愿意接受(新娘正式姓名),作为你的合法妻子吗?

Bridegroom: I do.

新郎:我愿意。

Judge: And you, (full name of the bride here), do you take (full name of the bridegroom here) to be your lawful, wedded husband?

好,(新娘正式姓名),你愿意接受(新郎正式姓名),作为你的合法丈夫吗?

Bride: I do.

新娘:我愿意。

---

① 参考了 FAMILY ALBUM U.S.A.(《走遍美国》)。

Judge: The rings, please.

请交换结婚戒指。

The two rings should be put on the *Bible* held by the Judge.

Then the bridegroom take one up and puts it on the bride's finger.

The bride take the other one up and puts it on the bridegroom's finger.

两枚婚戒被放到《圣经》上。

新郎把其中一枚戒指为新娘戴到她的手指上。

然后新娘把另一枚戒指为新郎戴到他的手指上。

Judge: By the power vested in me by the laws of (the country name), I now pronounce you husband and wife. you may kiss the bride now, (the full name of bridegroom here).

以(国家名)法律所赋予的合法权利,我现在宣布,你们正式结为合法夫妻。

你现在可以亲吻你的妻子了,(新郎正式姓名)。

The bridegroom lifts the veil and kisses the bride.

The guests laugh, applaud, and throw confetti.

新郎此刻揭起新娘的面纱,亲吻新娘。

亲朋好友欢笑鼓掌,抛撒彩纸,庆贺美满婚姻。

第四节 中西合璧式婚礼

中西合璧式婚礼是指西式教堂婚礼和传统中式婚礼的结合,外加一些流行因素在其中。中西合璧式婚礼既体现了西式典礼的庄严神圣,又突出了中式仪式的喜庆热闹,庄严但不失温馨,隆重但不失浪漫,不仅能充分体现出新人的个性与品位,满足其对西式婚礼的向往,又能既兼顾长辈的喜好。

一、中式婚礼和西式婚礼的区别

1. 婚礼氛围不同

中式婚礼要求有热闹的气氛,人气越旺越好,结婚地点一般都选在交通方便、人气旺的星级酒店。在整个婚礼过程中,十分注重突出喜庆气氛,现场布置的色调以大红为主,周围的装饰也以红色为主,如红色的花轿、红色的凤冠霞帔、红盖头、大红囍字、大红灯笼、红气球、红地毯等,背景几乎都是龙凤呈祥的纹样。

西式婚礼则注重突出庄重和圣洁。婚礼通常都是在教堂或其他较为安静的地方举行,虽然给人一种有条不紊的感觉,但难免显得有点冷清。西式婚礼由于注重圣洁的气氛,色调以纯白为主,白色是婚礼上独一无二的主色调,白色的婚纱、白色的布置、白色的蛋糕、白色的婚车……

在对乐队的要求上,中式婚礼只要热闹喜庆就行,西式婚礼则要求以交响乐或欧美音乐作主题曲。这些都同中国的传统民俗文化心理不同。

总之,在氛围上,中式婚礼是喜庆、热闹、感动的。热闹的场面能充分照顾到新娘新郎以及双方亲友的情感，体现出注重中国传统文化的意义。西式的婚礼则简洁、浪漫。在神父、亲朋见证下的肺腑誓言，让婚礼显得庄重而浪漫。西式婚礼更注重结婚当事人浪漫的感受。

2. 婚礼程序不同

中式婚礼的程序相对复杂，在充分满足人们对吉祥喜庆要求的同时，无论是新人还是新人的家人都会感觉很累。这主要是因为中国人平时较为含蓄，但在婚礼上往往会尽情宣泄，想尽办法"为难"新娘新郎，而且认为若不如此就显不出热闹喜庆。比如，当新郎领着众"兄弟"到新娘家接新娘时，新娘的"姐妹"会严守大门，与新郎及其"兄弟"唇枪舌剑，索取"利市"（俗称"姐妹钱"，即红包）。在所有这些环节当中，总是妙趣横生，笑声一片。拿到了"红包"后，众"兄弟""姐妹"这才热热闹闹地簇拥着新郎、新娘去举行结婚典礼。在婚宴中，新郎、新娘每席必敬酒，婚宴结束后再敬茶，宾客则以祝福红包相赠。因为环节多，每个环节都免不了插科打诨，婚礼持续的时间特别长。事实上，中式婚礼也是民俗文化心理的认同。

西式婚礼中，新郎新娘分别前往教堂（一般是下午），由新娘的父亲挽着女儿走过长廊，亲自把新娘的手交到新郎手里，然后说一些祝福的话。接着，婚礼由神父或牧师主持，先念一段勉词，大意是说明结婚的重要性，接着是进行结婚前的誓约，双方交换结婚戒指，然后接吻、抛花束等。整个婚礼持续的时间一般在一个小时之内。婚礼完成后，新人及其亲朋好友前往外景地拍摄照片，或者新郎自驾车带新娘离开结婚现场。在西方，婚宴通常在教堂的结婚典礼结束之后举行。婚宴通常伴随着舞会。婚宴舞会可能会有一些特别的模式。例如，在第一支舞之后，新郎会护送新娘到她父亲旁边，让父女跳一支舞。在这些特别的舞结束后，宾客们会被邀请一起下场跳舞。宴会会在互相敬酒与庆祝中进行，一直到新人坐上一辆被他们的朋友"装饰"过的车子离去为止。与中式婚礼相比，西式婚礼的程序比较固定和简单，即使是Party，也是有序进行的。

3. 婚礼观念不同

有人说，中式婚礼是"人前婚礼"，而西式婚礼又被称为"神前婚礼"。

中式婚礼讲究的是"天地人和谐"，强调人们祈福迎祥的心理。在中国传统意义上，婚姻不仅仅是两个人的事，还是两个家族以及社会关系的事，需要一系列仪式反映婚姻的郑重，引起当事人以及相关人士的重视。

西式婚礼讲究的是神圣和简单，许下神圣的誓言。统一着装的男女傧相以及天使一般的花童众星捧月般地把一对新人衬托得像童话里的王子和公主，满足了许多新娘儿时的美梦。

4. 费用、场地及道具要求不同

除了特殊定制的高端婚礼外，目前婚介公司承办一场中式婚礼的费用一般要比西式婚礼高。举办西式婚礼最大的限制就是场地，同时还要考虑天气因素。西式婚礼对外景要求很高，需要有花园或草地，最好还有个人工湖，供拍摄外景和餐后客人散步。西式婚礼对就餐的环境要求也很高，因为西式就餐以自助餐为主，有些酒店很难同时容纳几百上千个客人。

如果新人想举办中式婚礼,花轿一般需要提早预订。因为花轿相比于轿车来讲,数量相对较少,加之新人在良辰吉日常常扎堆举办婚礼,所以想要租到一顶花轿,需要提前预订。因此,中式婚礼对道具的要求比西式婚礼更高些。

二、中西合璧式婚礼的出现

无论是中式婚礼还是西式婚礼,蕴含的文化意义与特定民族的文化相对应,没有哪个比哪个更"文明"、更"进步"。尤其是现在,社会倡导多元化选择,青年人在操办终身大事时有更多的选择。中西合璧式的婚礼可以结合两者,既不纯粹只为了证明你们的相爱,也不是一场给别人看的热闹表演,而是一场关于感恩、分享、祝福的婚礼,可以有爱情点滴的回味,也有温馨感人的对父母长辈的感激,同时也是与来宾亲密互动的欢乐派对。中西合璧式婚礼既能顾及中式婚礼在中国人心目中独一无二的地位,也吸取了西式婚礼中的一些合理成分。很多新人就折中地采用了这种新的结婚仪式。不过,西式婚礼虽然简洁浪漫,却无法提供至关重要的文化身份的认同,很难完全取代中式婚礼。

在婚礼的布置上,有些人虽然选择了西式婚礼,但由于不是教徒,很难在教堂完成。有些人就将酒店的宴会厅"改头换面",基本颜色也由大红转为粉色,把龙凤呈祥的背景换成一个大写的"LOVE"(爱)或者"WEDDING"(婚礼)字样。主持人当然不是教堂的牧师,而是婚庆公司的司仪。

三、中西合璧式婚礼的流程

以下为中西合璧式婚礼的大致流程,不同的婚庆公司和新人们的具体婚礼流程完全可以在此基础上增减。

① 主持人暖场,引导婚礼开始。
② 主持人登台致开场词。
③ 介绍主宾及特邀贵宾等。
④ 新人出场。
⑤ 介绍新人。
⑥ 新人宣读结婚誓言。
⑦ 证婚人致辞。
⑧ 交换戒指、接吻。
⑨ 夫妻对拜。
⑩ 交杯酒。
⑪ 敬改口茶。
⑫ 给父母送礼物。
⑬ 双方家长致辞。
⑭ 主婚人讲话。
⑮ 拜谢父母。
⑯ 倒香槟塔(见图 2-23)。
⑰ 点烛台(见图 2-24)。

⑱ 新人答谢来宾。
⑲ 抛手捧花。
⑳ 礼成。新人换装，喜宴开始。

四、中西合璧式婚礼的注意事项

① 如果新人要在教堂举办婚礼仪式，需要视情况提前预约教堂。教堂婚礼仪式后的正式喜宴一般就必须请来宾移步了，所以宴会场地应距离教堂较近，或者安排巴士集体转移宾客。新人如果不强求纯粹的教堂，只是青睐西式婚礼的仪式，就容易很多。既可以选择带草坪或花园的户外场地，来一场清新自然的证婚典礼，也可以挑选背景类似西式教堂的婚礼堂，甚至可以在既有宴会空间里搭建一个教堂背景板。这样任意一种方式，都能更容易地切换到相对中式的婚宴氛围中去。

② 西式证婚典礼里，真正参与其中的长辈只有新娘的父亲。中西合璧式婚礼的仪式中可以加入一些改良的中式仪式，诸如拜高堂、敬父母改口茶、互送礼物之类，这样新人双方的父母都参与了典礼，都收获到了子女对他们养育之恩的感激。如果觉得有必要的话，长辈或领导致辞也可以安排，这样长辈或领导能以较受尊重的形式参与到婚礼之中。需要注意的是，致辞的长短要适宜，以不让来宾们觉得冗长即可。

③ 越来越多的新人都能接受为婚礼准备 2～3 套衣服。一般来说，如果选择纯正的教堂婚礼仪式，新娘的一套长拖尾婚纱必不可少，在漫长的走道上缓缓而行，浪漫神圣不言而喻。如果是西式的户外草坪证婚仪式，齐地或小拖尾婚纱较为适宜，也方便新人转场时行走。中式婚礼仪式部分，改良版中式礼服，如旗袍会是一个很好的选择。最后的婚礼喜宴部分，新娘可以选择一套美丽优雅的礼服，新郎在这个神圣而幸福的日子里也要穿上定制的礼服或者西装。

④ 婚礼程序上，西式证婚部分可以选取神父或者牧师证婚、交换戒指、接吻、扔花球、倒香槟杯塔、点烛台、切蛋糕等环节，而中式婚礼的证婚、一拜天地、二拜高堂、夫妻对拜、喝交杯酒、敬改口茶、挨桌敬酒等环节一般会被保留。当然，以上环节均可以根据新人的要求适当删减。

⑤ 在婚礼布置的细节方面，由于西式婚礼讲究的就是纯净与圣洁，因此，婚礼现场的颜色常常令新人的父母觉得太过素净。可以考虑选用温馨的粉色，既有西式的浪漫，又能满足家人喜庆的需求，更重要的是，也深受可爱新娘的青睐。或者选用高雅的紫色，搭配上水晶、丝带等元素，既贴合宴会厅的西式奢华，又与传统的"大红大紫"沾边，能满足长辈的要求。近年来，红花与绿植的撞色也颇为流行，红色的张扬邂逅富有生机的绿色，配合宴会厅打造简洁高雅的造型，可以同时得到长辈的满意与拥有整个婚礼的高端感。

第五节 主题婚礼

随着"80后""90后"进入婚恋市场，他们的价值观越来越开放，对婚礼个性化的追求越来越强烈，传统的婚礼形式很多时候已经无法满足他们的需求。主题婚礼的出现一方面反映了社会发展的多元化,另一方面也对婚庆公司的主题策划能力和执行能力提出了更高的要求。

一、主题婚礼的含义

什么是主题婚礼?主题婚礼也叫个性化婚礼。顾名思义,"主题婚礼"是一个有特定主题的婚礼,不仅有主题,还要用这个主题贯穿婚礼的始终,包括文字、影像、音乐、现场布置等各种婚礼表现形式。这样就赋予了目前市场上相对模式化的婚礼更多的个性化色彩,使一个形式化的婚礼庆典过程变成一个为新人"量身定做"的、值得珍藏和回忆的个性化婚礼,也能让参加婚礼的宾客更为感动和投入(见图2-25组图,图2-26组图)。

二、主题婚礼的类型

(一)套餐式的主题婚礼

套餐式的主题婚礼是一种相对模式化的主题婚礼,其主题和操作方式都是事先预定的。但与本章前三节的中式婚礼、西式婚礼、中西合璧式婚礼相比,新人们仍可选择一定的主题,其可选的主题婚礼可按以下几种标准划分。

1. 按照地点来分

按照地点来分,可分为空中婚礼、水上婚礼、水下婚礼、游艇婚礼、海底婚礼、草坪婚礼、森林婚礼、沙滩婚礼、教堂婚礼、酒店婚礼等。

2. 按运用的主要道具来分

按运用的主要道具来分,可分为烛光婚礼、焰火婚礼、灯光秀婚礼、花轿婚礼、三轮车婚礼、数码婚礼、仙侣球婚礼、花仙子婚礼、全息婚礼等。

3. 按颜色基调来分

把整个婚礼现场布置成一种颜色基调,如玫瑰婚礼以红色、粉色为主,海洋婚礼以蓝色为主。选好主题后,婚庆公司会用相应颜色的薄纱、鲜花等,将现场布置得别具一格,给宾客耳目一新的感觉。

(二)为特定的新人策划的特定主题的婚礼

从新人本身的特点出发,激发创意、寻找主题,从而表现出婚礼的灵魂。

与套餐式的主题婚礼相比,这种主题婚礼的效果当然更好。但对婚庆公司来讲,从婚礼策划案、司仪主持词、音乐、现场布置、婚礼道具等均为定制,因此,策划的难度更大,执行的成本也更高。

下面以十个主题婚礼为例,来感知特定主题婚礼的魅力。[①]

1. "Crystal Love 水晶之恋"主题婚礼

婚礼策划:Wedding Shine 炫薇廷

---

① 第一个特定主题婚礼至第十个的特定主题婚礼文字及图片均取材于"爱结网",http://www.ijie.com/zhenrenxiu/01_guonei.aspx,有改动。

(1) 新人档案

新郎：Jason

新娘：Crystal

(2) 婚礼主题：Crystal Love 水晶之恋

这喧嚣的城市，

只因为你安静，

心中的那首歌，

只愿你聆听；

我憧憬，

用我最闪亮的心，

最温柔的情，

凝成一颗晶莹剔透的水晶，

与你一路随行，

为你映出世间的缤纷倒影，

一起编织未来的风景。

(3) 婚礼亮点

设计师将代表新郎新娘爱情的情感元素水晶作为婚礼的切入点，通过几何的菱形将水晶精美的切割面表现出来，并融汇于婚礼的布置中并加以情景化的熏染，整体营造高雅大气的感觉，让来宾也能感受到他们这份纯真的爱。

内场高雅震撼。蓝色的布幔安静地垂荡下来，几何的菱形雕刻出专属于他们爱的水晶，配合上变换的灯光，整个舞台美轮美奂。音乐响起，新人携手走上舞台，走进这片蓝色的海。所有在场来宾一起见证了他们的甜蜜爱情。

外场清新唯美。延续场内的那份宁静，更增添了丝丝甜蜜。复古的皮箱，白色的烛台，缀满紫罗兰的梳妆桌，香气缭绕，满是不尽的温柔，儿时对童话的憧憬在这里成为现实。更幸福的是，此刻王子就在你面前，牵着你的手，对你许下一生的承诺。

新娘有个好听的英文名叫 Crystal，正如他们的爱情一般，纯净透彻。牵手的几年来，有浪漫欢笑，也有感动泪水；遇到坎，两人总是携手并肩走过，他们爱的水晶，在这一路上被不断雕琢打磨，显得越发晶莹剔透。于是，炫薇廷为他们量身订制了这场"Crystal Love 水晶之恋"主题婚礼。

2. 带你重回"老上海"

婚礼策划：Happy Life 幸福工场

婚礼规模：500人

(1) 新人档案

新郎：汤先生(32岁，城市规划设计师)

新娘：徐小姐(31岁，航空市场分销高级客户经理)

(2) 婚礼主题：老上海

(3) 爱情故事：你是最懂我的那个人

新娘是一位音乐爱好者，喜欢唱歌，对剧场文化深深着迷，尤其是音乐剧；新郎是位城市规划设计师,对能体现人在城市中生活的事与物非常感兴趣,两位趣味高雅的年轻人似乎就在冥冥中等着对方,通过亲朋好友的牵线认识彼此。

新娘说:"我第一眼看到他,觉得他蛮胖的,也没有抱多少希望,就当完成父母交代的相亲任务呗!但是,慢慢地聊着,我发现我们的兴趣爱好非常相似。我的工作和旅游有关,我走访过上海很多老洋房;他是城市规划师,也对上海有着特殊的感情,光是这座城市就有聊不完的话题,一直到咖啡馆的服务员来催促我们要关门了,才发现夜已经深了!"

回家后,新郎第一时间上网,找到新娘演唱的歌曲,静静地听着,脑海中满是新娘歌唱时明艳动人的神情……于是,这世上又多了一对懂得彼此、频率一致的幸福新人。

(4) 婚礼布置:把百乐门搬进宴会厅

鉴于新人的怀旧情结和对20世纪二三十年代复古元素的狂热,Happy Life 幸福工场的策划总监 Dennis 在全场布置上以"老上海"为主线。迎宾区和主舞台结合新人的歌舞剧才艺,以剧院设计为灵感,加上大量灯泡,特意设计成百乐门风格。

外场迎宾区域除了在视觉上给人一种复古优雅的感觉,还在签到台区域特意配上留声唱机,并循环播放老上海歌曲为现场环绕音,加上现场的现磨咖啡香味,让来宾从一开始就在听觉上和嗅觉上充分体会到整场婚礼的格调。复古话筒、旗袍、老原木吊扇、路灯、蒸馏咖啡机、唱片,等等,都是签到台的各类细节。

内场除了主舞台设计成剧院式,来宾桌上的小细节也做了精心的设计。比如新人自备的复古花纹铁皮喜糖罐,加上给每位来宾准备了复古花纹手帕作为口布,来宾还可以把它们都带回家。内场在灯光设计上也充分考虑了新人的演唱曲目和流程,在舞美灯光音效上的设计和运用也尽量以百乐门的氛围和感觉去执行,让所有来宾在享受美食的同时,也领略了一次老上海风格的歌舞剧,充分加深了对新人的印象和了解。

(5) 婚礼流程:由新人自编自演的婚礼音乐剧

如果你认为这仅仅是一场简单的复古婚礼,那就大错特错了!新娘和新郎不甘于做舞台上的"摆设",他们全情参与到整场婚礼的流程中。新郎是个极细致的人,他不但为三对伴郎伴娘撰写了长达25页的婚礼手册,还负责婚礼流程中很多细节的敲定。而思维活跃的新娘则给出了婚礼流程的最大创意——一出婚礼音乐剧+海派清口。他们坚决不照搬传统的婚礼流程,他们要用语言表述心情、用歌唱表达情感,做回婚礼上真正的"主人"。

比如第一场誓言部分,新郎的出场就很有创意。经过新娘"魔鬼声乐训练"后,当天超水平发挥的新郎载歌载舞地演绎着庾澄庆的《热情的沙漠》来到舞台,以此表达自己迎接新娘兴奋激动的心情,配合现场的灯光与音响,宾客仿佛进入演唱会现场。新娘在讲誓言的时候,也不是简单的一句,"我愿意!"而是在看过新郎瞒着自己精心制作的"相恋PPT"后,无限感动地唱了一首以"I Do"结尾的英文歌曲 *Two Words*。

第二场感恩部分,可以说是一个海派清口的现场。新人决定摒弃煽情桥段,用上海话"爆料"双方父母从相识相爱到摆酒宴的两个小故事,欢乐地演绎了父母的相亲相爱、相濡以沫的故事,让宾客沉浸在欢笑中。整场婚礼,听到和看到的都是新人自己的表达和用心的表现,这种非传统婚礼的节目安排令人印象深刻。

3. "浪漫的 Luxury Tiffany"主题婚礼

婚礼策划:爱情密码婚礼顾问

婚礼规模:180 人

(1) 新人档案

新郎:何先生(28 岁,外企高管)

新娘:王小姐(24 岁,公司文员)

(2) 新人故事

一对亲热的发小,他以为不会爱她,她也以为不会爱他,回首时,却在彼此的眼睛里看到了那熟悉的身影。

新娘一直有一个梦想,特别喜欢 *Breakfast at Tiffany's* 里的奥黛丽·赫本,优雅中透着一股精灵的气息,幻想着戴上 Tiffany 的经典项链坐在淡蓝色的海边和爱的人吃着幸福的早餐。为了圆新娘的婚礼梦,新郎为她献上一场浪漫的 Luxury Tiffany。

(3) 婚礼创意

浪漫华丽的场地布置,灯光师用灯光将现场打造得大气奢华,用蓝色、紫色营造一个梦幻故事。全场香槟色玫瑰配上 Tiffany 蓝丝绒形成了梦幻的花海,蓝丝绒的质感也增加了 Tiffany 的高雅品位。在签到台上布置了 Tiffany 蓝丝绒缠绕的淡海洋味道香烛,优雅的海风清新迎面,签到树的印泥选用了宝蓝、淡绿、鹅黄色,雅致风格与整场色系完美融合。在舞台上设计了一个逼真的可移动 Tiffany 大礼盒,主题鲜明,内容新颖浪漫。

(4) 婚礼亮点

新郎送新娘礼物是这场婚礼的亮点。督导事先把戒指和 Tiffany 项链放在台上的大礼盒里,礼盒上有个小暗门,分上下两格(这个过程中一直要有 2 号督导看管,在新人进场前不能离开)。当新郎把新娘带上舞台,播放 5 分钟国外朋友的婚礼祝福 MV,这时礼盒缓缓滑动到舞台中央。放映结束,礼盒中间的一扇小门被拉开,上层的礼盒是婚戒,新人互戴婚戒。这时台上放起烟花,礼盒完全被打开,新娘梦寐以求的 Tiffany 项链礼盒出现在新娘面前(新娘事先并不知道)。新郎为新娘戴上项链,并对新娘说出爱情感言,现场播放 *Breakfast at Tiffany's* 主题曲,新娘又欣喜又感动,泪花闪烁。

4. 小清新主题婚礼"Better Together"

婚礼策划:婚礼策划师薄荷

(1) 新人档案

新郎:常先生(25 岁,地产营销)

新娘:邱小姐(25 岁,研究生在读)

(2) 婚礼主题:Better Together

(3) 爱情故事

两位新人在大学里相识相恋,一路走上红毯。他们把这场只有同龄人参加的婚礼看作老友聚会,以此致敬青春,纪念从校园开始的爱恋。清新的绿和甜美的粉作为主色,清新的配色让人回想起校园里的那些夏天。

作为婚礼狂、细节控,新娘全程参与筹划。她喜欢看书、喜欢收集明信片、喜欢多肉植物,于是将这些元素贯穿婚礼始终——LOGO 是邮戳形式,糖盒是信封图案,签到是用邮筒形状的明信片写下祝福后投进信箱,誓言环节是读给对方的明信片,连甜品区的酥糖饼干上都有邮戳元素。新娘为新郎亲手制作了利物浦球队蛋糕,为每位来宾用心写了卡片,自己挑选音乐、设计流程,甚至动手参与为婚纱剪蕾丝花片……可谓将细节做到了极致,换来了一个轻松、美好的难忘夜晚。

(4) 婚礼策划

这是一场小型西式晚宴婚礼,有近百本书籍和多肉植物打造的大气花门,也有带不同小细节的精致桌花;有浪漫甜蜜的甜品台,也有欢乐搞怪的甜品区;有贯穿始终的主题元素,也有令人目不暇接的种种亮点……

婚礼配色:绿色和粉色。

婚礼元素:邮戳、邮筒、信封、明信片、书籍、多肉植物等。

签到区:来宾在邮筒形状明信片上写下祝福并盖上婚礼 LOGO 邮戳章,投进签到台上的绿色信箱。

展示区:利用书架展示精心制作的请柬、主题阐释卡、流程卡等纸品,在杂志架上展示新人照片,用复古木箱展示来自世界各地的祝福明信片,巧妙利用空间。

甜品区:朗姆酒、马卡龙、棒棒糖、棉花糖、手指饼干、翻糖蛋糕等全部采用绿粉配色,带有新人名字首字母的 cupcake 和印有 LOGO 邮戳元素的翻糖饼干紧扣主题。

合影区:绿色相框样式的合影背景,绿色和粉色的悬空气球,假发、眼镜、红唇、胡子等搞怪道具,让合影区颇受欢迎。

用餐区:信封图案的糖盒和椅背卡相互呼应,桌号以绿色本子和数字结合呈现,西式长桌上烛台与花器错落摆放。每组花艺细节都不相同,书籍和多肉植物是花艺亮点。

仪式区:缎带垂挂的背景简约清新,烛杯打造的路引精致梦幻,花门是由近百本书籍和多肉植物制作而成,引发了现场所有人的惊叹。

手捧、襟花:新娘的外景手捧是绿色和粉色的布艺手工制作,仪式手捧是鲜花与多肉的结合。五位伴娘的手捧花、五位伴郎的襟花细节各有不同。

(5) 婚礼预算分配

略

主持:朋友客串+新人自己主持(零费用)

回礼:4%

5."海上的月亮"主题婚礼

婚礼策划:Twins Wedding

(1) 新人档案

新娘:李先生

新郎:周小姐

(2) 婚礼策划

"当暮色悄悄地降临/声息寂灭了浮夸渴望/骁勇的浪静静流淌/月光温暖了冰凉/任风云随波淡忘/暗红的月是唯一方向/平凡之中悠悠远航/独望你倒映心上……"

这场婚礼的主题来自一首饱含着深切情感的歌曲《海上的月亮》。想到了什么?海纳百川般深邃而宁静的情境?"海上生明月,天涯共此时"的美满?还是静而震撼、丰富而不外露的对爱情的执着?

(3) 新人故事：为爱勇敢

新郎李先生来自美丽的"太湖明珠"无锡，是缘分使他在一次偶然的机会中邂逅了美丽俊秀且有个性的上海姑娘周小姐，两地的距离阻止不了他们对爱的热情和执着，"此生，你属于我，我属于你"的爱情誓言将他们紧紧绑在了一起。

为了与爱人长相厮守，为了这段跨越两座城市的爱恋，曾是当地知名电视台著名主持人的他，毅然辞去了大有前景的工作，放弃了他热爱的主持事业，来到了"魔都"上海。目前他的职业与海洋和轮船相关，只因他有着对大海的热爱——大海那深沉而不张扬，恢宏而波澜不惊的魅力，也正是他对爱情的诠释！

(4) 婚礼主题：海上的月亮

策划师Twins Wedding第一次与新人见面时，就深深为他们的爱情所打动，心想，这不正是李宇春那首《海上的月亮》里面所描写的爱情吗？为此，Twins Wedding结合新人的职业特征和爱情的心路历程，精心策划了一场海洋主题婚礼。蔚蓝而广阔的大海，海上航行的轮船，远处若隐若现的灯塔，与海相伴到永远的月亮，每一处都在讲述着一个和新人息息相关的爱情故事。

(5) 婚礼布置：海天一色

新人说很喜欢大海的广阔，喜欢皎洁的月色，喜欢两人心心相印、如影随形、扬帆远航的浪漫。为此，婚礼的布置中，Twins Wedding将婚礼现场营造成一场来宾们受邀参加新人轮船婚礼的意境，从"检票登船""踏上轮船见证婚礼仪式"到"进入轮船享用晚宴"等环节，打造一场想象中的轮船婚礼。婚礼的配色选用海蓝色和玫红色及白色为点缀，大片的海洋色与玫红色鲜花装点，现场的浪漫气氛尽收眼底。

6. 梦中的花园——Love Never Ends

婚礼策划：美薇亭婚礼顾问公司

婚礼场地：三亚某酒店

婚礼规模：300人

(1) 新人档案

新郎：Chuck

新娘：Lesley

(2) 新人爱情故事

新人是在英国留学时期认识，有共同求学九年的经历。新娘是一位很有品位、内心情感丰富、美丽的女孩；新郎不善言辞但深爱着新娘，是一个很绅士的男士。

新娘希望能够拥有一场在海边草坪上举办的浪漫婚礼，婚礼能够拥有"春天，海风吹过，春风拂面"的感觉，所以场地选在了三亚。新人希望婚礼现场能够精致、浪漫、美丽、大气。婚礼流程自然，不造作，有打动人心的爱情内涵。

(3) 策划师讲述婚礼

整场婚礼是在三亚亚龙湾的丽斯卡尔顿酒店户外草坪上进行，所有宾客都会从三层的露台沿着楼梯走到草坪。所以在整场花艺的设计上，以欧式古堡中精心修剪的花园图腾为灵感，使用鲜花伏地路引构成新人圣洁的通道和舞台，让每一位客人从楼梯上方就能够清楚地看到整个草坪上由美丽花朵拼出的图案。

室外选用粉蓝黄三色的花朵,一支支勾勒出春的色彩,为新人建造出一座属于他们梦中的浪漫花园。古典的卷草铁门、马灯、鸟笼为婚礼增添了优雅与音律。甜品台上的小糕点也为花园般的婚礼现场增添一抹春色。室内中心舞台让来宾环绕着新人分享着新人成长的故事。

策划师为新人设计了他们独有的LOGO,LOGO贯穿在新人的请柬、回礼、流程卡、桌卡、菜单等设计中。请柬是一本漫画册,讲述了新人的爱情故事。在来宾拿到请柬的第一时间就了解了新人的爱情故事,带着些许期待、带着祝福与新人相约在三亚。回礼是一生一熟两块茶饼,象征着历经青涩、沉淀、历久弥香的爱情真谛,礼盒的包装及包装袋也印有新人LOGO及主题:Love Never Ends。

桌号也是非常有特点的,每一个桌号都是他们故事的一部分,桌名旁边会有文字解释。例如:上海——他在罗斯福餐厅像她求婚;白玫瑰——每个情人节他都会送她最爱的花;围巾——她第一次亲手为他做的礼物。

婚礼中更多的是温情的回忆,浪漫的求婚经历,新人在一起甜蜜的爱情回忆,成长历程中每一个给予他们爱的人们。"梦中的花园"把现场的人们带进了似水年华,感受这份至纯至真的爱恋。

(4)婚礼预算分配

略

7. 你是我心中的那颗星"MY Star 星光梦幻"主题婚礼

婚礼策划:24 RED WEDDING

(1)婚礼主题

"你是我心中的那颗星",这是新郎对新娘爱的承诺,也是这场星光梦幻婚礼主题的由来。如梦境般完美的星空在婚礼现场铺展而开,他们在星光下许下誓言。满天繁星触手可及,而此刻,星光只为新人点亮。

(2)新人故事:你是我心中的那颗星

新人相识多年,一路从青春岁月走到婚礼殿堂,彼此是如此熟悉与契合。从相识到现在,在新郎眼中,新娘一直是特别开朗、特别温暖的女孩儿,她的笑就像星光一样璀璨耀眼——而他希望新娘可以永远这么快乐,一句"YOU ARE MY STAR"是他想在婚礼上为她表达的。

新娘对蓝色有着偏爱,美丽的星空和浪漫的婚礼的结合点恰恰贴合了新娘心中对婚礼的梦想。更为奇妙的是,"M"和"Y"分别出现在了新人的名字里,于是,MY Star 星光梦幻的婚礼主题就这样浮现在了新人的面前。

(3)婚礼布置:将星空在婚礼现场铺开

婚礼当天,现场打造成了美丽的星空。

迎宾走廊上,摇曳的水晶搭配玻璃元素,给人以第一眼的心跳美丽,仿佛真的在星光中漫步;进入迎宾区后,则如同来到了银河尽头的满天繁星之中,美丽的水晶、复古的小台灯、精美的蛋糕装饰、富有创意的纸艺星空及点缀的蓝色、银色玻璃元素,梦幻而震撼地将星空在所有人面前铺开。

蓝色和白色的鲜花在主舞台上浪漫堆砌,复古的楼梯搭配宝蓝色的地毯和星光元素的配合大气唯美,贴合了新娘对蓝色的偏爱,以及星光主题的梦幻。

感人誓言:"希望你的笑永远这么璀璨耀眼。"

这一天,是新娘穿上美丽的婚纱走进婚礼殿堂的神圣一刻,也有着另外一个独特的意义——这一天也是新娘的生日。当新郎将自己在婚礼之前亲手制作的生日蛋糕送到新娘面前时,一幅幅有意义的照片逐张翻过。

"希望你永远这么快乐,希望你的笑永远这么璀璨耀眼,因为我爱你。"当这句婚礼誓言回绕在宴会厅上空的时候,窗外的雪花儿,窗里的星光,仿佛都醉了。

8. 把我化作一棵树,长在你必经的路旁

婚礼策划:22HOW 婚礼日志

婚礼规模:23 桌

婚礼场地:上海某酒店

(1) 新人档案

新郎:Nicolas(28 岁,IT 工程师)

新娘:Lilian(30 岁,市场经理)

(2) 婚礼主题——把我化作一棵树,长在你必经的路旁

如何让你遇见我

在我最美丽的时刻

为这

我已在佛前求了五百年

求佛让我们结一段尘缘

佛于是把我化作一棵树

长在你必经的路旁

阳光下

慎重地开满了花

朵朵都是我前世的盼望

当你走近

请你细听

那颤抖的叶

是我等待的热情

It's not a journey.

Every journey ends,

but we go on.

The world turns,

and we turn with it.

Plans disappear,

dreams take over.

But wherever I go,

there you are,

my luck, my fate, my fortune.

Nicolas 和 Lilian 希望将诗中的树与爱情的情感元素融汇于他们婚礼的布置中并加以情景化的熏染。22HOW 婚礼日志的策划师便从这首诗中提炼出这场创意婚礼的主题,并以树为主元素穿插于所有的场景设计和流程设计中。整体想营造清新自然、高雅大气的感觉,来宾也能感受到这份清香甜蜜。

(3) 22HOW 婚礼日志策划师 Lisa 谈婚礼策划亮点

这场创意婚礼以一段诗中树的爱情独白为基线,在整个婚礼现场,呈现繁花树丛的景象,并在新人合影处还原了诗句中的意境。照片展示区打破常规的单一台面布置,设计师从高中低的整体性布置出低处的草丛藤蔓,中景的繁花绽放,远景处错落的草球,藤蔓缠绕的迎宾牌,等等。

9. "缘牵一线"中式主题婚礼

婚礼主题:淇玉缘(Tie the Knot)

婚礼策划:萝亚婚礼

(1) 新人档案

新郎:白先生(28 岁,公职人员)

新娘:杨小姐(29 岁,公职人员)

婚礼场地:重庆某酒店

(2) 爱情故事:有缘自会相遇

新郎和新娘是同事,但是两人在同一栋大楼里工作了大半年,却一次都没见过。然而,有缘人终会相遇,在一次朋友聚会上,新娘和新郎相识了。新郎是一名笛子高手,从小喜欢中国传统文化,于是,两人决定办一场中式婚礼,并在婚礼上展现新郎的笛子才艺。

(3) 婚礼灵感:妙不可言的缘

萝亚婚礼的策划师初次和新人交流时,因为对方的名字和给人的感受,不禁想到"金玉良缘"四字!在中国传统文化中,"缘"是最神秘、最隐晦,却是命中注定的美妙,所以采用新人名字"淇玉"(奇遇)二字,表现妙不可言的缘。同时,宴会设计的灵感也从中涌出,运用中国文化中"月老红线"牵引缘分。

(4) 婚礼六美

音乐:林海系列的中式音乐,加上新郎吹的笛子曲《但愿人长久》,细腻温婉。

灯光:红色宴会场景,灯光尽量干净剔透,让红纯粹得惊艳。

色系:主色调为中国红,加上少许黄色,正红正黄的端庄与浓烈。

花卉:红玫瑰、红色康乃馨,配合婚礼简单大方。

空间设计:中国传统的花卉和山水扇面组合成为舞台上错落有致的背景,同时两边线帘门对称布置,红线凸显主题,康乃馨绣球的中国结式路引,门口迎宾牌上是红线穿针引线的缘分心网。

仪式设计:新郎吹奏笛子表达思慕之情,然后牵引红线引出新娘。

10. "交响情人梦"音乐主题婚礼

婚礼策划:Twins Wedding

（1）新人档案

新娘：李小姐（作曲家）

新郎：李先生（舞台工作者）

（2）爱情故事

他和她相识于上海音乐学院，对音乐着迷的他们牵手走过了学生时代。毕业后，他们选择了与音乐相关的工作，音乐成了他们生活中不可或缺的重要元素，也最终让他们的婚礼选择了音乐主题。

新娘是一位作曲家，音符在她的构思下幻化成一缕缕动人的旋律。新郎是一位舞台工作者，世界各地的音乐颁奖典礼让他飞跃了大半个地球。他们选择了上海四季酒店来完成生命中最重要的婚礼，那里复古典雅的酒店设计风格与交响乐为主的音乐主题婚礼相得益彰。

（3）婚礼亮点

婚礼的最大亮点是舞台的主背景设计。那是一个乐团的位置图，在这里，一曲爱的乐章即将上演。梯台被设计成了黑白的琴键——新娘最钟爱的乐器便是钢琴。88个黑白琴键如同新娘最好的伙伴，弹过无数钢琴曲的她此刻踏上这条通向幸福之路，接受88位朋友的祝福。

迎宾区的设计中融入了新娘谱的曲，新郎飞过的地方。纵使因为出差相隔遥远，音乐依然是他们心灵的纽带。

（4）婚礼仪式

婚礼分为两部分，下午的酒会在四季酒店的酒廊进行。在那里，新娘倾情演绎了自己作词作曲的歌曲献给她的爱人。

而晚上的仪式中，新郎在琴键梯台的中央，用WILL的游戏指挥了一曲《欢乐颂》，一曲完毕，新娘登场，掌声四起。这样的开场颇具新意。

三、主题婚礼的表现

1. 主题婚礼表现的基础是婚庆公司与新人们的有效沟通

在婚礼策划前期，婚庆公司的婚礼策划师要和新人们做有效的沟通，使新人打开心扉，如朋友般与策划师交谈，将自己的年龄、成长经历、职业特点、兴趣爱好、相识相恋的爱情故事等告诉策划师。策划师应协助新人找到婚礼创意的主题方向。在前期与新人进行沟通交流时，除了倾听他们自己的想法，还应提供一份有关婚礼的"期望与设想"的意见征询表，试图从新人的描述中整理出一条清晰的脉络，从中寻找亮点，策划出最值得操作的婚礼主题。以此为基础，婚礼策划师可以提出主题婚礼的策划初稿。然后，通过与新人们的反复沟通，取得一致意见后，形成最终的主题婚礼策划案。

2. 主题婚礼既要有形式上的东西也要有内涵

主题婚礼成功的关键除了主题要真实感人，并且与新人的自身特点相吻合外，还需要在婚礼的形式和内涵上表现出主题。主题婚礼要避免空有形式，却体现不出婚礼的内涵。主题婚礼不要搞得太夸张，毕竟婚礼不是舞台剧，只要体现主题，形式上点到即可。

3. 主题婚礼最终效果取决于婚礼的执行阶段

所谓三分策划,七分执行,主题婚礼最重要的部分还是在现场执行上。婚礼现场必须要有一个专业执行团队。在具体操作方面,场景、装置、道具相对容易满足,最难的是在婚礼仪式上。婚礼的主题要从声、光、电、机、人等各个方面来表现,用每一个环节来烘托主题。一场主题婚礼的成功关键在于现场布置是否体现出了主题创意,仪式进行是否达到了预设的主题效果。

第六节 集体婚礼

除了本章以上四节的婚礼类型外,还有一种婚礼不得不提,那就是集体婚礼。如北京"国婚大典"集体婚礼(以中西合璧式婚礼形式为主)、三亚"浪漫天涯"集体婚礼(以大海沙滩的浪漫西式婚礼形式为主)、"爱你一生"印象丽江集体婚礼(以西式加少数民族特色婚礼形式为主)、青岛"海之恋"集体婚礼(以西式婚礼形式为主)、沐浴仙境神奇九寨集体婚礼(以藏族婚礼形式为主)、北京皇家中式集体婚礼(以传统中式婚礼形式为主)、厦门鼓浪屿集体婚礼(以西式婚礼形式为主)、上海的玫瑰婚典,以及阿里巴巴集团举办的集体婚礼、中国一汽集团举办的集体婚礼,等等。

有人很认同集体婚礼,认为集体婚礼能够给人带来更多的快乐和幸福,也有人认为集体婚礼很没意思。那么,集体婚礼究竟好不好呢?那新人就要明白什么是集体婚礼,集体婚礼的来历与演变,以及集体婚礼的类型,再根据自己的需要来判断集体婚礼是否适合自己。

一、集体婚礼的来历与演变

集体婚礼一般是指多对新人在同一天的同一时刻同一地点举办的婚礼,是相对于一对新人单独举办婚礼的形式而言的。举办集体婚礼的新人们往往是在很多人的目光和祝福中幸福地结合在一起。

在本书第一章中曾提到,在我国,集体婚礼是作为婚仪改革活动出现的。虽然民国时期新式婚礼为南京国民政府所提倡,但是对一般民众来说,仍有人觉得新式婚礼费时费钱费力。于是集体婚礼(当时叫集团婚礼或集团结婚)在20世纪30年代的上海、北平等地应运而生。在上海,因为1935年的首届集体婚礼隆重、热烈、简朴、文明,给人以耳目一新的感觉,以至于一时要求参加者甚众。从此"集体婚礼"便作为一种制度而存在,由官方定期举办,而且相当频繁。以武汉为例,抗日战争胜利后,从1946年至1949年,汉口政府就举办了10届集体婚礼,结成新人446对。据调查,参加集体婚礼的主要是中产阶层人士。

中华人民共和国成立后,由于受经济条件和政治氛围的影响,20世纪五六十年代新人们的结婚仪式大多非常简朴。一般没有所谓的婚宴,普通老百姓的标准就是发一点糖果给前来贺喜的人,最多也不过是在家里或食堂多炒几个菜或者包顿饺子。一直到70年代,这种简朴的婚礼依然是中国人结婚的主要形式。到了80年代,人们的生活水平有了改善,开始出现一些由新人所在单位组织的集体婚礼,大多是领导们做证婚人讲讲话,工会主席串串场就结束了。90年代后,集体婚礼重新得到了提倡。一些城市出现了专业组织举办集体婚礼的婚庆公司,集体婚礼的规模一届比一届大,水准也有了很大的提高。到了21世纪,在价值取向多样化的今天,中国人婚恋观的变化集中表现在婚恋的私人化和自主性大大增强。组织、单位逐渐退出婚恋这样的私人生活领域。人们在选择婚礼的类型时也更倾向于人性化和个性化。一些新婚夫妻想超脱世俗庸俗的婚礼,寻找个性的婚姻理念。他们当中,既有惧怕传统婚礼繁文缛节的青年男女,也有因为人口流动增加导致的越来越多的异地结婚(不在男方老家,或者不在女方老家,甚至在既不是男方老家也不是女方老家的"第三地"结婚)的新人。诸多原因使得集体婚礼发展成一种相对简约又不失隆重的婚礼形式,广泛地被现代的新人们所接受。

二、集体婚礼的类型

分析目前婚庆市场的现状,集体婚礼可划分为三种:地域推广型集体婚礼、单位关爱型集体婚礼、商业机构专业型集体婚礼。

(一)地域推广型集体婚礼

这类集体婚礼大多数是由地方政府或是相关机构如妇联、工会、旅游局等主办,公开招募需要结婚的新人举办集体婚礼。

这类集体婚礼一般基于两种需要:一是推广地方宣传的需要,二是给参加的新人一个难忘的婚礼。

这类集体婚礼的优点主要有:一是场面宏大,媒体也常常蜂拥而至,会让新人感觉不仅仅是亲朋好友见证了自己的婚礼,连当地政要和媒体都见证了自己的婚礼;二是为了地方宣传的效果需要,婚礼的策划和举办都较专业,婚礼活动的设计也很吸引人。其缺点主要有:一是形式大于内容,更多的镜头是推介和宣传地方,新人们反而成了陪衬,甚至在视频和光盘里找不到太多属于自己的镜头;二是由于新人报名后常常需要进行挑选,所以常不能如愿。

以上海的玫瑰婚典为例[①]。玫瑰婚典是上海市旅游局(现上海市文旅局)、上海市黄浦区人民政府共同主办的一项大型主题婚典活动。玫瑰婚典自1998年创办以来,每一届都以其独特的形式和新颖的创意成为社会生活和媒体关注的焦点,社会反响热烈。玫瑰婚典曾被中国国家旅游总局(现中国国家文旅部)作为旅游与社会协调发展的一个成功案例在APEC会议上做专题介绍。时至今日,"玫瑰婚典"已成为一个知名的社会服务品牌,它是每年上海旅游节令人期待的一个经典板块,更是上海对外的一张精彩亮丽的城市名片。2008年,玫瑰婚典还一举摘得"上海名牌"的殊荣。以2019年9月19日的玫瑰婚典为例:作为上海旅游节的传统项目之一,2019年9月19日上午,2019年玫瑰婚典证婚仪式在外滩拉开帷幕。证婚仪式上,来自长三角的15对新人齐声高唱《我和我的祖国》,将柔情蜜意化作浓浓的爱国情,为庆祝中华人民共和国成立70周年献上他们心中的歌。

---

① 胡晓虎,李荣. 2019玫瑰婚典今举行 15对新人情定浦江. https://baijiahao.baidu.com/s?id=16450858400-50088843&wfr=spider&for=pc.

市区相关领导为新人致贺词、证婚、颁发结婚证书。外滩是上海的象征,是上海城市近代化发展的起点。外滩在黄浦江畔,位于上海中心城区黄浦区。在黄浦,你能听到上海的心跳。而长三角正在打造一体化发展战略,本届玫瑰新人就来自长三角区域沪苏浙皖四个省市,他们从事教育、体育、金融、商业和公务员等不同行业的工作。他们的婚服十分有特色,不再统一款式,而是结合了东西方文化、传统与现代,15对新人分别身着白纱、旗袍以及中华传统婚礼大红喜服,在外滩黄浦江畔一展风采,吸引了众多游客驻足观礼。2019年的玫瑰婚典将新人的婚礼与传统、时尚、人文、旅拍相结合,融古铄今,为婚礼增加了新特色、新元素,特别增加了弘扬优秀传统文化、传承中华传统美德的环节与中国传统文化元素的内容。新人通过读给父母的信、赠送感恩礼给父母的方式,表达孝亲顺长、敬奉公婆等中华传统美德,以此来践行社会主义核心价值观。2019年10月,玫瑰婚典率中国新人前往德国、奥地利、瑞士举办婚礼活动。近几年来,玫瑰婚典一直致力于融合传统的婚俗文化与现代的旅游、文化及婚礼服务产业的资源来为新人办婚礼,是中国婚庆行业的一个标杆活动。

同样,正在加大创建国际旅游岛步伐的海南,也一直致力于将婚庆作为契机。1996年,50对国内外情侣不远千里来到天涯海角景区天涯石前,举行了简短但又值得一生回味的集体婚礼仪式,自此天涯海角与婚庆正式"结缘"[①]。婚庆节自此历经20多年,发展成为海南省重要的节事活动。2020年中国·三亚天涯海角国际婚庆期间,举行了30对情侣的集体婚典。作为世界知名的婚庆旅游目的地,三亚打造了婚纱摄影、婚礼庆典和婚庆蜜月结合的旅行婚礼模式,新人不再将婚礼举办地局限在家乡,而是邀请亲朋好友来到旅游胜地参加婚礼并享受旅游度假。据了解,三亚现有400多家婚纱影楼,30多家婚纱公司,100多家婚庆旅游酒店。据不完全统计,2019年,三亚共接待婚纱摄影新人30多万对,举行目的地婚礼2500余场,由此产生及衍生的婚庆旅游消费约达100亿元,联动相关旅游产业向高质量发展,助力海南自贸港建设。海南市政府相关负责人表示,这是围绕三亚婚庆旅游的特色和优势,顺应消费升级大趋势,并充分结合三亚资源特色及目的地婚礼新时尚,走出的新路子,让更多百姓能够享受三亚目的地婚礼的浪漫与奢华。这将更好地撬动婚庆旅游消费,带动相关产业链共同发展,推动三亚婚庆旅游向婚庆产业、婚庆经济全产业链发展,推动三亚婚庆旅游产值从目前百亿规模向数百亿规模挺进。

(二)单位关爱型集体婚礼

这类集体婚礼主要是由工厂、企业、集团等单位主办,参加者都是自己单位的新人。这类集体婚礼有的是由单位的工会或者宣传部门办理,有的会聘请专业的集体婚礼组织者或是婚庆公司设计办理。单位集体婚礼一般不对外界招募新人参加。

这类集体婚礼一般基于两种需要:一是为了感谢员工对单位所做的贡献,比如他们有的是因为攻关任务或者是赶工程进度耽误了自己举办婚礼,单位为了表扬和弥补他们而举办集体婚礼。二是没有特殊理由,就是单位为了表达对员工的关爱和塑造企业文化,

---

[①] 中共三亚市委宣传部. 2020中国·三亚天涯海角国际婚庆节收官. 2020-11-30, https://baijiahao.baidu.com/s?id=1684753828899135317&wfr=spider&for=pc.

为所属单位的适婚员工举办一场集体婚礼。

这类集体婚礼的优点主要有：一是摆脱了有些集体婚礼的诟病，单位领导和同事们通常会为新人送上真诚的祝福和礼物，婚礼常常热闹感人。二是增加了员工对单位的归属感，因为参加者大多是自己单位的领导、同事和亲戚朋友，符合集体主义的文化特点。

以中国一汽集团举办的集体婚礼为例。2019年6月22日，中国一汽"红旗缘"员工集体婚礼在长春国际汽车公园中心广场举行。情系红旗，佳音屡屡心飞扬；缘定今生，情义潺潺任天长。6月22日8时18分，在长春国际汽车公园中心广场，随着喜庆的《盛世欢歌》舞蹈表演，139对身穿中式大红礼服的新人走过幸福门，步入旗缘路，迈向"红旗缘"中国一汽第九届员工集体婚礼的幸福殿堂。集团公司董事长、党委书记徐留平出席仪式并致辞，集团公司董事、总经理、党委副书记奚国华为新人代表赠送礼物。

在新人们幸福地走上主舞台后，集团公司董事、党委副书记秦焕明为139对新人证婚并送上祝福，祝愿新人相亲相爱、白头偕老、美满一生、事业顺达。集团公司领导与新人合影留念。证婚完毕，139对新人怀虔诚之心，向父母及来宾行恭敬之礼，6对新人代表从奚国华手中接过红旗H5模型。尤其引人注目的是，当红不让的红旗HS5也现身婚礼殿堂，为现场增添了更多时尚、幸福和梦幻的色彩。在一曲《红旗飘飘》后，徐留平代表集团公司、集团公司党委向喜结良缘的新人及家属致以真诚的祝福。他为新人送上美好祝愿：要志存高远，筑梦新时代，自觉将个人梦、一汽梦、家庭梦、红旗梦融入伟大的中国梦，体现新价值、展示新作为；要担当有为，开启新生活，弘扬传统美德，传承优良家风，共建和谐幸福家园。据悉，"红旗缘"员工集体婚礼将经典永恒与爱情恒久紧密结合，突出"新高尚、新精致、新情怀"。婚礼仪式将民族汽车元素与中国传统文化相结合，展示一汽员工的新风尚，体现"红旗复兴"的新风采，让一汽员工在盛大的集体仪式中感受到强大的企业凝聚力，增强使命感和荣誉感，将公司对员工的深切关爱和员工对企业的挚爱情怀高度融合。

在此之前，中国一汽还曾在2018年5月28日举办的集体婚礼上创下了399对新人同走红地毯的纪录。当天在长春国际汽车公园内，伴随着一首欢快的《恭喜恭喜》，在"幸福门"下的红地毯上，身穿中式大红礼服的339对新人共同走向神圣的婚姻殿堂。新郎、新娘队伍足有70余米长，场面蔚为壮观。这也是中国一汽有史以来员工参与人数最多的一届集体婚礼。[①]

（三）商业机构专业型集体婚礼

这类集体婚礼大多数是由婚庆公司、婚纱摄影店等婚庆专业机构主办，有专业的婚礼策略和其他专业的协办机构共同介入。

这类集体婚礼一般是基于商业需要，通过专业化的服务来获取报酬，新人们也因将婚礼交由专业机构举办而获得专业化的满意服务。新人不仅可以省时省力，还可以省去单独举办婚礼的各种烦琐。

---

① 记者吕航. 第九届员工集体婚礼盛大举行 139对新人情满红旗缘定今生. http://www.faw.com.cn/fawcn/373694/373706/3299661/index.html.

这类集体婚礼的优点有：把专业的事交给专业的机构和人去做，婚礼内容的完美设计和结婚典礼的喜庆隆重是主办方和参加集体结婚新人们的共同目的。新人们可以因为专业的服务而全身心地投入真正属于自己的婚礼和快乐之中。

这类集体婚礼的缺点有：如果碰上不专业的婚庆服务的公司，则变成花钱买气受，因为婚礼这样的事毕竟是人生中的一件大事。

由于专做集体婚礼的婚庆公司的介入，现在集体婚礼办得越来越好，从最初只是办个集体婚礼仪式，到形成专业的集体婚礼模式，如"集体婚礼仪式＋婚纱摄影＋蜜月旅行＋全程摄像照相"模式，而且集体婚礼仪式也改变了视频光盘中只看到集体看不到个人的现象，非常注重个人镜头的出现和捕捉，这样既有集体又有个人的效果就相得益彰了。

三、集体婚礼的适合人群

集体婚礼这种结婚形式适合喜好热闹，不喜欢被传统束缚，追求婚姻价值观和婚庆消费观创新的新人们。集体婚礼既可以节省个人筹备婚礼的时间和精力，又不落俗套、移风易俗。

四、集体婚礼的一般方案

集体婚礼的方案一般都由以下几个部分组成。
① 活动宗旨。
② 活动主题。
③ 组织机构。
④ 活动时间。
⑤ 活动地点。
⑥ 活动内容。
⑦ 参加对象。
⑧ 收费标准。
⑨ 参加者权益。
⑩ 报名办法。

下面以第58届青岛"海之恋"集体婚礼的报名通知为例，来看一下集体婚礼的一般方案。

第58届青岛"海之恋"集体婚礼

举办地：青岛海边度假酒店。这里的草坪依附在大海边，清新的海风飘散在脸颊，站在松软的沙滩上，远眺海的深处，相爱的伴侣在心中默默祈祷，让大海为你们见证。

（一）青岛"海之恋"集体婚礼

婚礼时间：2020年10月3—4日。
婚礼吉日：2020年10月4日。
婚礼主题：第58届"海之恋"草坪集体婚礼。
新郎新娘：准备结婚的新人，选择到青岛举办隆重的结婚仪式，享受"海之恋"集体婚礼的完美举行。

(二)活动地点

青岛五四广场、奥帆中心、音乐广场、崂山风景区、石老人海水浴场

(三)婚礼安排

第一天：10月是青岛最舒服的季节。新人们入住青岛酒店。集体婚礼组委会的工作人员会为您安排报到程序，讲解彩排当天婚礼要点，新人们领取婚礼用品，具体的行程详细安排。之后您和您的爱人将欣赏美丽的青岛，看到绿绿的草坪、火红的雕塑、蓝蓝的大海、洁白的帆船……如此的美景必将让你们陶醉其中。（不含餐）

第二天：早餐后，新娘换上全新定做的洁白婚纱，由专业化妆师精心化上美丽的新娘妆。

主持人宣布，婚礼仪式开始。新人进行入场式，走进鲜花华亭，走过鲜花路引，踏上鲜花花瓣地毯，来到婚礼背景证婚亭前，读誓词、交换信物、讲浪漫故事、敬茶改口、和亲属朋友拍照录像，亲人讲话等。婚礼仪式的项目很多，摄像师摄影师会把每个细节拍好。每对新人的摄像摄影镜头会有很多。

每次婚礼参加最多的是亲属。在婚礼现场摆好的椅子是专门为亲属提供的，亲属可以免费参加观礼。免费为亲属拍全家福、亲朋好友分别留影。

婚宴中，亲朋好友欢聚一堂，为新人祝福，为婚礼增添无尽的浪漫与乐趣，并分享新人的快乐。"海之恋"婚礼就此圆满结束。

(四)服务项目

住宿：全程含1晚住宿

提供青岛市内四星酒店或海边度假三星酒店。

用餐：全程含2餐

早餐和婚宴、酒水和矿泉水。

仪式：海之恋草坪婚礼

婚礼十大环节：入场式、誓词、交换信物等

主持：全国婚庆大赛金牌集体婚礼专职主持人

① 婚礼前与新人沟通，全程细节服务。

② 新人有各种仪式环节需求都可策划。

③ 集体婚礼现场彩排仪式流程。

摄像：全程摄像

① 提供婚礼仪式记录全过程高清摄像。

② 提供视频编辑。

摄影：全程摄影

① 提供婚礼仪式拍摄全过程60张以上照片。

② 免费游玩细节拍摄。免费赠送所有底片。

场景：草坪布景

① 背景证婚亭、路引、花瓣雨。

② 新郎胸花一个，新娘手捧花、腕花一套。

化妆：高级化妆师

① 化妆造型。
② 新娘头饰皇冠一个。
婚纱：赠送全新定制婚纱
① 赠送新款定制婚纱，A、B、C三档限时赠送。
② 赠送头纱、手套、裙撑一套。
礼品
① 拍照遮阳红伞。
② 定制漂流瓶。
③ 特制新婚纪念证书。
保险：赠送集体婚礼全程特殊保险

（五）婚礼费用

① 每对新人2天活动总费用4998元。
② 亲属参加当天观礼和拍照免费。
③ 家属参加全程每人1580元（遇单须补差）。
提示：青岛集体婚礼全程无购物，没有后期消费。

（六）增值服务

① 影楼婚纱照：专业影楼婚纱照不少于80张，精修24张，更有相册、相框、摆桌等精美礼品赠送。
② 一对一摄像或摄影：指定摄像师或摄影师仪式全程只拍摄一对新人及其家属。
③ 一对新人婚礼：可选婚礼日期，定制独家婚礼仪式，完全量身定制婚礼服务内容，全程只为您的意愿精心策划。
④ 一对新人旅拍：专车专用摄影师，一天8小时内可去1～3个景点。

五、集体婚礼的一般流程

① 主持人开场白过后，向来宾逐一介绍参加婚礼的新人和出席婚礼的贵宾。
② 证婚人（根据集体婚礼的类型邀请合适的人士担任）证婚并向新人们致以热烈的祝贺和诚挚的祝福。
③ 主婚人（根据集体婚礼的类型邀请合适的人士担任）致辞并发表简短但热情洋溢的讲话。
④ 新人们在幸福祥和的乐曲声中，在主持人的提示下深情地交换信物，许下爱的诺言。
⑤ 新人代表发言。
⑥ 有关领导或主办单位向新人们赠送礼品。
⑦ 新人们向现场的领导、亲朋好友和来宾派发喜糖或将喜糖抛向贺喜的人群。
⑧ 夫妻对拜，喝交杯酒。
⑨ 感谢来宾三鞠躬。
⑩ 主持人宣布结婚典礼礼成；新人们合影留念，把幸福定格为永恒。
⑪ 完成旅游等其他集体婚礼的相关内容。

小 结

本章对各类婚礼进行了概述与分析,主要对中式婚礼、西式婚礼、中西合璧式婚礼、主题婚礼、集体婚礼五种婚礼类型展开了详细的介绍,围绕每一种婚礼类型的历史传承、传统习俗、道具、流程、花销、适合的新人、优缺点等进行了阐述。本章内容可以帮助婚庆公司开展相关业务,也有利于新人们在选择婚礼类型前进行了解和权衡。

复习思考题

1. 简述婚礼策划的含义与作用。
2. 简述婚礼策划的理论基础。
3. 简述婚礼策划师的含义和作用。
4. 简述婚礼策划师的工作职责与基本素质。
5. 简述婚礼策划的原则。
6. 简述婚礼策划方案的内容。
7. 简述中式婚礼的传承和接受。
8. 简述中式婚礼的传统习俗。
9. 简述中式婚礼的道具。
10. 简述中式婚礼的流程。
11. 简述中式婚礼的花销。
12. 简述中式婚礼的注意事项。
13. 简述西式婚礼的婚礼传统。
14. 简述西式婚礼的常规内容。
15. 简述西式婚礼的流程。
16. 简述西式婚礼的举办场所。
17. 简述西式婚礼中神父的婚礼主持词。
18. 简述中式婚礼和西式婚礼的区别。
19. 简述中西合璧式婚礼的出现。
20. 简述中西合璧式婚礼的流程。
21. 简述中西合璧式婚礼的注意事项。
22. 简述主题婚礼的含义。
23. 简述主题婚礼的类型。
24. 简述主题婚礼的表现。
25. 简述集体婚礼的来历与演变。
26. 简述集体婚礼的类型。
27. 简述集体婚礼的适合人群。
28. 简述集体婚礼的一般方案。
29. 简述集体婚礼的一般流程。

引申案例一

女儿在加拿大的"中西合璧婚礼"①

引申案例二

海南打造婚庆旅游目的地产品丰富多样②

---

① Penny.女儿在加拿大的"中西合璧婚礼".世界日报,2010-08-30.
② 李艳玫.海南打造婚庆旅游目的地产品丰富多样.海南日报,2020-12-09.

图 2-1 跨国婚姻的新人特别喜欢中式婚礼

图 2-2 中式婚礼之迎亲花轿

图 2-3 中式婚礼之凤冠霞帔

图 2-4 秤杆挑盖头——称心如意

图 2-5 中式婚礼之服装

图 2-6 中式婚礼之化妆

图 2-7 中式婚礼之场景

图 2-8　中式舞台背景加宫灯

图 2-9　"枣"生贵子

图 2-10　中式主题灯笼

图 2-11　中式婚礼之新娘古装

图 2-12　中式婚礼之双喜字

图 2-13　中式婚礼之舞狮

图 2-14　中式婚礼之喜糖（红色系）

图 2-15　中式婚礼之喜糖（粉色系）

图 2-16　西式婚礼中新娘的手套

图 2-17　西式婚礼中新娘的面纱

图 2-18　西式婚礼中新娘的头纱

图 2-19　西式婚礼之小花童

图 2-20　西式婚礼中的新娘抛花束

图 2-21　西式婚礼中新郎新娘跳第一支舞

第二章　婚礼策划与婚礼类型选择

图 2-22　西式婚礼中的结婚蛋糕

图 2-23　中西合璧式婚礼中新人倒香槟塔

图 2-24　西式婚礼中新人点烛台

图 2-25　主题婚礼有各种表现形式组图

图 2-25 (续)

图 2-25 （续）

图 2-25 （续）

图 2-25 （续）

图 2-25 （续）

图 2-25 （续）

图 2-25 (续)

图 2-26 主题婚礼成为量身定做的个性化婚礼组图

第二章　婚礼策划与婚礼类型选择　89

图 2-26　（续）

第三章

婚庆司仪与婚庆风险管理

引 言

婚庆司仪是整场婚礼的灵魂,因为在众人瞩目的结婚庆典的舞台上,是司仪引领着整场婚礼的情绪和氛围。每对新人都有着与众不同的恋爱经历、性格特点、文化背景和兴趣爱好,每场婚礼的现场布置风格和来宾情况也都各不相同,这就对婚庆司仪的能力提出了挑战。一位优秀的婚庆司仪应该能根据每场婚礼的具体情况演绎出不同的主持风格,同时,营造出新人所追求的感情交流,让婚礼的文化底蕴得到升华,达到令人难忘的效果。

学习要点

- 婚礼司仪的概念与历史变迁
- 婚庆司仪的从业人员分析
- 婚庆司仪的职业分析
- 婚庆司仪的素养与培训
- 婚庆司仪的主持词及经验技巧
- 婚庆的风险管理

爱情宣言

郑同学:双方有共同的向往,契合的三观,更要有自己的独立人格。

黄同学:彼此尊重,彼此珍惜,学会倾听,坦诚相对,成为对方的阳光。

徐同学:忠诚至死不渝,偏爱绝对臣服。

叶同学:满分的爱情是60分。

徐同学:敢在时间里自焚,必在永恒里结晶

戴同学:我目前信奉的爱情观,是廖一梅在《柔软》中说的:"爱是自己的东西,没有什么人真正值得倾其所有去爱。但爱可以帮助你战胜生命中的种种虚妄,以最长的触角伸向世界,伸向你自己不曾发现的内部,开启所有平时麻木的感官,超越积年累月的倦怠,剥掉一层层世俗的老茧,把自己最柔软的部分暴露在外。"

刘德艳博士的点评:

虽然我们深知60分的爱情就是满分的爱情。但依然可以有至死不渝的忠诚,也甘愿在爱情场合里自焚与臣服,更愿意彼此尊重和珍惜,倾听与坦诚。独立人格加上契合的三观,用爱的触角构筑起共同的向往,在永恒里结晶。

引入案例

自己的婚礼自己主持?! 司仪小伙结婚当天忙坏了

第一节 婚庆司仪的概念与历史变迁

一、婚庆司仪的概念

司仪的发展历史十分久远。《周礼·秋官》中称司仪为专门接待宾客者,并且在隋、唐、宋、明、清时都设有司仪署。到了现代,《现代汉语词典》中明确解释"司仪"为:"举行典礼或召开大会时主持仪式的人。"中国人说到结婚,都用"婚姻大事"来形容,婚庆典礼是大事,自然少不了婚礼司仪这样的主持者。

婚庆司仪是结婚典礼的主持人,也可以称为婚礼主持人或婚礼司仪。他们是把婚礼的每一个过程用主持这根线连接起来的总指挥,是婚礼活动的代言人。婚庆司仪也是新郎新娘的代言人,向亲朋好友宣布婚礼庆典的每一步骤,让来参加婚礼的亲朋好友了解和祝福他们的婚姻,是一场婚礼庆典中非常关键的角色。

一般来说,专职的婚庆司仪的出场费为 800~10 000 元,其他来源邀请的专业主持人等不受这个出场费限制,而且这个出场费也会随着市场行情而变化。这个行业竞争压力很大,淘汰率很高,拿高薪的毕竟只是少数。

二、婚庆司仪的历史变迁[①]

1. 古代婚礼由媒人穿针引线

古代婚礼多由媒人操持。在古代,没有父母之命、媒妁之言,婚姻的合法性是不被认可的。因此,媒人是社会生活中不可或缺的角色,实际上已成为一种职业。从业者以中老年妇女为主,通常以"媒婆"称之。《诗经》中就有"娶妻如何,匪媒不得"的诗句,说明早在周代,媒人就已成为婚姻的要件了。后代的礼制和法律中,都明确规定,婚姻必须有媒妁之言,比如《唐律》中规定的"为婚之法,必有行媒"。按照古代的礼制,标准的婚姻要经过本书第一章里提到的六个环节——六礼,即纳采、问名、纳吉、纳征、请期、亲迎。基本上每个环节都需要媒人穿针引线。过去,一般人家的婚礼仪式的主持基本上都由媒人代劳,社

---

① 本部分内容参考了《扬州日报》2010 年 5 月 23 日 A08 版的内容,http://www.yznews.com.cn/yzwb/html/2010-05/23/content_136556.htm。

会地位较高的人家则专门请一个有一定身份的礼宾来主持。

2. 改革开放前被叫作"帮着念念的人"

从中华人民共和国成立到改革开放前,婚庆司仪不是个专门的职业,那时的司仪没有名字,被叫作"帮着念念的人",一般都是单位工会的干部担任这一角色。诵读仪式程序的人在那个年代没有正式名称,大家都说"帮个忙,你来念念"。这个活儿其实很好干,几分钟就完事,对人的要求就是当众讲话不怯场。那时说得最多的话是:"从今以后,你们两个结为革命夫妻,要互相爱护、互相学习、互相鼓励。"

3. 20世纪90年代:婚庆司仪成为新兴职业

婚庆司仪真正变成职业是在20世纪90年代。从那时起,婚庆司仪有了收入,从最初的五元、十元,直到上千元,甚至更多。到20世纪90年代末相继出现了电视台、电台主持人加盟婚庆司仪队伍的情况。由于婚庆司仪的从业门槛较低,难免鱼龙混杂,也出现了一些司仪讲的话不着边际,甚至粗俗不堪,同时还伴有一些很丑很古怪的动作,让人看了有啼笑皆非、乌烟瘴气之感。

4. 21世纪:婚庆司仪成为婚礼策划人

"只有想不到,没有做不到",这已成为婚庆行业的一句招牌口号。空中婚礼、水上婚礼、教堂婚礼……这些创意频出的新婚典礼,如影视作品般绚烂夺目。在一些大的婚庆公司,婚庆策划师和司仪通常是由两个人担任的。但在一些小的婚庆公司,婚庆司仪已不仅仅是一个主持人,往往还兼作婚庆策划人。如今,新人们越来越追求婚礼的独特与新颖,能否达到新人们的要求,成为评判一名婚庆司仪优劣的标准。婚庆司仪的工作并不仅仅是婚礼当天现场的那几个小时,做一个好的婚礼司仪也不光靠台上的伶牙俐齿。了解新人对婚礼的要求和想法,有哪些特定的情感经历、家庭文化背景,怎样才能把婚礼策划得更有个性、更有光彩,这些都是需要婚庆司仪下功夫要了解的。

第二节　婚庆司仪从业人员分析

一、婚庆司仪的性别

据笔者和几届学生对多家婚庆公司的不完全调查,参加婚庆司仪工作面试的人员中,男多女少,男热女冷。据笔者分析,原因有三。第一,在很多中国人的传统观念中,只有男性才能干司仪。第二,使用男司仪更加方便,因为相对于男性来说,女司仪相对比较羞涩,如果遇到一些宾客在婚礼上说一些不雅的笑话,女司仪难免会因为尴尬而应付不了场面。男性婚庆司仪则比较放得开,他们的语言忌讳相对女性少,语言更幽默,并善于随机应变地调动起婚礼的气氛,使婚礼现场更加活跃热闹。三是男性体貌及声音更具优势。因为中国人的婚礼现场常常热闹喧哗,男性身材比女性更高大魁梧、声音更洪亮,不仅显得很有"范儿",而且能"压得住阵脚"。

不过,随着婚庆业在我国的不断发展,越来越多的女性加入了婚庆司仪的队伍。因为女性也具有女性的优势,比如,她们相比男司仪来说,往往更懂得新娘子的想法。同时,女性声音的柔美也会使婚礼现场呈现出与男司仪主持不同的美感。

二、婚庆司仪从业人员构成与从业门槛

一般的婚庆公司都有几个或者十几个,甚至几十个婚庆司仪的资料,他们年龄不同、性别不同、风格不同、价格也不同。新人们可以先看他们主持的视频等资料,观察他们的主持风格是否是自己喜欢的类型,从中挑选更适合自己要求的司仪。

(一)婚庆司仪从业者的来源渠道

2009年以前,我国对于婚庆司仪没有从业门槛的限制,很多人做婚庆司仪只是兼职甚至是业余爱好。婚庆司仪从业者一般来自以下五种渠道。

(1)各个婚庆公司自己培养的主持人

婚庆公司的经理由于业务经营的需要而有意识地培养的专职婚庆司仪。他们当中有婚庆公司的业务人员、有业余演员、有能说会道的销售员等,经过对一些婚庆典礼的观摩和实践渐渐做起了婚庆司仪。婚庆公司一般会根据他们的从业经验将其分为几个等级,定出不同的出场费供新人们选择。

(2)电台和电视台的主持人

他们通常都是兼职客串婚庆司仪。他们一般有较高知名度,也有丰富的现场主持经验和语言功底,还可以让新人有足够的面子。这类客串婚庆司仪的出场费通常较高。

(3)各类专业演员

以歌手、曲艺明星等文艺界演员居多。这些客串的司仪往往有着非常丰富的表演经验,还能驾轻就熟地表演几个小节目给婚礼增光添彩。他们也大多风趣幽默,能很好地调动婚礼现场的灯光、音效与其配合,让现场气氛很热闹喜庆。这样的主持人出场费通常也不低。

(4)为亲朋好友的婚礼客串的人

他们往往是新人亲朋好友圈子中比较能说会道的人,或者亲戚、朋友、熟人中有人请过这个朋友主持婚礼,效果不错。他们通常只为亲朋好友义务出场主持婚礼。新人们请这类人员主持自己的婚礼,不仅可以省下婚庆公司服务套餐中"司仪"费用,还可以使新人和来宾备感亲切,常常能达到意想不到的现场效果。他们通常不是为了报酬主持婚礼,而且大多数是义务服务,甚至十分珍视新人对自己的信任。新人为了表示感激,可以以自己认为合适的方式来表达对其的感谢之情。

(5)独立婚庆主持人

有很多独立的婚庆司仪将自己的主持资料放到网络上,新人们可以在网上轻易地找到婚庆司仪的资料,通过各种方式同时与多个婚庆司仪建立联系,互相了解,探讨双方的条件和要求,最后通过见面交流确立对婚庆司仪的最终信任,双方签订合同。

(二)婚姻庆典礼仪服务人员的相关执业资格证书

2009年12月1日起,《中华人民共和国国家标准:婚姻庆典服务》(见附录)正式实施。新国标规定,婚姻庆典礼仪服务人员应持有相关执业资格证书,婚姻庆典服务机构应对其定期培训。培训内容主要包括:婚俗文化知识和礼仪知识、服务意识和职业化、营销

心理学、沟通技巧、案例分析等。但由于新国标并没有强制推广实施,也缺乏实施的执行细则,加之近几年随着供给侧结构性改革,政府加大了职业资格许可和认定事项清理力度,不断降低人才负担和制度成本,与婚庆业相关的礼仪主持人和摄影师的职业资格许可和认定均已被取消。这一方面可以有效降低就业门槛,切实减轻各类人才和用人单位的负担,避免相关从业人员被强制要求参加培训和考试。但从另一方面来讲,从业人员不再是具备了相应的证书就有上岗的机会,而是由婚庆企业和市场直接检验其是否符合岗位要求。优胜劣汰之下,优秀的婚庆司仪的实力和身价更容易得到体现。

目前婚庆行业中,以前取得了司仪从业资格证书的人有一定的比例,但还有很大比例的婚庆司仪是具有曲艺、播音主持等其他相关的才能,或者就是喜欢这一行当而"自学成才"的,加之私人邀请婚庆司仪的合理合法性,因此,婚庆行业中司仪缺少管理和一定的培训的状况还是存在的。婚庆公司在聘用或者邀请这些婚庆司仪时,还是要注意他们的行业知识和技巧的培训。

三、婚庆司仪的类型

(1) 按专业化程度分

按专业化程度来分,可分为业余婚庆司仪和专业婚庆司仪。目前我国的婚庆行业中虽然有一些婚庆司仪培训班,但很多婚庆司仪是靠"自学成才"。

(2) 按雇用关系分

按雇用关系来分,可分为专职婚庆司仪和兼职婚庆司仪。专职婚庆司仪是指与某家具体的婚庆公司签订了劳动合同的人员。而目前的婚庆司仪队伍中,有八至九成属于兼职司仪。他们可以灵活地在多家婚庆公司"挂靠",这样无论对他们自己还是婚庆公司都有一定的好处。

(3) 按从业经验和知名度分

按从业经验和知名度来分,有金牌司仪、王牌司仪、特级司仪、资深司仪、优秀司仪等。

(4) 按主持风格分

按主持风格来分,婚庆司仪可分为庄严稳重型、温馨浪漫型、风趣幽默型、激昂大气型等。

(5) 按地域婚俗文化分

按地域婚俗文化的不同来分,婚庆司仪可以划分成不同的类型。不同地域的婚庆司仪类型划分有共性,也有区别。以扬州司仪为例[①],按照扬州婚庆业内人士的分析,扬州的婚庆司仪可以分为以下四大流派。

① 曲艺派,以传统的扬州评话、扬剧为主,搞笑仍占重要分量,价位应是最低的,一场婚礼的司仪价格通常为2 000元左右。

② 浪漫派,以场景布置和主持人讲述为重,营造浪漫氛围,价格根据布置和设置环节简繁而定,6 000元~10 000元不等。

---

① 参考了《扬州日报》2010年5月23日A08版的内容,http://www.yznews.com.cn/yzwb/html/2010-05/23/content_136556.htm。

③ 主持派,以媒体主持人为主力军,讲究面子和排场,定价为3 000元~6 000元。

④ 学院派,从专业学院走出来,讲求的是四平八稳,对司仪的要求是吐字标准,声音洪亮,整场婚礼司仪的定价约为两三万元。

第三节　婚庆司仪的职业分析

一、婚庆司仪的职责

有人说,婚礼司仪是一场婚礼的灵魂。这句话并不过分。结婚是人一生中的大事,作为新郎新娘及其长辈家人一定希望婚礼办得隆重体面。因此,新人们都会仔细安排自己婚礼的每一个环节和流程,让来参加婚礼的亲朋好友带着祝福而来,带着喜庆回家。但要做到这点却不是件简单的事情。新人们需要请一些专业的机构和专业的服务团队来确保这样的效果,婚礼司仪就是其中的一个关键人物。对一场婚礼来说,婚礼司仪的作用主要有以下几点。

（一）突出新人的礼仪引导者

结婚庆典是新人一生中最重要的事情,他们肯定没有经验,即使以前参加过别人的婚礼或给别人的婚礼帮过忙,但轮到自己也是一头雾水。因此,婚礼司仪从婚礼策划到婚礼的每个细节以及迎送亲的注意事项都要为新人考虑到。婚礼仪式过程中,司仪的一言一行要围绕着新人进行,要突出的是新人,因为新人才是婚礼上最闪亮的"主角"。司仪则应该是一名彬彬有礼、有条不紊的礼仪引导者。司仪绝对不能喧宾夺主,要牢记在婚礼仪式中舞台绝对不是婚庆司仪展示自己才华的地方,那里是新人们展示自己的神圣、浪漫、喜庆的舞台。司仪要做好新人背后的"导演",阐释婚礼仪式的意义,引导新人的现场活动。

（二）连接新人与亲朋好友的纽带

婚礼仪式中要表达的感情很多,比如宣誓相守一生的夫妻情、感恩生养培育的父母情、分享祝福和喜庆的亲友情等,因此,婚礼总是被设计成按照一定的流程来表达这些感情。在这个流程进行中,作为司仪,应该是帮助新人与亲朋好友建立亲密关系的桥梁和纽带。司仪应该通过婚礼流程的设计、自己的语言,把婚礼习俗与新人的爱情、父母的亲情、来宾的热情巧妙地结合在一起。司仪承担了调节情绪、调动气氛,使婚礼的气氛隆重热烈的重任。特别是司仪应该通过婚礼对新人有启发和升华作用。好的婚礼司仪应该根据新人不同的文化背景、文化层次以及家庭情况,针对新人的不同要求,为新人度身定做符合新人特点的婚礼主持流程,使新人感受到婚礼的庄重与神圣,体会到爱的真正含义。因此,婚庆司仪必须了解中西婚礼文化,了解世故人情,积累一定的社会经验,并把这些都正确地发挥到自己担当的"纽带"工作中去,贯穿新人的婚礼仪式。

（三）婚礼现场服务项目和人员的统一指挥者

尽管婚庆公司在婚礼现场安排了现场督导等来协调一系列婚礼服务项目和工作人员,但现场督导是这些协调工作的"幕后英雄",因为婚庆司仪才是婚礼各个服务项目和人员"面上的"统一指挥和督导者,引导婚礼仪式顺利进行。婚礼作为一项"综合工程",每个服务项目都要围绕着婚礼仪式来进行。司仪主持的流畅进行需要协调摄影、摄像、乐队、音响、礼仪小姐的配合。现场道具(烛台、香槟塔、追光灯、烟雾机、泡泡机、冷焰火、戒托等)、舞台灯光,甚至化妆的风格、餐桌的摆放、上菜的时间等都要和司仪的主持很好地衔接才行。每个服务项目都要求现场人员听从婚庆司仪的主持调配。因此,婚庆司仪一定要具备现场综合指挥和督导的经验和能力。随着现在婚礼演绎的形式越来越多,婚礼的程序及需要的道具和花样也越来越复杂,这对婚庆司仪的控场能力的要求越来越高。

（四）婚礼风格特色的表现者

随着主题婚礼的不断增多,越来越多的新人希望自己的婚礼能够和别人的有所不同。婚礼策划的主题要凸显特定的风格和特色,光有创意不行,要把这种创意变成现实,就需要婚礼现场的执行力。执行力要靠整个婚礼的团队来实现,其中,由于婚庆司仪的语言表达和气氛营造对于引导婚礼现场的气氛的重要性,因此很大程度上来说,婚庆司仪是婚礼风格特色的表现者。

（五）婚礼上突发事件的巧妙处理者

婚礼司仪不仅要使婚礼现场秩序井然,还要创造出欢乐喜庆的气氛,让新人和所有来宾都满意,因此要时刻关注婚礼现场每一个进程中可能出现的突发事件。

婚礼庆典上客人多,头绪多,面对很多意想不到的突发事件,婚庆司仪要从容面对,善于应变。婚礼司仪这种"临危不惧"的能力除了急中生智以外,还要积累一些处理突发事件的预案,这样才能真正做到从容面对危机,化解新人的尴尬,使突发事件得以圆满解决。关于婚礼突发事件的部分,请参阅本章第六节婚庆风险管理部分。

二、婚礼司仪的职业特点

（一）职业光鲜亮丽

婚礼庆典的舞台上,除了当天喜结连理的一对新人,司仪无疑是全场最光彩闪亮的人物了。当然,不论是资深从业者,还是刚上路的新手,光彩闪亮的背后总有一段五味俱全的历程。与很多职业相比,婚庆司仪无疑是一个开心的工作,一个传播幸福的工作。

（二）工作掌声相伴

婚庆司仪的工作场所一般都是酒店和婚礼会所等令人愉快的场所,而且工作场所常常充满着欢声笑语,前来参加婚礼的亲朋好友一般也都愿意主动配合司仪喝彩鼓掌以烘托现场气氛。

（三）就业形式灵活

如果选择加入婚庆司仪的行列,专职或者兼职均可,一般来说也各有利弊。初期积累经验阶段,司仪往往希望加入一家婚庆公司,而一旦在圈子里做出了名气,则邀请众多,兼职就可能更有利于自己的收入和工作安排。

（四）工作时间特殊

从时间安排来说，由于各地婚俗不同，有的地方婚礼喜欢在中午办，有的地方婚礼喜欢在晚上办，但一般都是集中于吃饭的时间。从每周的时间安排来说，司仪最忙的是周末，因为周末结婚的新人最多。从每年的时间安排来说，每年婚礼有淡季和旺季之别。五一、十一、春节等节假日是结婚的高峰期，司仪的需求量很大，这时候司仪可能一天要接两到三个婚宴，而淡季的时候，司仪每月接到的活儿可能也就五六个。

（五）所得薪酬不一

在婚庆服务合同书中，司仪的服务报酬一般都明码标价。只要查阅一些婚庆公司的网站就可以了解聘请司仪的行情。但在婚庆司仪这个行业中，既有可以拿到"天价"出场费、需要提前一年预约的知名司仪，也有一场只有几百元、还常常接不到活儿的司仪。

第四节 婚庆司仪的素养与培训

一、婚庆司仪的职业道德

为了举办一场终生难忘的婚礼，不少新人都心甘情愿地花钱请一位婚庆司仪，并希望司仪的专业服务能为自己的婚礼增光添彩。但婚庆行业收到的投诉中，司仪迟到，报错新人、证婚人、新人父母的姓名，甚至主动索要红包、婚礼现场人间蒸发、婚俗知识极其欠缺等，都是目前婚庆市场上的常见问题。因此，作为一名婚庆司仪，就需要强调必备的职业道德。婚庆司仪应该秉持的职业道德主要有以下几点。

（一）服务态度好，不千篇一律

参加婚礼次数多的人有一种感觉：很多婚礼司仪主持的婚礼整体上大同小异，好像是一个模子里面刻出来的。同样的祝福词语，同样的游戏设置，甚至连抖的包袱都是一样的。这是因为婚庆司仪整体水平不高，有创意的司仪更是难得一见。其实，在一场婚礼中，只要有几处创新的地方，就能给来宾留下较深的印象。由于婚礼仪式中很多的流程的确是相同的，司仪若不想使婚礼千篇一律、毫无新意的话，就需要在婚礼仪式前跟新人有充分的交流。这样才能将新人的情况融入主持词中，根据每对新人的不同特点设计出一些别人婚礼无法体现出来的环节，给新人的婚礼带来个性化色彩。但有的司仪不愿意花时间去跟新人沟通，在这一环节上服务意识和服务态度不到位。结果到了现场，因为跟新人没有充分的交流，结果只好大开性格拘谨的新郎的玩笑，搞不清新人的父母的喜好，甚至叫错新人姓名。

（二）不索要红包，不隐性收费

婚庆司仪要收费合理，不能胡乱开价、临时提条件、索要红包等。有的司仪在新人预订前态度非常好,但在婚礼仪式中需要司仪提供合理的其他附带服务时却提出加价。比如有的地区习惯在新人敬酒时司仪陪同,结果司仪临时提出带领新人敬酒不包括在服务范围内,需要的话要另行收费。还有的司仪主动在婚宴上表演了节目,表演结束后就要求新人增加费用,理由是提供了额外的演出服务。还有的司仪在婚礼结束后主动索要红包作小费。为了避免这种情况的发生,双方最好在服务合同中书面约定好具体的服务项目,以免在婚礼现场出现不愉快的场面。

(三)严格守时,用心主持

由于中国人结婚讲究"良辰",因此婚庆司仪一定不能迟到,不仅不能迟到,还应该早到以做好婚礼仪式的各种准备工作。当然,除了司仪外,婚庆公司的每一个工作人员都必须准时。准备工作做得充分也是司仪主持好一场婚礼的保证。婚礼作为一个人一生中非常重要的活动,行礼的时间是非常严格的,司仪一定要预留出堵车等因素可能造成迟到的隐患。还有一个迟到的原因是司仪一天要串几个场子。一般情况下,一个司仪一天只为一对新人主持婚礼,而有些司仪为了能够增加收入,会在一天里为两对新人主持婚礼。特别是好的司仪,由于新人们都想请口碑好、有名气的司仪来主持自己的婚礼,因此在结婚高峰的季节里,婚礼现场就可能面临"万事俱备,只欠司仪"的问题。虽然没有规定司仪不能一天里兼顾几场婚礼,但基本前提是:司仪要严格按照新人与婚庆公司签订的合同到场。越是有名气的婚庆司仪,越不能耍大牌。因为对司仪来讲,这只是其主持的诸多婚礼中的一场,但对新人来说,可是他们一辈子一次的神圣时刻,任何差错都将破坏他们这一刻的美好。婚庆司仪应该运用自己专业的婚庆知识和现场主持能力,迎合新人的需求去完善自我的服务。婚庆司仪应该树立这样的服务理念:我将用心主持好每一场婚礼,不论场面大小、报酬多少,我都要想方设法主持好,不仅要让新人和来宾满意,也要让自己满意。

二、婚庆司仪的基本素质

(一)生动的表达能力

生动的表达能力主要是指语言表达能力,包括普通话正确流畅、用词准确生动、反应迅速、理解力强。婚庆司仪良好的语言表达能力是前期实现与客户沟通的必要技能和技巧。婚庆司仪是代表新人表达喜悦的代言人,也是沟通婚礼现场亲朋好友感情的联络人。司仪生动的表达能力能引领着婚礼各个环节的推进,使周密细致的婚礼策划程序执行起来自然流畅、富有创意、高潮迭起、充满欢声笑语。

(二)较强的表演能力

在某种程度上,婚礼司仪是近似于相声、文艺节目主持、演说、表演和朗诵等诸多艺术样式的综合艺术。婚庆司仪是通过自己的言语、表情、体态和动作等来传达信息的,这也就是那些有舞台表演经验的人愿意做兼职婚庆司仪的原因。为了生动表现结婚这一喜庆、浪漫、隆重的主题,营造出感人、欢乐的现场气氛,感染新人及亲朋好友的情绪,司仪就必须具有相对专业的舞台风范,做到表情自然亲切、姿态端庄优雅、举止潇洒自如。虽说司仪主持婚礼的过程是一个类似舞台表演的过程,但忌讳司仪表演夸张过度、自我陶醉、没完没了,不仅给人虚假之感,还抢了新人的风头,喧宾夺主。

(三) 良好的人文底蕴

无论中式婚俗还是西式婚俗,都有着漫长的历史演变过程,并充满着人生智慧和美学思想。所以婚庆司仪要在平时不断地学习和积累,只有打好了人文底蕴,才能突破千篇一律的主持词的限制。司仪应对各国、各地婚俗有比较好的了解,对语言有良好的驾驭能力,还要注重吸取美学、历史、管理、经济、人类学、地理、公共关系学等学科知识,做到"于细微之处见司仪之文化底蕴"。具有良好人文底蕴的司仪身上散发着一种特殊的魅力,能够用这种魅力感染新人和亲朋好友,令人对婚礼久久回味。

(四) 与时俱进的思想

过去人们常说"十岁一个代沟",但现在已经越来越多的人认同"三年就有一个代沟"的说法。现在婚庆司仪的年龄构成以二十多到五十岁之间居多,很多时候司仪与新人会有年龄差距。如何使一个"60后"的司仪策划和演绎好一对"90后"的婚礼,就需要司仪有与时俱进的思想。司仪必须意识到,自己可以引领一些婚俗新观念的推广。往大了说这是婚庆司仪的社会责任感,往小了说可以满足司仪的自我实现需要。

一般来说,婚庆司仪要能够将各种先进的理念和道具、设备等运用到婚礼上,能够在婚礼上适时地融入流行的元素。优秀的司仪不仅能主持酒店婚礼,还能主持草坪婚礼、热气球婚礼、烛光婚礼、海洋婚礼等。此外,还能在婚礼内容和程序上加入现代元素,比如用沙画表达新人从相识到相爱的过程、用公仔作为新人之间的礼物等。因为如今的年轻人往往希望自己的婚礼上能出现更多的时尚元素。

婚庆司仪也可以通过自己的工作引领大家慢慢摒弃一些不好的婚俗,比如有的婚庆司仪为了博来宾一笑,喜欢在婚礼中讲不雅的笑话和安排一些庸俗的婚礼游戏来活跃气氛,甚至变着法子拿新人作为开玩笑的靶子,以显示自己调动现场气氛的能力,令新人和家属十分难堪而又无奈。这种"路子不正"的司仪已经让越来越多的来宾觉得难以接受。又比如,由于受旧习俗的影响,扬州人心目中形成了婚礼"以闹为主"的观念,不闹婚礼似乎就很难进行下去。为此司仪只好整场都忙着插科打诨和编排笑料。随着时代的演进,一些新生代的扬州婚庆司仪想改变这种旧婚俗,逐步改良,有意识地推行文明婚礼,比如将"闹公媳"环节改为"感恩表白"等。其实,婚庆司仪不只是把婚礼程序简单地串起来,还可以有意识地引领自己从事的"甜蜜事业"向高雅、健康、时尚、文明的方向转变,培育自己的个人主持风格和新的行业规范。

三、婚庆司仪的培训

婚庆业对于婚庆司仪的培训主要是通过培训班和业界比赛来进行的。目前我国影响最大的婚庆司仪大赛是由中国社会工作协会婚庆行业委员会(The Committee of Wedding Service Industries China Association of Social Workers)举办的"全国婚庆主持人大赛"。

大赛至今已经举办到了第八届。其中,第六届全国婚礼主持人大赛总决赛[①]于2014年12月12日在北京稻香湖景酒店圆满落幕。较前几届比赛而言,第六届比赛有了全方位的提高和进步。大赛一贯倡导的"公开、公平、公正"和"非营利性"的办赛原则继续成为各赛区坚持的比赛方针。比赛的竞赛组织继续完善比赛项目流程,注重考查婚礼主持人的全面能力。每位选手在复赛阶段都要参加综合知识笔试、婚礼片段展示、才艺展示三个比赛项目,在决赛阶段还首次进行了"现场即兴考核",考查选手的临场应变和即兴发挥能力。选手的主持专业技能水平明显提升,涌现出了许多年轻、充满活力和发展空间的优秀婚礼主持人。据组委会统计,分赛区的比赛从2014年5月开始至11月比赛完毕,共有24个赛区2000多名选手进行激烈角逐,最终有207名选手进入总决赛。另外本届大赛也吸引了不少前五届全国婚礼主持人大赛的金、银、铜奖获得者,再次回到这个熟悉的战场,他们也通过自身的努力呈现出了别样的风采。为期五天的比赛,大家不仅欣赏到选手们带来的精彩比赛,组委会还联手LAVIN玫瑰里精心组织安排了《中国首届婚礼主持人高峰论坛》。论坛得到了国内12家主持人团队的积极响应和参与,活动期间集中讨论了婚礼主持人团队成长发展的经验、体会以及困惑,同时各团队联手现场上演了一场精彩绝伦的主题辩论,展现了中国婚礼主持人全新风尚。第六届大赛自筹备初始,就受到全国各地从业人员及热爱婚礼文化人士的广泛关注和积极参与,在行业内掀起了婚礼主持人大赛的热潮。在总决赛期间,嘉宾、参赛选手、志愿者服务人员、观摩人员的总人数达到1000余人,北京及周边省市地区数百家知名婚庆公司派人员观摩了大赛,现场服务的志愿服务者近200名,网络投票平台的访问量达到130万次,累计投票53万张……参赛人员的数量和志愿者服务的人数、支持单位和机构的数量、媒体的关注度、竞赛的组织规模均超过以往历届大赛。全国婚礼主持人大赛已发展成为我国婚礼服务行业最高级别,最高水平,最具权威性、标志性和影响力的国家级婚礼文化赛事。

第七届全国婚礼主持人大赛总决赛经过5天的比赛,于2016年12月11日晚在甘肃兰州举行颁奖典礼及闭幕式。来自全国近30个赛区的200多位选手,经过复赛(笔试、婚礼片段展示、才艺展示)、复活赛(现场抽取4个元素,10多个小时的准备)、总决赛(现场抽取主题和朗诵选题,20多个小时准备)3个阶段的激烈角逐,最终12位选手成功问鼎金奖,20位选手荣获银奖,30位选手荣获铜奖。自2015年8月在安徽合肥启动本届大赛以来,分别有安徽、山西、河南、湖北、湖南、重庆、内蒙古、陕西、云南、福建、广东、宁夏、江苏、上海、浙江、北京、青海、山东、黑龙江、四川、天津、新疆、贵州、海南、甘肃、河北、辽宁等近30个分赛区陆续完成各个赛区比赛。赛区数量、参赛人数、出线选手数量再次创下大赛历史新高。总决赛期间,200多位选手、150余名志愿者及工作人员、超过500位的来自全国各地的行业观众汇聚总决赛现场。作为中国婚庆行业发展的风向标和流行趋势引导的第七届全国婚礼主持人大赛体现了构建和谐社会的主题思想,提倡"健康、文明、时尚、继承"的婚礼文化,秉承"百花齐放""百家争鸣"的办赛精神,鼓励大胆创新、不拘一格,充分

---

① 人民网,第六届全国婚礼主持人大赛总决赛于12日在北京圆满落幕,2014年12月24日: http://ent.people.com.cn/n/2014/1224/c1012-26269714.html.

展现了具有中国特色的婚礼样式。①

第八届大赛自2018年7月在湖南启动以来,分别有湖南、河南、安徽、湖北、云南、海峡、宁夏、内蒙古、吉林、浙江、海南、重庆、四川、广西、陕西、北京、山西、山东等近20个分赛区陆续完成了各个赛区的比赛。经过4天激烈的角逐,第八届全国婚礼主持人大赛总决赛于2018年12月13日圆满落下帷幕,13日晚在山西大同云冈建国宾馆举行了盛大的"蜜匠之夜"颁奖盛典。来自全国20余个赛区的140余位选手,经过复赛(笔试、婚礼片段展示、开放式演说)、总决赛(婚礼片段展示、即兴评述)两个阶段的比拼,最终10位选手成功荣获金奖,20位选手荣获银奖,30位选手荣获铜奖。一层层的激烈角逐,荣耀之光在这个华丽的舞台上璀璨绽放,选手们一起怀揣梦想,畅享无限未来。总决赛期间,140多位选手、100余名志愿者及工作人员、超过500位来自全国各地的观众齐聚山西大同,网络直播和人气评选投票平台的访问量分别达到198073次和1256028次。第八届全国婚礼主持人大赛的举办,引领了中国婚庆行业发展的风向标和流行趋势,获得了全行业上下的密切关注,带来了非同一般的热烈反响。②

下面以第八届全国婚礼主持人大赛为例,介绍婚礼主持大赛的情况。③

1. 总决赛赛制规定

(1) 复赛

复赛视参赛总人数分组同时进行,所有参赛选手须通过抽签决定比赛组别和赛位,依次参加综合知识笔试、婚礼片段展示、开放性演说三个项目的比赛,按三项比赛分数相加的总成绩排出名次。组合选手须共同参加一个赛位的比赛,参赛项目由组合选手全部同时参加,取组合内选手的平均分。

① 综合知识笔试,包括普通话知识、婚礼文化知识、礼仪常识、时事政治、文学知识、历史地理等内容,笔试题型为注音、填空、单多项选择、判断分析、综合技能等。考试时间为90分钟,该项成绩占总分的15%。

② 婚礼片段展示,要求由开场词、婚礼仪式片段、结束语三部分组成。主要是对选手的语言运用、控制能力、作品创意、内容安排、表演能力、形体表达、服饰、礼仪规范等方面进行考察。选手须使用组委会统一提供的新人模特、督导。时间为7分钟,超时扣2分,成绩占总分的80%。

③ 开放性演说。要求选手自选命题,运用现代白话文体的语言表达形式完成展示,形式、风格不限,内容健康文明、积极向上,不得涉及政治、宗教、种族、历史、战争、暴力、色情、敏感话题及含有法律、行政法规禁止的其他内容。时间不超过3分钟,该项成绩占总分的5%。

---

① 王晓易.齐鲁晚报.第七届全国婚礼主持人大赛总决赛圆满落幕.2016-01-13.https://news.163.com/16/1213/14/C863IJ4Q00014SEH.html.
② 婚嫁大民,第八届全国婚礼主持人大赛总决赛圆满落幕. 2018-12-29. https://www.sohu.com/a/285570979_776138.
③ 第八届全国婚礼主持人大赛总决赛开赛通知. 2018-11-13. https://www.sohu.com/a/275207111_776138.

(2) 总决赛

① 总决赛选手资格的确认。复赛赛场各组成绩排名的共计前36个赛位的选手晋级总决赛,抽签决定总决赛的赛位。

② 选手须参加婚礼片段展示和即兴评述考核两个项目的比赛。

婚礼片段展示。要求由开场词、婚礼仪式片段、结束语三部分组成。主要是对选手的语言运用、控制能力、作品创意、内容安排、表演能力、形体表达、服饰、礼仪规范等方面进行考察。选手自行组织新人模特、助演团队。时间为7分钟,成绩占总分的85%。

即兴评述考核。每位选手根据现场抽取的命题即兴展示一段完整的评论叙述,考查选手快速思维和组织语言能力、口语表达能力以及临场应变的心理素质,也是对选手知识功底、文化素质的检验,内容包括常见话题、时事热点、价值观念等。时间为3分钟,成绩占总分的5%。

③ 总决赛总分=婚礼片段展示成绩+即兴评述考核成绩+复赛成绩(取复赛各组同名次现场平均分+综合笔试成绩分)×10%。

(3) 总决赛奖项设置

总决赛将颁发金奖10名、银奖20名、铜奖30名及最具发展潜力、最具才学、最佳创意、最佳临场表现、最佳形象、最具网络人气等单项奖。

最具网络人气奖要求选手获得真实投票,并参加完成总决赛规定的所有比赛项目,在赛事中未出现违规违纪现象。大赛组委会根据分赛区赛事的组织情况,评选出最佳赛区(组织)奖。

3. 总决赛选手资格认定

参加第八届全国婚礼主持人大赛总决赛的选手主要是通过分赛区比赛并取得晋级资格者。

(1) 资格认定标准

由各赛区组委会按照分赛区比赛成绩及确认的参加总决赛的名额、名次上报总决赛组委会。所有选手的参赛资格均需通过总决赛选手资格审核的确认方可参赛。

(2) 递补原则规定

如已取得参加总决赛资格的选手由于个人原因不能参赛,由其所在赛区组委会依据比赛成绩排名递补相应名额的选手报名参加总决赛。递补名次按照原则上不超过分赛区获得参加总决赛资格选手总数的1.5倍位置。

例如,某赛区选拔出10名参加总决赛选手,其中第1~10名中某选手不能参赛,则由第11名递补;若有多名不能参赛,从第11~15名依次递补,但不能低于第15名次。若不能补足就按实际人数参赛。

再如,某赛区选拔出6名参加总决赛选手,其中1~6名中某选手不能参赛,由第7名递补;若有多名不能参赛,由第7~9名次依次递补,但不能低于第9名次。若不能补足就按实际人数参赛。

第五节 婚庆司仪的主持词及经验技巧

一、婚庆司仪的主持词

如果新人们想知道一般的婚庆司仪的主持词是怎样的，一可以在相关网站上查阅，文字版的和视频版的都可以找到一些；二可以在和婚庆公司洽谈时向婚庆公司了解。婚庆公司一般会根据新人的要求提供一些本公司专职或者与本公司有合作关系的兼职司仪的视频供新人选择时参考。

如果是刚入行的婚庆司仪想要了解婚庆司仪的主持词是怎样的，也可以在网上查阅相关文字和视频，更可以先"跟"几场本婚庆公司承办的婚礼，从而积累行业经验，并在工作之余用心揣摩，以尽早形成自己的个人风格。当然，哪些话适合在婚礼上说，哪些话不适合在婚礼上说，随着司仪主持婚礼场数的增加，经验会越来越丰富。

婚庆司仪怎样才能准备好一份合适的婚礼主持词呢？笔者认为应该把握以下几点。

（一）用词恰当，雅俗有度

结婚是大喜的日子，所以在整场婚礼中，婚庆司仪在语言表达上应该格外注意，尽量使用喜庆、吉利的字眼，如"百年好合""喜气洋洋"等，避开一些不合时宜的词汇，如"分离""悲剧"等。同时，主持词要严禁低俗，以及对新人和来宾的带侮辱性、讥讽性的语言。比如调侃胖胖的新郎官为"四喜丸子"，语言低俗反复往新娘子快点"生个儿子"上扯，这些语言在现在的婚礼上都是不太合适的。

（二）浓情蜜意，打动人心

对中国人来说，一对新人的婚礼承载的不仅仅是新人的爱情，还承载着父母的亲情和亲朋好友的友情。因此，主持词要尽量照顾到所有的"情"，并使其相互交融。如主持词在新人为父母敬茶这一环节，就要尽量用语言表达出父母对儿女的亲情及他们对新人爱情的无限祝福和嘱托。这样的主持词也会感动在场的亲朋好友，使所有人都融入婚礼的深情氛围之中。

（三）风趣幽默，富有个性

婚礼现场是个充满欢声笑语的地方，这些欢声笑语很大部分是靠司仪的主持词来调动的。因此，司仪的主持词要写得风趣幽默，可以"抖几个包袱"引得来宾哈哈大笑，增添现场的欢乐气氛。但是，司仪主持词切忌千篇一律。司仪应该形成自己的主持风格，针对新人的不同特点，有针对性地设计出个性鲜明、风趣幽默的婚礼主持词，令新人和来宾耳目一新。当然这会给婚礼主持词的构思和撰写增加难度，但也有了更多的创作与策划空间。不过，婚庆司仪的个性与幽默感也应根据新人的自身特点和来宾的具体情况做适当的控制。比如，如果新人的父母个性严谨，司仪的另类幽默可能就需适当收敛。

（四）把握时间，详略得当

如果没有特别的安排，婚礼主持的时间一般控制在20～40分钟为宜。如果主持词太长，司仪说起来没完没了，会让宾客们觉得时间过长，因为结婚仪式的时间基本都是围绕着午饭或晚饭的"饭点"来安排的，这时候大家其实也都饿了。以北京的风俗为例，一般喜宴安排在中午，不能过12点，因为过了12点就算二婚了。那么仪式开始的时间一般定在10:58、11:08或者11:18，司仪还要留出一些"备用时间"以防万一某个环节用时过长（比如感恩父母环节）。司仪可以根据婚礼程序和具体安排来撰写主持词，并根据具体情况予以把握和取舍。这样，既解决了婚礼仪式时间有限的问题，又能使整个婚礼通过司仪的主持圆满精彩。

二、婚庆司仪的经验技巧

婚庆司仪作为婚礼现场的"导演"，不仅自己可以积累一定的主持技巧，还可以提醒新人在婚礼仪式中的一些注意事项。

① 婚礼仪式进行的前三分钟内，应该由专人负责把住宴会厅的大门。仪式开始了，在《婚礼进行曲》的乐声中，新人步入会场。这时如果有迟到的宾客赶来，应该由专人把他们拦住，告知新人正在步入会场，请他们稍等一会再走进去。

② 婚礼仪式开始前，提醒新郎和新娘应该暂时将手机静音或者交由专人保管。试想新人已经走上了舞台，正在进行某个仪式，新郎放在口袋里的手机响了，这时候是接好还是不接好呢？而且在仪式开始前过多地接电话容易使新人产生急躁的情绪，所以由别人代接是最好的办法。例如，一般的问酒店地址的电话都可以让朋友代为回答，必要时再亲自接听。

③ 提醒新人进场时，步伐要慢，眼睛要看着前方。很多新娘因为怕踩到婚纱，所以走路时小心翼翼，以至于眼睛总是盯着地上。其实只要进场时步伐慢一点，用脚尖向前踢出去，拿着手棒花的手再轻轻提一下婚纱就没有问题了。当然新郎的步伐也要慢，如果新郎大步流星地向前走，那么再谨慎的新娘也会跟不上节奏，一不小心就会踩到婚纱。

④ 提醒新人在走上舞台站定后，新郎应该握住新娘的手，让现场来宾感受到新人间的浓浓爱意，拍出来的影像也可以留下温馨的回忆。

⑤ 提醒新人走上舞台站定后不要东张西望。有些新人站在舞台上，眼睛不知该看哪里，其实只要看着前方就可以了。当然也不要求新人们的眼睛始终盯着一个点看，那样表情显得过于僵硬。提醒新人自然一点即可，只要不东张西望就好了。

⑥ 提醒证婚人走上舞台，首先应该和新人握手，表示祝贺，然后再致辞。

⑦ 证婚人讲话时，新人应该认真聆听。证婚人是新人请来的贵宾，如果证婚人在致证婚词，而新人在讲悄悄话，那就显得不尊重证婚人。当然，证婚人的证婚词应该认真准备，不要开头就是"新郎英俊潇洒，新娘美丽大方"的套话，最好根据新人的情况说出恰如其分的祝福话语。证婚人的证婚词也不要太长。

⑧ 提醒新人在交换戒指时，伴郎伴娘应避免出现在镜头里。结婚对戒应分别戴在对方左手的无名指上。如果新娘佩戴着手套，应该在婚礼仪式开始前将手套脱掉。新娘的

头纱是在戴完戒指后才由新郎掀开的。

第六节　婚庆风险管理

婚庆公司在帮助新人们策划与组织婚礼时,不仅要追求唯美浪漫,还要注意婚礼的风险管理,即婚庆公司对婚礼要进行风险管理。

婚礼的风险管理是由婚庆公司的全体合作团队一起进行的。比如由婚礼策划师和婚礼督导根据每场婚礼的具体特点来进行风险的识别,并与婚礼工作团队一起运用多种方法对婚礼活动所涉及的风险实行有效的控制和妥善的处理,从而安全、有效地完成既定婚礼策划方案的实施。

一、婚庆风险的种类

（一）根据婚庆风险的产生来源,可以将婚庆风险分为自然因素产生的风险和人为因素产生的风险

① 自然因素产生的风险指的是天气变化、地震、海啸等。

② 人为因素产生的风险指的是如婚礼背景板倒塌、婚礼道具伤人等。

（二）根据婚庆风险的可预测性,可以将婚庆风险分为已知风险、可预测风险和不可预测风险

① 已知风险是指在认真而全面地分析婚礼流程及策划方案之后,能够明确的,且后果可以预见的风险。比如户外婚礼遇到下大雨、婚纱绊倒了新娘、婚车因为交通堵塞而迟到等。通常情况下,已知风险发生的概率较高,但大多后果并不严重,只要婚庆公司准备好处置预案即可避免。

② 可预测风险是指婚礼策划师根据多年的工作经验,可以预见其发生,但无法预见其后果的风险。这类风险可能导致相当严重的后果,但是一般可以事前采取措施进行预防,所以在婚礼正式开始前,一定要提前进行婚礼的彩排工作。

③ 不可预测风险是指有可能发生,但是其发生的可能性即便是经验丰富的婚礼策划师和婚礼督导也不可预知的风险。不可预测风险又称未知风险或未识别风险,一般是由外部原因引起的,比如地震、海啸等。

二、婚庆风险管理的内涵

（一）风险预防

风险预防主要是指提前中断风险源,使其不致发生或者遏制其发展。预防风险有时可能不得不花更多的成本,但这些牺牲比起风险真正发生时可能造成的损失要小得多。因此,风险预防是婚庆风险管理的最重要的一步。

（二）风险控制

风险控制是指减少风险发生的机会或降低损失的严重性,设法使风险最小化,主要包

括预防风险和减少风险。

预防风险是指婚庆公司采取各种预防措施以杜绝损失发生的可能。这种防患于未然的预防风险措施是最重要的风险防范措施,是婚礼风险防范措施中最常用也是最应该用的一种。减少风险是指在风险已经不可避免地发生了的情况下,婚庆公司通过种种措施遏制损失继续恶化或控制其扩展范围,也就是说防止损失进一步扩大。

(三) 风险转移

在婚礼策划方案执行过程中,难免有一些风险无法防范也无法进行有效的控制,婚礼相关负责人只能采取转移手段以降低所承担的风险。比如通过签订合同条款进行转移,或者通过购买保险进行转移,或者在计划(或合同报价)中另外增加一笔费用,从风险准备金的角度为风险做准备。如2013年7月7日,上海市长宁区的英伦婚典会所和安信农保签订了全国第一份大型婚庆宴席食品安全责任险。[①] 餐饮企业缴纳保费后,婚宴中若发生宾客食物中毒等健康伤害时,最高每人可获得60万元的保险金。近几年来,保险市场上推出的有关婚庆的险种已经不止一种,如"婚宴责任险"在一场盛大的婚礼宴席中,一是可以提供财产安全保障(喜宴客人随身物品失窃);二是人身安全保障(婚宴上客人意外受伤事件);三是食品安全保障(婚宴中发生食物中毒等食品安全问题)。如果新婚夫妇投保了婚宴责任险,在发生以上意外事件时就可以将赔偿责任转嫁给保险公司。再如"婚庆责任保险"赔付的范畴包括:对新郎、新娘、伴郎或伴娘的人身伤亡,新郎或新娘的财产损失;婚庆服务仪式中断或推迟30分钟以上;存储卡、摄像数据或照片损毁20%以上且无法补救;被保险人选择的婚礼场地与婚庆服务合同约定的不符且无法获得新人认可等。

(四) 危机处置

这时风险已经发生,也就是说风险变成危机后婚庆公司如何处理的问题。一般来说,婚庆公司和新人要本着坦诚面对、调查原因、及时公布、合理赔偿等原则来处理已经发生的危机,并争取通过合理的危机处置来弥补危机的后果,争取"化危为机",继续婚庆公司的经营。

三、常见的婚礼注意事项及突发状况管理

前面提到,婚礼的风险管理是由婚庆公司的全体合作团队一起进行的,但婚庆司仪常处于风险管理的"第一线",所以经常是由司仪出面化解一些婚礼的突发状况,而其他的工作人员处于"幕后"。因此,笔者将婚庆的风险管理与婚庆司仪放在一章进行探讨。由于很多新人平时鲜有舞台经验,作为主持婚礼经验十分丰富的婚庆司仪,可以善意地给新人和婚庆公司的现场工作人员传授一些经验技巧,这样不仅能够帮助新人,也使自己的主持能顺畅地进行,而不用老是要想办法去化解这些尴尬。当然这些经验技巧在使用中也是因人而异的。

经过笔者、一些婚庆公司的婚礼策划师、婚庆司仪及婚礼督导的多年总结,下面这些常见的婚礼注意事项及突发状况管理仅供参考。

---

① 简孔. 首份婚宴保险签订 食物中毒可获赔偿. 天天新报,2013-07-07.

（一）常见的婚礼注意事项[①]

① 为了方便就座，婚礼仪式签到台前或者举办仪式的大厅入口处放一张座位图表，客人会很容易地找到座位。对于需要帮助的客人，领位员也会把他们带到座位上。如果是一场只有家人和亲近朋友参加的小型婚礼仪式，只需预先为长辈留出一部分座位即可。对于一场大型婚礼，还可以准备座位卡放置于桌面上或者椅背上，每张座位卡上书写客人的名字，以减少客人为寻找座位所花费的时间。座位卡的设计可以用些心思。新人也可以亲手写上客人的名字以表达对客人的尊重。

② 婚礼仪式之前，一定要检查婚礼用品清单，一定要提前检测音响，确保仪式中所有的设备都能正常工作，保证声音能被到场的所有人听到，又不会太刺耳。婚礼仪式上的麦克风是非常重要的，因为有了它，在场的客人才能听到新人的婚礼誓言。除非是特别小型的婚礼仪式，否则一定要使用麦克风。特别是一场装饰得非常漂亮的室外婚礼，如果风向正好和客人座位的方向相同，就很难听清新人宣读的誓言。如果觉得立式麦克风会影响照片的美观，可以选择领夹式麦克风。新郎用领夹式麦克风肯定没有问题，但是这对于新娘的礼服来说可是个挑战。如果实在隐藏不了，那就只好在新娘面前立一支麦克风了。

③ 通常婚礼仪式上，新娘家的亲友坐在左边，新郎家的亲友坐在右边，关系越亲近的越坐在比较靠前的位置。长辈和兄弟姐妹坐在左边的第一排。如果新人父母离异，希望分开坐，则要看和父母哪一边的关系比较好。如果新人和父亲的关系比较好，可以让父亲和他现在的妻子坐在第一排，母亲坐在第二排。

④ 如果婚礼仪式时间非常短，可以在仪式场地的附近设置一座吧台。当客人到达仪式地点的时候，侍者可以为客人提供不含酒精的清凉饮料，上面可以用新鲜薄荷和柠檬作装饰，让它们更加引人注目。

⑤ 婚礼仪式最好安排一场预演，走红地毯的所有的人都要参加预演。参加预演的人员通常包括：新郎、新娘、伴郎、伴娘、新郎的父亲、司仪、花童和戒童。建议摄影师和摄像师也参加婚礼仪式预演。一方面摄影师可以提前选好拍摄可能的方位，另一方面可以定好拍照的地点，否则摄影师的拍摄可能会影响婚礼仪式的秩序。婚礼仪式的排练次数应根据仪式的复杂程度确定，可以预演2~3遍甚至更多，直到每一个人都能很好地扮演他们的角色，特别是年纪很小的花童和戒童。彩排中应侧重程序衔接、站位、走位及时间控制等，避免在彩排中过度透支真情实感，以免影响正式婚礼庆典进行时的情感触发。婚礼仪式预演通常是在婚礼当天或者前一天的晚上，仪式预演之后紧跟着的就是预演晚宴。预演结束后，要告诉每一个人到达婚礼的确切时间和地点。

⑥ 明确仪式台和通道的位置。当所有人都到达仪式地点的时候，首先要告诉他们仪式台的位置，红地毯的位置要用丝带或者其他有颜色的东西标识出来，以便让参加婚礼的人能清楚地看到。

⑦ 明确所有人的入场顺序和位置。通常新郎站在仪式台前等候，然后伴郎和伴娘出

[①] 以下33条婚礼注意事项是笔者以及历届学生对婚庆公司的走访、对婚庆司仪的调研，及男婚女嫁网等多家婚庆公司网站的资料整理而成。

场,伴郎站在新郎的右前方,伴娘站在新娘位置的左前方。当伴郎伴娘走到仪式台前的时候,戒童出场。当戒童走到通道中间的时候,花童抛撒花瓣走上地毯,然后新娘在父亲的陪伴下走过红地毯。婚礼仪式入场、退场时一定要播放音乐。新人进场时如果选用《婚礼进行曲》,那么宜选用瓦格纳版本的,门德尔松的《婚礼进行曲》适宜新人退场时选用。

⑧ 婚礼仪式进行的前三分钟内,应该由专人负责把住宴会厅的大门。仪式开始,在婚礼进行曲的乐声中,新人步入会场。前文提到过,这时如果有迟到的宾客赶来,应该由专人把他们礼貌地拦住,告知新人正在步入会场,让他们稍等一会再走进去,以免破坏婚礼仪式的庄重感。

⑨ 小花童不宜在新人前面引路撒花瓣。在进场时能够找两个小花童在前面引路撒花瓣是非常好的事,可是要考虑到小孩子的手脚协调能力有时候不是很好,经常会出现小花童撒了花瓣就不走,走了就不撒花的情况。所以小花童不撒花瓣,让他们手牵着手,手里拿着仙女棒在新人前面引路也是很好的主意。

⑩ 接吻环节,新人要大大方方,不要扭扭捏捏、不好意思。在众多亲朋好友见证下的接吻,可能是新人这一生中唯一的一次经历。既然只有这么一次,就大大方方,充分享受这万众瞩目的神圣时刻吧。不过,婚礼仪式上正式接吻一次就够了,司仪不应该一而再,再而三地要求新郎吻新娘。新人在接吻时,司仪也不应该在一边说太多的话。在这样一个神圣时刻,新人听到的应该是来宾们自发的掌声。那种在新人接吻时司仪倒数5、4、3、2、1的做法更不可取。

⑪ 事先告知证婚人,司仪或督导递上的话筒是已经打开的。不少走上舞台的证婚人接过话筒后,第一件事是先拨弄话筒的开关,有的证婚人还先在话筒上吹两口气,以检查话筒有没有打开。其实这样做根本就没必要。只需事先告知证婚人,递上的话筒是已经打开的就可以了。当然司仪或督导也得注意这个小细节,递过去的话筒一定要保证已经打开了。

⑫ 当新郎从戒枕上取下戒指后,伴娘应该接过新娘的手捧花迅速让到一边,新郎为新娘佩戴完后,伴娘再走过来让新娘从戒枕上取戒指。为了方便从戒枕上摘取戒指,可以准备两个男式衬衫上用的大头针,插在戒枕上,把戒指放在上面就可以了。

⑬ 交换戒指是一个很美的瞬间,新人互相交换的时候动作要慢,戒指应该轻轻地滑落进无名指。在戴的同时,新人心里可以默数几秒钟再戴进去,切忌像完成任务似地用力。

⑭ 交换戒指时,新人左手的手背应该面向镜头。交换戒指这样神圣的时刻谁都希望能够被镜头记录下来,可是许多新人交换戒指时手都是平放的,很难看见戒指的存在。这样的照片如果不说是交换戒指,可能还有人以为新人只是互相握着手。如果新人不给个好角度,请再高级的摄影师也是白搭。

⑮ 结婚对戒应分别戴在对方左手的无名指上。新人买的订婚钻戒可能要比结婚戒指贵重得多,但并不能因为它价位高就可以取代结婚戒指戴在左手的无名指上。如果新娘戴着手套,那么在彩排时应先试戴一下婚戒,看能否戴进去。如果戴不进去,新娘应该在仪式开始前将手套脱掉。

⑯ 证婚人致辞、父母讲话都应该拿着稿子。凡是在正式场合的致辞都应该是拿着稿

子的,这说明是经过精心准备的,显示出对致辞的重视。婚礼仪式证婚词、父母致辞等讲话稿的纸张最好不用白色,应该打印或誊写在红色、粉红色的纸张上。婚礼仪式证婚词、父母致辞等讲话稿可以事先卷起来,用红丝带系好,等到讲话的时候再打开。

⑰ 证婚人、双方家长最好穿正装出席。男士穿西装打领带,女士穿套装。如果选择在秋冬季节结婚,证婚人、双方家长一般都会正装出席。但如果选择在比较炎热的季节结婚,很多家长和证婚人在衣着上就不是很注意了。选在比较炎热的季节结婚的新人,至少应该建议双方的父亲、证婚人(男士)穿衬衫打领带,如果穿的是 T 恤衫,就显得过于随意了。如果新娘要在父亲的陪伴下入场,那么父亲一定要穿西装打领带。

⑱ 司仪宣布请证婚人走上舞台时,伴郎可以走到证婚人桌前,引证婚人走到舞台边。证婚人是贵宾,这样更能显示出新人对证婚人的尊重。新人应该为证婚人准备一朵别在胸前的贵宾花。证婚人走上舞台后,新人应向旁边移开两步,把中间位置留给证婚人。证婚人应该面向来宾,侧对新人,和新人间呈八字形。切忌证婚人走上舞台后,新人一动不动,证婚人直接站在新人的前面。当然实际站位还要依舞台情况而定。

⑲ 在婚礼仪式上,新人应该把幸福甜蜜的感觉表达出来,彼此要有眼神的交流。比如交换戒指的时候,新郎应该先深情地望一望新娘,然后再为新娘佩戴。

⑳ 新郎新娘在入场时最好不要选择用礼宾花。因为礼宾花的彩纸很容易粘在新人的头发上,新人的头发往往又打着摩丝,一旦粘上,不容易抖落。头发上花花绿绿的可不好看。礼宾花的彩纸也容易落在红地毯两旁的餐桌上、杯子里。如果新人坚持用礼宾花,那么走上舞台的第一件事就是新人互相为对方整理着装,将彩纸从头发上、衣服上掸落,这样能显出彼此的细心和体贴。

㉑ 婚礼仪式彩排时一定要确认香槟酒由谁来开。如果当时没有讲好,新郎以为是宾馆的服务人员开,而服务人员以为是新郎自己开,那么到了司仪宣布开香槟时就会出现没人去取香槟酒的尴尬场面。

㉒ 如果香槟酒瓶是由新郎自己开,那么彩排时司仪或督导一定要先辅导一下,毕竟很多新郎都是第一次开香槟。香槟酒瓶并不难开,但是如果新郎从来没开过,再加上当时可能会紧张,就可能费很大力气还是打不开。正确开香槟酒的方式应该是:先把包在瓶口外层的金色包装纸撕掉,右手的大拇指按住瓶塞,左手将包在瓶塞外的钢丝拧松,用力上下晃两下,然后右手大拇指用力顶塞子,香槟酒瓶就开好了。如果还是没有打开,那么就用右手的大拇指和食指来回用力一拧,再将塞子顶出去。开香槟时应该瓶口对外。如果对着自己,喷出的泡沫就有可能喷到身上。

㉓ 倒香槟酒时,倒满第一个香槟酒杯的过程一定要慢。如果香槟酒塔的第一个杯子所受冲击力过大,杯子就会向前移动,随着重心不断向前移,酒就有可能倒在地上。如果慢慢地倒满第一杯,后面再倒时,香槟酒就是从第一个杯子的杯沿处溢出,这时加快点速度,将剩余的香槟酒倒完就没有什么问题了。

㉔ 现在很多新人都会买荧光冰块,将这些荧光冰块放在香槟杯里。香槟酒一倒,这些荧光冰块就会发出天蓝色的光。那么该买多少冰块呢?买多少要取决于香槟酒塔摆放了多少个杯子。

㉕ 进行荧光香槟仪式的时候,应该是新郎先倒满第一杯,然后新娘再倒。两种荧光

液都是透明的,但是两种荧光液相融合之后,就变成了天蓝色。新郎先倒第一杯,大家看到的只是透明色,当新娘将她手持的那瓶荧光液倒入酒杯之后,荧光液才有了颜色,寓意有了新娘的陪伴,新郎的生活才变得多姿多彩。如果两人同时倒,那么来宾就会以为瓶子里的荧光液本来就是天蓝色的,那层美好的寓意也就没有了。

㉖ 进行荧光香槟仪式的时候,追光灯不该打在香槟酒塔上,荧光香槟酒塔只有在黑暗中才显得更加湛蓝。这时追光灯照着新人的面容就可以了。

㉗ 新人喝的交杯酒应事先准备好。不应该倒完香槟酒后,拿香槟酒塔最上面的杯子。用香槟酒杯搭成的香槟酒塔安全系数并不高,让新人去拿最上面的杯子,很容易出现香槟酒杯与地面"亲密接触"的尴尬场面。事先准备好两杯交杯酒放在香槟酒塔后面是很好的选择。

㉘ 新人喝交杯酒应走到舞台的中间。放置香槟酒塔的仪式台一般都是在舞台的边上,新人倒完香槟酒后应走到舞台的中间,再进行交杯酒仪式。

㉙ 新人喝交杯酒时应该统一用右手拿酒杯,当然都用左手也可以。新人喝完交杯酒后,向所有来宾举杯,大家干杯。伴娘或督导应及时接过新人手中的酒杯。

㉚ 举行烛光仪式时,不要在司仪还讲话时就把宴会厅的灯全部关掉。烛光仪式是需要关灯的,但是应该在司仪给来宾一个提示后再关灯。比如司仪说:"烛光仪式马上就要开始了,请来宾入座。"关灯的工作人员当听到这句提示后再关灯。这样也给来宾一个心理准备,如果没有司仪的提示话语,很多宾客会以为宾馆停电了。

㉛ 烛光车一般都是由宾馆的餐车围上桌裙布置成的,撒上些花瓣,或者放上几支玫瑰花点缀一下。新人推烛光车的时候,应该是新郎用力推,新娘只要把手搭在上面就可以了。如果两个人都用力推,那么烛光车的方向很难掌握。当新人推着烛光车步入会场时,应该有一名工作人员在门口把门,请外出的宾客、宾馆服务员稍等一会再进入会场。烛光车上的烛杯可以布置成一颗心形,不仅美观,而且有心心相印的寓意。烛光车上的烛杯还可以摆成新人姓氏的首个字母,不过摆起来可能有点难度。在烛光仪式期间让厨房先暂停上菜。当新人为每桌宾客送去烛杯时,如果服务员同时在上菜,一来有些煞风景,二来在比较暗的情况下服务员上菜,非常容易出现打碎盘子的情况。这在婚礼仪式前应与宾馆协商好。

㉜ 现在有不少婚庆公司在每桌的烛台上插蜡烛,让新人拿着点火棒去每桌点燃蜡烛。不建议新人采取这种点蜡烛的方式。因为很多宾客会事先把蜡烛藏起来,把灯芯拨掉,当新人去点蜡烛的时候又会一次次地吹灭点火棒来谐音寓意新人"早日生养"。如果在烛光仪式环节占用太多的时间,就会影响婚礼流程的正常推进。

㉝ 婚礼仪式宾客的餐桌上不宜放冷烟火。有些新人想给宾客一个小小的惊喜,在每桌的烛台上放置了冷烟火,在烛光仪式环节每桌去点燃冷烟火。冷烟火是很漂亮,但是冷烟火放出的火焰很可能落在烛台边的菜里,还可能吓到小朋友,甚至引燃宾客的衣服。如果每桌都放冷烟火,整个会场除了欢乐的气氛之外还可能会出现呛鼻的烟火味。

(二) 常见的突发状况管理

1. 花店员工送错了花束

婚礼督导或相关负责人应先要求花店员工回到店铺里找出解决办法。如果他们无法及时补救,让一个可靠的朋友或亲人致电当时能想到的所有花店。相信当他们知晓新人的难题时,会竭尽全力地帮助新人并把新人的需要放在首位。如果花店无法送货上门,可以让会场的接待员去花店取。万一时间来不及,新娘可选单朵的玫瑰或者兰花握在手里,如此会显得独创且高贵。

2. 婚纱洒上了橙汁、红酒,又或者在面纱上弄上了口红印

红酒或者香槟酒洒上的污点应立即处理,在婚纱下面垫块毛巾,用白醋或洗涤剂擦洗,之后用吸水纸吸干以免留下印记。如果是其他果汁,可以用干布或纸巾小心地吸取。如果是口红弄到礼服上,马上用干布或纸巾轻轻擦拭,再用湿纸巾擦到不太明显为止,或者可以准备白色的粉笔,在痕迹上用粉笔涂上,可使其不太明显。

3. 婚车来晚了

相信除了新人的家人和密友,没有人会看见新人坐哪辆车,所以可以按时动身和一个开车来的家人或好友同行。理论上来说,在婚礼结束后车子应该在酒店外等候,司机此时会很抱歉,而新人则省了一大笔开销。如果车子一直没有出现,则继续找一个开了好车的客人让新人搭一回便车。如果要选择更完美的处理方法来避免以上尴尬情况的发生,就让新人那些阔气的朋友不要吝啬秀出自己的好车。

4. 路面交通状况总是不明朗的,很有可能当天堵车影响整个婚礼进程

如果遇到交通拥堵未能按时到达酒店,应致电给酒店和提前赶到做准备工作的婚庆公司解释所发生的问题,让他们想好应对措施。最好在婚礼前一天预先和酒店沟通可能会出现的时间问题,并且提前了解哪里有道路施工,或者提前熟悉一下路线。即便传统上新娘总会迟到一点点,但最好不要冒险。

5. 天气不好,下大雨

新人需准备一把大一点的伞。特别是新娘婚纱有很大的裙摆的,那就更需要大一点的,如果家里有高尔夫专用的伞就更好了。同时,为了保护新娘的鞋子,不妨让新郎把新娘背到干燥的地方。或者干脆暂时放弃形象套上雨鞋,这个办法最管用,新人只要记得在进酒店前把它们脱下来。

6. 新娘鞋跟折断崴了脚

没有谁会愿意在婚礼现场一瘸一拐地走路。因此,新娘最好选择质量较好的鞋子,鞋跟也不宜过高。如果鞋跟真的折断了怎么办?新娘可在婚礼前准备两双以上和婚纱相配的高跟鞋,即使鞋跟断了也不用惊慌,裙摆可以让这一切不被任何人发现,悄悄地换上准备好的另一双鞋就可以了。

7. 婚宴食物非常糟糕

对于如此重要的场合,应该事先品尝或知晓那里的食物,至少这会让新人对那里的标准有所了解。当然,这还和所付的报酬有关,相信客人们自被告知酒店名称那一刻起就该明白应该对那里的菜式抱什么样的期望。如果遇到特殊情况,如食物已经变凉、卖相糟糕或者分量太小,应马上进行投诉。万一已经来不及做出改进,就让酒店方补偿一个免费的自助餐。

8. 发生过敏反应

不管怎么样，在婚礼当天最好还是准备一些药物。如果新人有哮喘，一定要带上呼吸器。药箱可让伴娘随身携带，以备一些突发情况。另外，新人在婚礼前两周一定不要使用以前没用过的化妆品、护肤品等，因为如果发生过敏反应，短时间内是很难恢复的。

9. 婚礼中有人喝醉了

这是婚礼中发生率较高的情况。如果遇到，新人不要犹豫，更不要给他们任何借口，即刻请他们早点回去休息并尽快送其上出租车，或安排房间请醉酒客人休息。如果有人在婚礼之前喝醉了，就尝试用清水或冷水澡（如果时间允许的话）把他们弄醒。不要让他们喝咖啡，因为咖啡只会让醉酒的人更兴奋好动。

10. 已经站在门口迎宾了，才发现迎宾牌在运输过程中被弄脏了

如果遇到这种情况，新人可节约一些拍外景的时间，预留出足够的修改时间。如果脏的地方靠近边缘，可以用鲜花作为装饰遮挡。建议在筹备婚礼期间制订一个婚礼当天的程序表，并在婚礼之前预演一遍，这样就不会发生太大的意外了。

11. 拉炮炸坏了气球、烟火点燃了帷幔等

小小的助兴道具发生意外，就会引起一些不大不小的事故。婚庆公司应在婚礼前做好检查工作，尤其注意易燃、易爆物品的位置，并且做好突发情况的应急措施方案。一旦发生这样的状况，在及时救灾的同时，赶快让司仪圆场。

12. 婚礼进行到一半忽然停电了，现场在一片黑暗之中沉寂

新人与其叹息自己的运气怎么那么差，不如好好享受这场难得的全程烛光婚礼。将舞台上的大蜡烛台里的蜡烛一一分发给每桌宾客，让他们一起分享爱情的浪漫。

13. 户外婚礼最容易发生的九个尴尬场面及化解办法

（1）天气突变，令宾客措手不及

化解办法：新人在选择户外婚礼场地时，一定要查看这个婚礼场地是否有配套的室内备选场地，并且跟酒店方负责人提前约定好突发情况下的补救措施。看完场地后在准备婚礼方案的同时也要一直跟进这个备选方案，例如准备物品清单以及婚礼布置平面图。户外婚礼场面开阔，外界干扰较多，因此场地周边环境也要观察考虑，多方面兼顾才能做到有备无患。

（2）颠簸折腾了悉心打扮

由于户外婚礼场所通常离新人住处较远，因此，许多新娘在家中打扮好之后，按照传统礼俗乘婚车来到场地，于路上饱受颠簸。待新娘到达婚礼现场时，疲惫不说，头发乱了、妆花掉了，还有可能会晕车呕吐，多年后回看也不禁失笑。

化解办法：新娘可以选择在婚礼当日的早晨，直接在婚礼场地的配套酒店里梳妆打扮，这样可以无须租赁婚车将新娘从家中接往婚礼场地，节约了租赁婚车的钱，新娘的妆容也更易于保持。新人可以更加轻松地享受婚礼。化妆师可以根据婚礼现场的光线、气氛设计及调整新娘的妆容和造型，时间也更充裕。新郎直接到酒店迎亲即可。

(3) 婚礼现场找不到人，亲友四散

"花童在哪辆车上？""为什么我儿子还没有到？"这种混乱场面在户外婚礼中很常见。

化解办法：安排"婚礼大会交通"。可让亲朋好友乘新人统一安排的大客车一同前往目的地。这样不但方便大家准时到达，而且也较为经济实惠，还可以避免由于个别人迟到缺席导致延误流程的情况发生。

(4) 婚纱易生意外

当音乐声响起，新娘在父亲的陪伴下优雅地走上红地毯。没想到，就在新娘向宾客挥手致意时候，她突然跌向前方，原来是长摆婚纱被草坪间的树根挂住，造成了这样尴尬。

化解办法：穿着轻便时尚的短婚纱。与适合在宴会厅内穿着拥有珠片、镶钻、蕾丝等设计元素闪耀华丽的婚纱不同，在户外举办婚礼可选自然大气的婚纱，既轻松又不失隆重，如云一般的纱质婚纱也是不错的选择。太过华丽夸张的婚纱不适合户外婚礼，时尚前卫的新娘甚至可以考虑短款婚纱，会给人留下活泼可爱的印象。

(5) 天气炎热令宾客不适

户外婚礼已经进行了三个小时，恰逢天气非常炎热，很多顶着烈日观礼的宾客已经非常不耐烦了，宾客除了汗流浃背、身体状况不理想外，更可能脸色发白。主人家见此状，边帮其扇风递水，边连连道歉，本是大喜之事，却多了这样不协调的场面。

化解办法：最有效的化解办法便是合理有效地控制婚礼时间，按时间表进行，尽量避免延误。婚庆公司应该在筹备时做好婚礼流程表，当天严格按照时间表进行，不可冗长拖沓，且尽量不要在现场任意修改流程及安排，避免现场混乱。

(6) 户外餐饮"不速之客"

在户外举行酒宴婚礼，席间难免看到一些宾客边用餐边驱赶着身边环绕的小昆虫，感觉既好笑又尴尬。无论多么昂贵的菜色，在户外宴席上难免受到环境二次污染。虽然说婚宴就餐环境优美非常重要，但也应重视卫生的重要性。

化解办法：户外行礼，室内用餐。举办婚礼最为集中的季节是春秋两季，气温偏高，是昆虫的活跃期，且很多地区会有风沙。如果选择在户外办仪式，则应该选择在宴会厅内用餐。如果觉得这样气氛不够好，可在用餐之后，加办一场户外酒会，配合完美的灯光音响设备、绚丽的冷焰火、精彩多样的游戏和节目环节，将会给新人一个美妙难忘的婚礼。

(7) 周边环境声浪太大

由新人精心挑选的乐队马上开始演奏了。为何站在较远处的宾客，只见歌手呈陶醉状地在表演，却听不见音乐呢？而且嘈杂的现场环境根本无法令人静下心来去享受音乐之美。

化解办法：良好的音响设备。打造户外婚礼重中之重便是音响设备。由于没有天然屏障，拢音效果没有室内效果好。因此，就需要有良好的音响来为整个婚礼的声音部分增加渲染力度。否则，前面新人和主持人声嘶力竭，后面观礼嘉宾却没有听清。甚至会影响现场摄像效果。因此，准备一套良好的音响设备是十分必要的。

(8) 出现了醉酒宾客

一场婚礼变成了激情澎湃的派对，每个人都流连忘返，不知不觉夜幕降临，许多好友都已烂醉如泥。面对眼前残局，新人不知如何是好。

化解办法：派对后安排住宿。在郊外举办婚礼，一定要预定一些当地酒店房间，以防酒醉或家远的亲朋好友无处安身，妥善安排好来宾的衣食住行是新人应该做的。在婚宴结束后，确定好需要住宿的人员，根据这些人员的关系和性别划分房间，并安排好次日宾客的活动日程，包括活动时间、退房时间、早餐时间等。

（9）不能预测的"意外"

"乐队为什么还没有来！""左边有几个罗马花柱倒塌了！""音响电压不稳，谁去协调一下？"面对婚礼上各式各样的突发事件，新人开始不知所措。

化解办法：婚礼督导跟进。聘请专业现场督导及婚礼策划师。这些人员可以有效地监控各个岗位人员的工作情况，时刻关注新人及来宾感受，应对婚礼突发情况，适时调节婚礼节奏。他们可以在婚礼过程中照顾新娘，遇到突发情况为其解围，保证新人以最美好的姿态面对所有来送祝福的贵宾们，保证新人度过生命中最光彩耀眼的一天。

小 结

本章从婚庆司仪的概念与历史变迁开始，分析了目前婚庆行业中婚庆司仪的性别及人员构成，总结了婚庆司仪的不同类型，并对婚庆司仪的职业进行了分析，主要包括婚庆司仪的职责和职业特点，并就消费者关心的婚庆司仪的职业道德和基本素质，以及婚庆司仪的培训情况做了总结。最后本章还指出了婚庆司仪主持词需注意的地方，并汇集婚庆司仪的经验，总结了一些常见的婚礼上的注意事项与风险管理技巧。

复习思考题

1. 简述婚礼司仪的概念。
2. 简述婚礼司仪的历史变迁。
3. 简述婚庆司仪的性别构成及原因。
4. 简述婚庆司仪的人员构成。
5. 简述婚庆司仪的主要类型。
6. 简述婚庆司仪的职责。
7. 简述婚庆司仪的职业特点。
8. 简述婚庆司仪的职业道德。
9. 简述婚礼司仪需要具备的基本素质。
10. 简述婚庆司仪的培训。
11. 简述婚庆司仪的经验技巧。
12. 简述撰写婚庆司仪主持词的注意事项。
13. 简述婚庆的风险种类。
14. 简述婚庆风险管理的内涵。
15. 简述常见的婚礼注意事项。
16. 简述常见的婚礼突发状况及处理。

引申案例一

杭州一对新人草坪婚礼出现意外　新娘被虫咬婚戒取不下

引申案例二

婚宴上,铁架倒塌砸伤人

第四章

婚庆花艺与现场布置

引 言

无数新人都幻想过自己举办婚礼时的童话般梦幻的现场,婚庆公司为了能满足新人对于婚礼现场布置的要求也动足了脑筋。本章主要探讨婚庆花艺与现场布置及相关婚庆道具的问题。

学习要点

- 婚庆花艺
- 婚庆现场布置
- 婚庆道具

爱情宣言

杨同学:双向的奔赴才有意义。

吴同学:一段好的感情,带来的应该是变得更好的自己。

汪同学:何必誓言,从来事事难追,千帆过尽,只愿人随书至。

张同学:互相欣赏,久处不厌就好。

陈同学:幸福就是一觉醒来,外面依然阳光灿烂。

葛同学:真正的爱情是荷西和三毛这样的爱情,没有华丽,有的是六年默默的怀念与等待,有的是执着,有的是心无旁骛、倾心以赴的陪伴。

刘德艳博士的点评:

他们要的是双向的奔赴,希望得到的是久处不厌之后变得更好的自己。只要有倾心陪伴,不必誓言,无须华丽。一觉醒来,千帆过尽,天天外面阳光灿烂。

引入案例

婚礼花艺设计技巧:如何打造一场高级感婚礼花艺?

第一节 婚庆花艺

过去,在婚礼上使用鲜花是西式婚礼必不可少的,纯中式婚礼很少使用鲜花。近年来随着中西合璧式婚礼在我国的大量出现,中国人婚礼的鲜花使用量大大增加,同时对于婚庆用花也越来越讲究了。

一、婚庆的常用花及花语

不同的鲜花所代表的寓意是不同的,婚庆策划者要想选好适合婚礼的鲜花,体现出不同的含义,就要先了解一些婚礼上常见的鲜花所代表的具体含义。

(一)从品种上分析——婚庆常用花材及花语

1. 百合花

百合花象征着纯洁、天真无邪、顺利、心想事成。其外表高雅,种头由鳞片抱合而成,取"百年好合""百事合意"之意,是中国人婚礼上喜欢用的吉祥之花。百合花种类繁多,花色艳丽丰富;花形典雅大方,姿态娇艳;花朵皎洁无瑕、晶莹雅致、清香宜人。百合花用作插花,花朵保鲜期长达15天。它既适合豪华高雅的结婚仪式,又可以作普通婚礼的装饰。在古罗马和希腊的婚礼上,百合花象征着纯洁和天真,用百合花配麦穗作为新娘的头饰,寓意五谷丰登,百年好合(见图4-1)。

开花季节:整年

2. 康乃馨

康乃馨是英文 Carnation 一词的音译,又名香石竹。大部分康乃馨都代表了爱、热情、真情、魅力、女性之爱和尊敬之情。由于其花色娇艳、花期长、价格适中,所以婚礼中比较常见。不同颜色的康乃馨在进行婚礼花艺设计时会呈现不同的风格,其中大红和桃红的康乃馨是结婚用花销量最大的花卉品种,前者花语为女性之爱,后者花语为不求代价的爱。白色的康乃馨代表着纯洁的爱、吾爱永在和真情。粉色的康乃馨代表着我热烈地爱着你。将红色与粉色的康乃馨搭配插成圆形的花束,周边均匀地插上星点木的叶子,能够展现新娘端庄大方、委婉动人之美。一般用于新娘捧花、新郎胸花、婚礼花篮、花车、新房等(见图4-2)。

开花季节:4—9月

3. 玫瑰

玫瑰花容秀美,有"花中皇后"之称,长久以来就象征着爱情和美丽,也是人们最熟知的鲜花种类之一。不同颜色的玫瑰有不同的花语,结婚一般最常用的是红玫瑰。它是表达爱情的专用花卉,寓意真挚的感情。玫瑰的种类和颜色多种多样,能打造出各种风格、制造各种氛围,时下婚礼中玫瑰的使用占据着重要的地位(见图4-3组图)。

(1)红玫瑰。传说古希腊女神阿芙罗狄蒂爱上了美少年阿多尼斯。一天,阿多尼斯外出打猎时被野猪咬伤,阿芙罗狄蒂闻讯后急忙赶去。路上的白玫瑰把女神的脚刺伤,后来在女神鲜血滴落的地方,生长出一丛丛鲜红欲滴的美丽红玫瑰。从此,红玫瑰就成为坚贞不渝的爱情的象征,寓意我爱你、热恋、希望与你泛起激情的爱。

（2）粉玫瑰。常见种类有艳粉、大桃红、粉色佳人、玛利亚、戴安娜,等等。不同种类的粉玫瑰色彩也不同,可以根据婚礼现场进行搭配,营造出不同的风格。粉玫瑰的花语为初恋、特别的关怀、喜欢你那灿烂的微笑。

（3）白玫瑰。常见种类有芬德拉、雪山、坦尼克等。白玫瑰在当下婚礼中的使用越来越频繁,就如同新娘的婚纱一般,代表着圣洁与纯洁的爱情。

开花季节：整年

4. 郁金香

婚礼中常选用红、黄、紫、白几种颜色的郁金香。红色郁金香的花语为爱的告白,黄色郁金香的花语为爱的来临,紫色郁金香的花语为爱的永恒,白色郁金香的花语为爱的纯洁。郁金香的品种、颜色丰富,形状可爱,深受新娘喜爱,是结婚用花的好材料。有个性的新人可以用郁金香营造一个独具匠心的特色婚礼（见图4-4组图）。

开花季节：3—5月

5. 剑兰

剑兰又叫唐菖蒲,代表怀念之情,也表示爱恋、用心、长寿、康宁、福禄、富贵、节节上升、坚固。中国人认为剑兰叶似长剑,犹如钟馗佩戴的宝剑,可以挡煞和避邪,因此,剑兰成为表达喜庆的常用插花衬料。其花朵由下往上渐次开放,象征节节高升,是婚礼选用较多的花材（见图4-5组图）。

开花季节：春夏季

6. 兰花

兰花是一种以香味著称的花卉,具有高洁、清雅的特点,人们常用空谷幽兰来形容一个人的美丽脱俗。兰花的花语是淡泊、高雅、美好、高洁、贤德。它非常具有文化气质,与高雅的婚礼最为协调（见图4-6组图）。

开花季节：整年

7. 香雪兰

春天的代表花之一。花香诱人,花色有乳白、鲜黄、黄绿、红、粉、蓝、紫、紫红以及复色等,香雪兰的花语是纯洁,最适合活泼可人的新娘用来装点一场甜蜜又浪漫的婚礼（见图4-7）。

开花季节：2—5月

8. 向日葵

向日葵具有向光性,人们称它为"太阳花"。在古代的印加帝国,它是太阳神的象征。向日葵的花语是信念、光辉、高傲、忠诚、爱慕,勇敢地去追求自己想要的幸福,沉默的爱。向日葵是代表夏天的花,它明亮的花姿就像婚礼上最受瞩目的新娘。如果新人的婚礼在室外举办,不妨用向日葵增加些阳光、活泼的气氛（见图4-8组图）。

开花季节：7—9月

9. 薰衣草

薰衣草叶形、花色优美典雅,蓝紫色花序颖长秀丽,有蓝、深紫、粉红、白等色,常见的为紫蓝色。人们一直将薰衣草视为纯洁、清净、保护、感恩与和平的象征。薰衣草也寓意"等待爱情"。在婚礼上可以撒点薰衣草的小花,为新人带来幸福美满的婚姻(见图4-9组图)。

开花季节:6—8月

10. 桔梗花

桔梗花的花语为永恒的爱、不变的爱、诚实、柔顺、悲哀、永世不忘的爱(红色)、勿忘的爱、无悔。桔梗花色鲜艳,形如悬钟,在现蕾时膨胀呈气球形,有"中国气球"之称。桔梗花开代表幸福再度降临(见图4-10组图)。

开花季节:6—9月

11. 蝴蝶兰

蝴蝶兰的花语是真爱、幸福向你飞来。这种花形似彩蝶,花姿优美动人,极富装饰性,有"兰中皇后"的美称,是婚礼花艺中较为流行的常用花材。用蝴蝶兰设计的婚礼花饰与众不同,别有一番情调。蝴蝶兰代表恋人之间真挚的爱,也是新娘捧花中的重要花材(见图4-11组图)。

开花季节:一般在春节前后,花期比较长

12. 勿忘我

勿忘我的花语为挚爱、永恒的爱、浓情厚谊、不要忘了我、永不变的心(见图4-12组图)。

开花季节:4—5月

13. 非洲菊

非洲菊又名扶郎花,花语为神秘、兴奋,象征互敬互爱,有毅力、不畏艰难。花色有红色、白色、粉色、黄色、橙色、紫色等,婚礼中常用的有粉色和红色,其价格也较便宜。有些地区喜欢在结婚庆典时用非洲菊扎成花束布置新房,取其谐意,体现新婚夫妇互敬互爱之意。因非洲菊花形为放射状,常作插花主体,多与肾蕨、文竹相配置(见图4-13组图)。

开花季节:整年

14. 马蹄莲

马蹄莲又名观音莲,花语是幸福、纯洁,象征圣洁虔诚、永结同心、吉祥如意。花色有白、红、黄、银星、紫斑等。不同颜色的马蹄莲有不同的花语。白色的马蹄莲代表忠贞不渝、永结同心,红色的马蹄莲象征永结同心、吉祥如意。在欧美国家,马蹄莲是新娘捧花的常用花。马蹄莲清纯、时尚,非常适合圣洁的婚礼仪式(见图4-14组图)。

开花季节:11—6月

15. 满天星

满天星的花语为清纯、关怀、思恋、配角、真爱。它是清雅之士所喜爱的花卉,蕴含清纯、致远、浪漫之意。它被称为婚礼的"百搭花"。用满天星陪衬红玫瑰表示情有独钟,用满天星陪衬康乃馨表示慈爱与温馨,用满天星陪衬剑兰表示祝宏图大展,用满天星陪衬勿忘我表示友谊永存。满天星是制作新娘头花、胸花、腕花不错的选择(见图4-15组图)。

开花季节:初夏

16. 绣球花

绣球花的花语是忠贞、永恒、美满。该品种花期较短,栽培、繁殖的要求较高,价格较贵,在婚礼中很少大面积使用(见图 4-16 组图)。

开花季节:5—7 月

17. 金鱼草

金鱼草取谐音,有金有余,寓意繁荣昌盛,花语为清纯的心。有白、淡红、深红、肉色、深黄、浅黄、黄橙等色。白色的金鱼草象征心地善良,红金色的金鱼草象征红运当头,粉色的金鱼草象征龙飞凤舞、吉祥如意,黄金色的金鱼草象征金银满堂,紫色的金鱼草象征花好月圆,杂色的金鱼草象征一本万利(见图 4-17 组图)。

开花季节:5—7 月

18. 白色海芋

白色海芋的花语为我喜欢你。这种华丽的花朵是婚礼当天的完美补充,清新的色彩很适合春天的婚礼(见图 4-18)。

开花季节:4—5 月

19. 牡丹

牡丹一直被国人视为富贵、吉祥、幸福、繁荣的象征。从唐代起,牡丹就被推崇为"国色天香"。牡丹统领群芳,地位尊贵。因为牡丹代表婚姻幸福,作为春天与活力的象征,牡丹具有多姿多彩的特性,经常作为婚礼现场的美丽装饰(见图 4-19 组图)。

开花季节:3—11 月

20. 红掌

红掌又名粉掌、火鹤花、花烛、安祖花等。花语为大展宏图、热情、天长地久、合欢、夫妻相爱。原产于南美洲的热带雨林地区,现欧洲、亚洲、非洲皆有广泛栽培。其花形独特,色泽鲜艳华丽,色彩丰富,常见的苞片颜色有红色、粉红色、白色等,极具观赏价值(见图 4-20 组图)。

开花季节:多在夏秋之间

除了以上的婚礼常用花材外,还有月季、风信子、水仙、草夹竹桃、牵牛花、山茶花、常春藤、柠檬树花、情人草等花材也常出现在婚庆仪式上。此外,随着栽培技术的进步,更多的国外花材变得易得,价格也越来越亲民。

(二)从数量上来分析——婚礼常用花材及花语

在婚庆用花中,有时候,不同的朵数的花也有不同寓意,新人可根据其吉祥寓意选择用花的多少。下面以玫瑰为例。

1 朵玫瑰:你是我的唯一

2 朵玫瑰:心中只有你和我

3 朵玫瑰:我爱你

4 朵玫瑰:爱的誓言、承诺

5 朵玫瑰：爱你无悔

6 朵玫瑰：顺利

7 朵玫瑰：喜相逢

8 朵玫瑰：弥补

9 朵玫瑰：长相守

10 朵玫瑰：美满、十全十美

11 朵玫瑰：一心一意的爱

13 朵玫瑰：心中之爱

16 朵玫瑰：青春美丽

19 朵玫瑰：爱的制高点

36 朵玫瑰：我的爱只给你

44 朵玫瑰：至死不渝、山盟海誓

57 朵玫瑰：吾爱吾妻

99 朵玫瑰：天长地久

100 朵玫瑰：白头偕老

101 朵玫瑰：爱到永远

999 朵玫瑰：天长地久、无尽的爱

1 001 朵玫瑰：直到地老天荒

10 000 朵玫瑰：爱你一万年

二、婚庆花艺的用花原则

婚庆花艺要求遵循六个原则，即花材合理、颜色鲜艳、运输保鲜、寓意吉祥、预算合理和防止过敏。

（一）花材合理

如今，婚庆花艺中的用花范围越来越广，从新娘的手捧花到椅背花，从鲜花拱门到桌花等。但无论是用在婚礼中的什么地方，婚礼用花最关键的是花材品种的正确使用，比如一般多以玫瑰、郁金香、百合、康乃馨等花卉为主。选择花材时要注意主花要大。主花要大一般有两个含义：一是指主花的花朵体量要大；二是指主花花朵的开放度要大，即要选择处于盛花期的花朵。通常，主花是大花或果实，衬托花则是枝叶、草或小碎花。

婚礼中一些常见的花材可以考虑做如下选择。

① 草坪婚礼：主要用花可以是白玫瑰、百合、安祖花、八角金盘、散尾葵等。这些鲜花可以用在拱门、路引、椅背花等处。

② 教堂婚礼：主要用花可以是玫瑰、百合、八角金盘、散尾葵、常春藤、天门冬等。

③ 酒店婚礼：主要用花可以是红玫瑰、百合、八角金盘等。这些鲜花可以用在门把手、拱门、路引、典礼台等处。

（二）颜色鲜艳

虽然有的婚礼形式因为要体现圣洁或者典雅，不选用颜色鲜艳的花，但总体来说，我国婚庆花艺的选花要注意选用色彩艳丽的花朵。尤其是对于传统上喜欢用大红颜色来表达喜庆的中国人来说,鲜花色彩艳丽能体现喜庆的气氛。现在,很多年轻人偏好白色和紫色等颜色优雅的花卉,而父母们则要求大红、粉红这些喜庆的颜色。一般来说,由于我国尊老的传统和很多新人的婚礼是由父母"赞助",因此婚礼用花应该尽量满足两代人的喜好。虽然要做到这一点有难度,但市场上也出现了"撞色"的婚庆花艺设计案例。这一点与西方人在婚庆花艺上的选择有所不同。当然,如果新人选择纯西式婚礼,新娘穿着白色婚纱,捧花的颜色就可以考虑选择白色或浅色等素净的颜色。

就婚庆现场与鲜花色彩的搭配来说,红色系营造的是富贵热烈的婚礼,橙色系营造的是温暖欢乐的婚礼,粉色系营造的是浪漫纯情的婚礼,紫色系营造的是典雅神秘的婚礼,白色系列营造的是高雅纯洁的婚礼,蓝色系营造的是高贵深情的婚礼,绿色系营造的是活力和谐的婚礼。

(三)运输保鲜

随着技术的进步,新人们在选择婚庆用的鲜花时已经跨越季节和地域的限制,这样就给婚庆花艺带来了更大的选择余地,但同时也给鲜花的保鲜技术提出了更高的要求。如何使鲜花在离开母体时间较长的情况下,保持整体完好,损伤程度小?

① 跨省长途鲜花运输。一般以空运为主,切取的花枝须放入阴凉处,下面铺好包装纸或塑膜,将花枝放齐,轻轻包装,运输时避免挤压。如经运输花枝萎蔫,应先放在阴凉处缓缓喷水,待其舒展后再插入水中。为提高花的鲜度,延长开放时间,切花的存储温度以5℃为好,不同品种能储藏半月或数月而保证新鲜。

② 省内鲜花运输。一般采用中等货车,鲜花集中放在保鲜箱内,里面放置一定数量冰块以保证低温或采用冷藏车。此类运输与空运相似,但由于汽车颠簸,鲜花可能会有不同程度的挤压损坏。

③ 市内鲜花运输。一般为保水运输,保水运输方式是将被运输的花卉一束束包装好,竖立在一个梯形的塑料方桶(业内俗称方屉)中,桶中蓄有特制的保鲜液,然后用汽车运送。由于冷柜能提供适宜的温度和湿度,使鲜花处于休眠状态,因此国内很多花店都会用冷柜来保存鲜花。

(四)寓意吉祥

挑选婚庆用花时一定要注意选用的鲜花的寓意要好,比如牡丹寓意国色天香、百合寓意百年好合、玫瑰寓意爱情和美丽、红掌寓意心心相印、兰花寓意高洁清雅等。在考虑婚庆用花的寓意时,新人们不能只求时尚和前卫,还要尊重长辈的习惯,比如中国的父母大多不愿选择菊花作为婚庆用花。

(五)预算合理

目前,在婚礼仪式的花费中,鲜花消费占的比重越来越大。除了必备的新娘捧花外,用大量的鲜花装扮婚礼仪式现场是很多新娘梦里的必备场景。所以,新人在与婚庆公司洽谈以前,最好做好婚庆用花的预算。当然,如果想节省一部分鲜花的费用,可以选择一些当季的品种,预算就会节省很多。

（六）防止过敏

婚礼用花中，很多鲜花都要与人亲密接触。特别是新娘作为婚礼上的焦点，在手捧花、腕花、头花的选择上一定要注意过敏问题，免得到时候新娘出现过敏症状，一时半会儿难以缓解而给婚礼留下遗憾。另外，伴娘、花童也要注意同类问题。还有桌花的使用中，如果出现宾客对花卉过敏，则应该立即撤换。总之，婚庆花艺选用的花卉品种应尽量考虑到参加婚礼的各类人群的不同需求，尽量选择不易导致过敏的花卉品种。

三、婚庆用花的类型及注意事项

随着人们生活水平的提高，中国人的婚庆用花无论是数量还是种类都增长很快。目前的婚庆市场上，鲜花的使用已经到了"无处不用"的地步。除了下面将重点提到的四大类婚庆用花以外，近年来还出现了新娘颈花、婚礼请帖里夹着的雅致的干花、用绿色植物的叶子做的戒枕等。婚礼仪式台也出现了越来越多的鲜花装点，场地用花还包括了宴会厅大门门框装饰、宴会厅柱子装饰、宴会厅墙体装饰、主婚人讲台布置、签到台装饰、蛋糕花、杯花、门把花等。还有的新人想在新房，甚至新床上也点缀一些鲜花。其实，新人们有选择地使用鲜花即可。下面主要归纳了婚庆用花的四大种类。

（一）新娘捧花和伴娘捧花

1. 新娘捧花

在婚礼庆典仪式上的姹紫嫣红的"花海"中，最大的焦点莫过于新娘的手捧花了。一款引人注目的手捧花可以使新娘的造型更加完美。不仅是新娘要捧着它步入婚礼殿堂，见证整个婚礼的幸福时刻，而且接到新娘抛出的手捧花的未婚男女，也会得到最美好的祝福。

新娘手捧的花束一般由单个品种的主花材、配花和配叶以及辅助花材组成，也可以由两三个品种主花配单个品种的配花配叶以及辅助花材组成。主花一般用百合、月季、红掌、天堂鸟、洋兰、蝴蝶兰、跳舞兰、剑兰等，配花用满天星、情人草、勿忘我等，配叶用文松、天门冬、巴西木叶、八角金盘叶等。不过，手捧花的流行趋势变化很快。手捧花的颜色可以是纯净的白色、淡雅的粉黄粉蓝，也可以是热烈的红色等。从色彩、手法上讲，有些地方的新娘手捧花趋向简洁、素雅。有时以绿叶、果实、常春藤来代替以百合、玫瑰为主的传统模式，也能衬托出新娘的别样娇美。

手捧花的造型不仅与选用的花材关系密切，而且花艺设计师还会根据新娘婚纱的款式和颜色、新娘自身的体型及气质来确定手捧花的设计。总的原则是：身材娇小或微胖的新娘，适合配圆形和体量较小的捧花，而身材修长的新娘更适合配狭长形或体量较大的捧花。如果是追求个性和时尚的新人，则可以不受搭配禁忌，选择不规则形的捧花。捧花握手处以手握舒适为宜。捧花与婚纱的颜色要相互呼应，以同色系为好。多数新娘喜欢穿白色婚纱，白色婚纱可选择的捧花颜色范围相对较大。彩色婚纱与新娘捧花的搭配要点是：捧花的色彩要稍深于婚纱的颜色，这样能给人以简洁和谐的印象。华丽风格的婚纱或礼服需匹配高雅的捧花，更能彰显新娘的高贵气质和成熟魅力。

一般婚庆公司都会提供一些手捧花的样式给新人们加以选择。新人们既可以在婚庆公司现场挑选手捧花的样式，也可以事先在个婚庆公司的网站上了解一下。比如，百合婚礼社区网站[①]就给新人们推荐了一些目前比较流行的新娘手捧花式样，主要有如下七种。

(1) 半球式新娘手捧花

基本是百搭的花束，花色多变，可以根据礼服的不同款式以及不同的场合进行调整。半球形捧花、小圆形捧花能让甜美可爱的新娘更加娇羞可人，因此适合体态娇小的新娘。如果新娘的礼服为腰身紧缩，裙摆自腰部开始撑起的式样，也适合选用半球式手捧花(见图4-21)。

(2) 集中式新娘手捧花

花茎部分较长，扎成球状花束，也是百搭的款式，花色可以根据不同的礼服款式随心选择(见图4-22)。

(3) 直线式新娘手捧花

一般为单色，花茎纤长，直线感很强的花束。适合简洁的直身或小A摆婚纱礼服，不失为成熟优雅的典范(见图4-23)。

(4) 瀑布式新娘手捧花

瀑布式花束是比较传统的新娘手捧花，特别适合正式的场合，如晚宴迎宾、教堂婚典等，是搭配拖尾的婚纱的首选。花材推荐使用白色调，更为高雅庄重。整体造型新颖别致，适合高个新娘手捧。此款手捧花不适合娇小的新娘使用(见图4-24)。

(5) 球形手拎式新娘手捧花

圆球形状，有可以拎的花带，一般为绸缎质地，是近年来比较流行的捧花款式，适合半正式的婚礼Party，不适合正式的大礼服和拖尾礼服(见图4-25)。

(6) 花篮形手拎式新娘手捧花

花篮形状，也有可以拎的花篮手带，一般为绸缎质地。比较俏皮可爱的样式，可以搭配短款礼服，很适合身材娇小的新娘(见图4-26)。

(7) 新月式新娘手捧花

新月的样式适用于身材苗条、个头较高的新娘手捧，非常适合华贵的A字公主裙。充分利用华美的花材，更能体现新月式手捧花的华贵(见图4-27)。

2. 伴娘捧花

在婚礼上，伴娘的角色虽然只是配角，却是新娘不可或缺的左右助手，精致的捧花是伴娘的必备行头。新娘与伴娘的手捧花应有所差别。新娘的手捧花通常比较饱满，配合婚纱体现隆重、大气的风格、伴娘的花束一般比新娘的略小，最好选择与新娘捧花统一的花材，只用颜色、大小、造型区分。虽然两种捧花会有所差别，但应保持一致的整体风格，这样才能达到婚礼整体的和谐效果。现在，伴娘捧花的款式有时候也被加以简化(见图4-28组图)。

---

① http://hunsha.lilywed.cn/peishi/1224.html.

（二）胸花、腕花和头花

1. 胸花

胸花是指别在胸前或西服衣领上的小花饰。由于婚礼中佩戴胸花是西式礼节，所以常常会让新人们拿捏不准。一般来说，在婚礼中，新郎、伴郎、司仪及新娘的父亲都需要佩戴胸花（见图4-29组图）。

（1）胸花的来历

据说当男孩捧着精美的花束向女孩求婚时，如果女孩答应了，便会取下花束中的一支别在男孩的胸口上——这是新郎胸花的由来。由此看来，一朵小小的胸花向人们昭示着新郎的身份，所以在制作上马虎不得。引人注目、别出心裁的新郎胸花也是婚礼上一道亮丽的风景。新郎的胸花通常是新娘捧花中的主花，这是在选择新娘捧花时也需要考虑的要件之一。

（2）胸花的制作原则

胸花的制作应该考虑多方面的因素，新郎的胸花除了要注意与新娘手捧花搭配以外，还要考虑与新郎服饰的搭配、与婚礼现场效果的搭配。胸花多以简单、小巧为原则，它是一个装饰品，起到画龙点睛的作用，千万不要把胸花制作成花束，否则容易喧宾夺主成为视觉的焦点。

（3）胸花的花材选择

胸花制作多取色美又自然的花材。一朵花再加上一些搭配的小花叶片就够了，千万不要让胸花变成一束花。胸花的花梗不可太长。此外，由于胸花无法浸水，所以必须选择比较耐久的花材。将花枝软的花朵用别针固定，也可达到持久不萎垂的效果。也可配合季节，利用小花或花枝制作成纯朴的自然型胸花，或用干花、压平花等制作成胸花。

（4）胸花的佩戴方法

婚礼的胸花佩戴十分考究。胸花一般佩戴在西装外套的左领，考究的西装在那个位置有个扣眼，就是放胸花的设计。如果没有现成扣眼可放，将胸花置于西装领上，花梗垂直向下，对准鞋子的位置别好即可。不过，现在婚礼上的规矩少多了，有人觉得胸花别在右领也不算失礼。但仍需要注意的是，在纯西式婚礼中，新娘与伴娘是绝不会佩戴胸花的。新郎、伴郎、新人父亲或其他男士嘉宾，如果需要佩戴胸花，就应该将胸花别在西服领的纽扣处而不是西装外套的口袋处，因为西装的口袋是用来放手帕而不别胸花的。佩戴胸花时，最好不要同时佩戴带有称谓的绒布条。

（5）胸花与领带的搭配

新郎在选择胸花的材质和色彩时也要把领带的色彩考虑进去，选择领带上的某种色彩作为胸花的主色调会比较和谐。如果是花色较杂的领带，胸花可以简单一点，哪怕只有一朵花也会很出色（见图4-30）。

2. 腕花

腕花是佩戴在新娘手腕上的花。佩戴新娘腕花的时间一般是在迎亲的时候，新郎为新娘佩戴在左手或者右手上。新娘腕花到底该佩戴在哪只手上并没有特别的讲究，但因为之后的婚礼仪式环节上佩戴婚戒是在左手，有的新娘想让腕花与佩戴婚戒的手一致，就将腕花佩戴在左手上。

其实,新娘腕花并不是新娘必备的配饰,如果选择佩戴腕花,新娘腕花要与婚纱色彩搭配。腕花还应与新娘妆面和新娘手捧花的颜色相匹配。腕花在花材选用上,还应该注意无毒、无刺激性,以及不能有尖锐的刺等,还要询问一下新娘对什么花过敏。同时,不建议新娘在穿酒宴礼服的时候佩戴腕花,因为礼服的特质不太适合腕花这种田园风格比较浓郁的配饰,而且如果新娘要敬酒的话也不太方便(见图4-31组图)。

3. 头花

如果想使自己在婚礼上成为更受人瞩目的"花样"新娘,可以考虑给自己的造型再加上一点特别的新娘头花。新娘头花可以不动声色地提高新娘纯真写意的气质。

(1) 头花配搭的原则

要想配搭出一个完美而合理的鲜花头饰,首先要以新娘的脸型、年纪、身份、妆容为基础,再配合新娘的礼服款式、头发长度、化妆造型、婚礼主题等进行设计。新娘的鲜花头饰要注重整体色调的和谐,过分标新立异的设计皆不适宜。造型师应根据不同脸型的新娘设计不同的配搭。圆形脸的新娘本身给人一种稚气未脱的感觉,因此造型师会把花朵的重心置于头顶较高的位置或纵向的排列,加重强调脸部的纵轴,让新娘呈现成熟妩媚之美。长形脸的新娘或者脸部线条较不柔和的新娘,本身给人硬邦邦的感觉,造型师会将头饰放在脸颊的两侧,或高或低,较高位置给人可爱的感觉,较低位置则显得落落大方,并且收敛整体造型横向的体积,不会让人显得土气。

(2) 头花推荐的花材[①]

作为装饰在新人头上的花,主花一般可以用玫瑰、百合、洋兰、蝴蝶兰,色彩以浅色系为主,如白色、粉色、黄色等。花体大的用1~2朵,花体小的用3~5朵,配花用满天星、情人草、勿忘我等,配叶常用文竹、文松、天门冬等。

西式婚礼多用白色百合、粉色百合。白色百合为主体设计的瀑布式手捧花配白色百合头饰在欧美是一种经典的用法,能够把新娘明净高贵的气质表现得淋漓尽致。粉色百合适合活泼有个性的新娘,粉色百合与白色婚纱的巧妙搭配更能显出新娘的玲珑与俏美。

(3) 头花的造型

① 双点式。先根据新娘的脸型划出适合的发缝,将新娘的头发一分为二,然后把两束头发分别束起,并将发尾做成卷。随后,将选好的鲜花围绕在两束头发的发根位置,最后将已做卷的发尾分成小束放到鲜花上并加以固定。这种造型给人活泼、俏丽的感觉,非常适合性格开朗、身材娇小的新娘,鲜花选择以浅色玫瑰最为适宜(见图4-32)。

② 单面式。先将新娘的全部头发束起做一个干净整洁的造型,然后将较大的鲜花点缀在头部的一侧,披上简洁的头纱。这种造型给人端庄、典雅的感觉,较适合性格温柔的新娘,鲜花选择以百合花、马蹄莲最为适宜(见图4-33)。

③ 自由式。先将新娘的全部头发做成卷,将两侧头发梳起收紧,然后将后部头发打上发胶,整理有序,但不要太过于规则,要乱中有序,然后将鲜花点缀在发丝当中,再用满天星加以点缀,整个妆面要求富有动感。这种造型给人浪漫、温馨的感觉,鲜花则适宜选

---

① 花样新娘.最美头花.信息时报,2006-10-07.

择花形较小的,如康乃馨等。自由式头花给人浪漫、温馨的感觉,适合妩媚、俏丽的新娘(见图4-34)。

④ 中心式。只需要将新娘的全部头发做成卷,然后将鲜花做成的花环固定在头上。这种造型给人端庄、大方的感觉,较适宜端庄、文静的新娘,而粉玫瑰和满天星是非常适宜做成花环的鲜花(见图4-35)。

⑤ 发髻式。只需要将烫过的头发向外翻卷做成月形槽发型,再在其上插上鲜花。这种造型给人古典、典雅的感觉,较适宜温柔、小家碧玉型的新娘,鲜花可以选择兰花系列,也可以根据新娘子的喜好自由挑选。

(三)花门、桌花和椅背花

鲜花也常常被用来装饰婚礼中的花门、走廊、扶梯,在喜宴的餐桌上也常出现美丽的桌花,让参加婚宴的贵宾在浪漫的气氛中享受喜宴。

1. 花门

花门也叫拱门,其形状有多种,主要有弓形和心形,现在也出现了方形花门。花门一般放置在婚礼仪式的入口处。通常,新娘的父亲会在花门前把新娘的手交给新郎。然后,新郎承载着新娘父亲的重托,挽着新娘从花门走向属于他们的婚礼殿堂。如今,随着生活条件的改善,很多新人放弃了用气球和纱幔来装点花门,鲜花装饰花门正受到越来越多新人的青睐。鲜花清新的芳香和娇艳的花瓣象征着新人们纯洁的爱情,并为整个婚礼现场带来浪漫和清新的气氛。相应的,在通往婚礼庆典的走廊、扶梯上,往往也选择用一些鲜花来加以点缀。

2. 桌花

桌花一般放置在餐桌中央,或者放在餐具与菜肴之间的空隙处。例如可以在餐桌中央放置一盆较低矮、四面观的插花,这样桌花就变成了婚宴上的点睛之笔。桌花不仅可以让客人一边欣赏美景一边享受美食,而且还凸显了婚礼的层次和时尚感。当然,桌花要和婚礼现场布置的气氛和色调相匹配,因此,桌花也要请婚庆公司或者花艺师设计好。

有时新人为表达对主桌的长辈或重要来宾的重视,希望主桌的桌花与其他客桌的桌花有所区别,也可以在主桌的桌花部分多花点心思布置。比如主桌的桌花用的花材可以更多些,造型也可以更大些,使宾客的眼前为之一亮。主桌别致的桌花会让婚礼现场感觉更为精致,使主桌在婚礼整体区域中更显尊贵。但无论是主桌桌花还是其他客桌桌花,因为都是放在就餐的餐桌上,所以要选用不易使客人过敏的和无毒的花材(见图4-36组图)。

3. 椅背花

在婚礼现场布置的细节中,椅背花是用来装饰椅子的,可以用在室内婚礼中,也可以用在户外婚礼中。独具创意的椅背花常常会给新人的婚礼起到加分的效果。

在西式户外婚礼上,椅背花是婚礼的必备品。在西方一些国家,尤其是在欧洲国家,人们参加完婚礼特别是草坪婚礼后,一般会将椅背花取下带回家或送给他们心中认为重要的人。因为他们认为结婚当天的新人是得到神灵的恩赐和眷顾的,而婚礼中的其他附属物也被赐予了灵性和祝福,尤其是代表着圣洁的鲜花。就像婚礼中未婚女子们都去抢新娘抛出来的手捧花一样,这其实是一种祝福和幸运。所以他们会把这些鲜花送给他们心中最尊敬和最爱慕的人,并为这个人许下一个美好的愿望。他们深信椅背花一定能给人带来吉祥和好运(见图4-37组图)。

在国内,也有很多人选择用椅背纱来协调婚宴区与整个婚礼的色调,通常椅背纱会包裹椅子的顶部,然后系上蝴蝶结,或打结后插上一朵鲜花或绢花(见图4-38)。而在国外,几乎没有人使用椅背纱,取而代之的是用丝带、鲜花、花球等物品装饰宾客席,相比之下有人觉得这种装饰方式让婚礼显得更加有品位。下面来看看爱结网[1]给新人们推荐的几款椅背花。

① 成双成对的椅背花。与普通的一个小花球不同,对称的两个小花束使用了与婚礼主题色相同的绿色,清新自然。椅边绿色的蝴蝶结小丝带更显精致。

② 阳光简约扶郎花造型。简约的几朵扶郎花,在阳光的照耀下显得生机无限,正如这活泼可人的户外婚礼,带给人们灿烂的笑容。

③ 鲜明的色彩搭配。黑色的木椅,搭配明黄色的花球,强烈的色彩对比给人眼前一亮的感觉。单边垂吊的小花球雅致脱俗,明快活泼。

④ 独特字母椅背设计。谁说椅背花一定要用花束或者花球?用鲜花拼成的字母图形更加新颖别致,让你的婚礼个性化十足。

设计椅背花时应注意以下几点。[2]

① 色调的协和。如果新人在星级酒店举办婚礼,一张张白色的靠椅上可以分别系上一朵黄色的郁金香,这样既能彰显品位,又能给人美的享受。

② 精心装扮。椅背花可以是鲜花,也可以是缎带、羽毛、蕾丝、珠链等材料。用各种颜色的丝带结成蝴蝶结,系在一列列整齐的椅背上,阵阵清风拂过,它那随风轻摆的样子,极富美感,这样的椅背花适合户外婚礼。

③ 不同的鲜花装点不同的区域。朋友区用蝴蝶兰,嘉宾区用百合、郁金香,等等。不同的椅背花分别代表不同的寓意,让广大嘉宾感觉舒适惬意,更愉快地参加婚礼。

④ 椅背花的样式。椅背花的样式各种各样,有时候用简洁的丝带就能起到很好的效果。例如夏季的户外婚礼只需一条绿色丝带,上面别上几朵小小的百合花,最见清凉意味;或者用大蝴蝶结搭配各种小花的,显得更加温情和雅致。

总之,只要与婚礼的主题格调一致,是可以设计出很多样式的椅背花的。

(四)花童和花车

1. 花童

西式婚礼上常常可以看到花童的身影。他们稚气未脱,或憨态有加,或落落大方,常给新人的婚礼增添不少有趣的意外插曲,也常出人意料地博得宾客的交口称赞。所以,这些花童是婚礼中不可或缺的配角。近些年,我国新人的婚礼上也越来越常见可爱的小花童。他们清新自然,天真烂漫,只要些许的鲜花装扮就能使他们在婚礼上脱颖而出。花童用花的设计除了要与新娘用花相协调外,以简单和有趣为主,再配以小花童们纯真的模

---

[1] 爱结网:http://eladies.sina.com.cn/hunjia/2011/0321/1200105.shtml.
[2] 北京新娘网:http://www.bjxinniang.com/html/news4/2010/4/2010414174559.html.

样,来制造婚礼上的欢乐气氛。花童用花可以在以下几项中选用(见图4-38组图)。

(1) 花童头饰

花童的头上一般会扎一个像天使光环一般的小花环,或将小花插在编好的辫子上。

(2) 花童仙女棒

花童仙女棒一般使用康乃馨,再配以羽毛、亮片等素材做成。花童仙女棒一般需要添加长花茎的枝条,修剪无刺的玫瑰花茎也是可以选用的。

(3) 花童手捧花

花童手捧花宜采用小型、别致的花材,因为这样愈发能表现出小花童的天真可爱。豌豆花、千代兰、宫灯百合是不错的选择。当然也要注意与新娘手捧花的搭配。

(4) 花童花束

花童花束相较于花童手捧花稍微大一点,适用于豪华的婚礼,注意要与新娘的手捧花的高度匹配,以体现婚礼的层次。

(5) 花童小花篮

喜爱制造浪漫气氛的新人,可使用五角纱、珍珠纱和缎带来包裹花童的小花篮,让层层的粉纱和可爱的花童来俘获婚礼现场宾客们的心,花篮中一般放些花瓣。花童小花篮的尺寸要与婚礼上持篮的花童身形相配。

(6) 花童小花球

花童小花球的大小也应该根据花童身高体型而定,花材以玫瑰、洋桔梗、郁金香等为佳。选择手扎花球可以把缎带固定在花球的中心。

2. 花车

在我国古代,结婚迎亲用的是花轿,在花轿顶部用绸缎和其他材料制作成的一些花来做装饰。现代人结婚除了纯中式婚礼外,大多采用轿车,并在轿车上加以鲜花装饰,简称为"花车"。

装饰婚车的常用花主要有百合、红掌、天堂鸟、跳舞兰、蝴蝶兰、月季、剑兰、洋兰、非洲菊、康乃馨、桔梗、满天星、情人草、勿忘我等,常用叶材主要是巴西木叶、针葵、散尾葵、剑叶、龟背叶、水芋叶、文竹、蓬莱松、天门冬等。

由于花车的装饰主要是为了衬托婚礼的喜庆氛围,体现新人的身份,帮新人赚足面子,给前来参加婚礼的宾客留下深刻的印象,因此,婚车的花艺设计要体现巧妙的构思。花车的布置有庄重高雅型、温馨浪漫型、豪华传统型等,创意不一而足。有的是花束、花篮在中间,丝带缀边的花车造型,这是比较传统和庄重的造型;有的是采用单心形、双心形、V字形等造型装饰的花车,这种款式的花车在视觉上冲击力较大,显得较豪华;还有潮流创意型花车,主要是用气球、玩具、丝带、各色鲜花组成,这种造型往往显得极富青春活力,让人一见惊艳、过目难忘(见图4-39组图)。

一般来说,花车装饰包括车头、车尾、车门、车框、车顶五个部分。

(1) 车头

车头鲜花的装饰设计是花车装饰的关键。由于车头是整辆花车装饰的最主要的部分,也是花车观赏的重中之重,其设计思路和装饰的好坏直接影响着花车的整体效果。车头鲜花的设计形式常见的是用西式插花风格来装饰,用较多的花叶组合成一个相对规则的图案,给人以大气、热烈、喜庆的感觉。用 1~2 个心形或 V 字形等图案来装饰较为常见。

在车头鲜花装饰的部位选择上,如果是用西式插花风格来装饰的,一般置于前车盖中央位置;如果是用东方式或现代自由式插花风格来装饰的,则置于车前盖的一左一右或一前一后。在制作车头鲜花装饰时,首先用塑料包装纸和包装袋包裹吸足水分的花泥,上半部暴露,下半部包裹,用 4~8 个塑料吸盘将包裹的花泥牢牢地固定在车体上,然后依次插入铺垫叶、轮廓花(选型用)、主体花(大体量花)和填充花(小体量花),最后在上述花材的空隙处适当插入填充叶。这样既体现了虚(指叶)实(指花)结合的插花要求,又遮盖了固定材料。

车头鲜花的装饰要求:一是要牢固地吸附在车上,以免因为车速快而使花的造型受损;二是要控制高度,以不影响司机行车安全为标准,其高度一般在 30 公分之内;三是要花叶混用,体现自然美;四是要遮盖花泥、吸盘、包装纸、包装袋等固定材料,避免暴露固定用的附属材料。

(2) 车尾

车尾装饰也十分重要。由于车尾属于人们对婚车"惊鸿一瞥"的目光收尾处,因此,车尾的装饰也会影响花车的整体效果。相对于车头装饰来说,车尾的鲜花装饰则显得比较容易,主要是车尾因不受驾驶员视线和车辆行驶时风力较大等因素的影响,花艺创作的空间和发挥的余地都很大。车尾鲜花的设计形式大多与车头鲜花装饰相同,除了也用单心或双心交叉图案来装饰的,还可以采用规则或不规则的图案形式,形式上有较大的自由发挥空间。

车尾鲜花的装饰部位大多在后车盖的中部,也有装饰在左部或右部,或者一前一后装饰的。装饰在后排后玻璃窗上的较少,但效果很好。若装饰在后车盖与车尾交接处也很别致。在车尾鲜花的制作上,如果是装饰在后车盖上,可以和前车盖装饰的制作程序一致;如果是装饰在后排后玻璃窗上或后车盖与车尾交接处,则难度相对较大。车尾鲜花的装饰在要求上与车头鲜花装饰的要求基本相同,在高度和款式上不受严格限制,较为自由,但要注意车尾鲜花装饰的整体风格需与车头鲜花装饰协调统一。

(3) 车门

由于新人拉开车门的动作常能吸引宾客的目光,所以,车门的鲜花装饰就有一定的必要性,甚至能起到画龙点睛的作用。较常见的车门鲜花装饰通常以 1~2 朵月季、扶郎花或康乃馨配以少许叶材花卉,品种一般忌混用,然后用包装纸包装,扎上蝴蝶结,再用包装袋、胶带纸将其固定在喜车车门的把手上即可。若想要车门的鲜花装饰规格再高一些,则可以采用红掌、百合、跳舞兰、蝴蝶兰等高档花材配以少许叶材或满天星、情人草等配花,扎成小束花,再将把它固定在车门把手上。

(4) 车框

花车车框的鲜花装饰可以用百合、红掌、月季、扶郎花、康乃馨、洋兰等,再配以天门冬、文松,或点缀满天星、情人草、勿忘我等配花,一朵一朵地用胶带纸或吸盘组成单体或串状,固定在车体的边缘。单体鲜花装饰的间隔距离以 15~30 厘米不等,总体掌握的规律就是:花朵小则距离短些,花朵大则距离长些;花朵要盛开,色彩要鲜艳;固定时要确保牢固,婚礼结束拆除时不能在轿车上留下痕迹。一般来说,花材和叶材忌混用,即单个品种的花配单个品种的叶。

(5) 车顶

以往车顶鲜花装饰较少,一是制作困难,二是形状易变。但它独特、新颖、别致,目前正被越来越多的新人所青睐。车顶鲜花装饰的部位主要在副驾驶座位的车体外顶部,或者装饰在车顶中央部位。但是忌装饰在驾驶员座位的车体外顶部,以免遮挡驾驶员的视线,除非插花造型对驾驶员的视线构不成遮挡则可以考虑。但出于预防意外的考虑,建议避免在驾驶员座位的车体外顶部装饰鲜花。

车顶鲜花制作程序基本与车头鲜花装饰的一致。车顶鲜花体量虽小,但由于其固定的部位是在一个较大的曲面上,因此固定难度较大,必须要保证其牢固度。车顶鲜花的高度宜控制在 20 公分之内,可以考虑将部分花叶用胶带纸固定在车体上。装饰形式以摆件与彩带较为常见,以下垂的瀑布造型为主,用插花风格来装饰的目前较少见。

综上所述,对于花车的鲜花装饰,除了花车的各个部位的鲜花设计外,最主要的是还要考虑花车鲜花装饰的整体布局和效果。此外,还要考虑婚礼风格、婚礼举办的时间、新人父母的喜好等因素。

第二节　婚庆现场布置及常用道具

婚礼的形式决定了婚礼场地的选择。无论是神圣的教堂婚礼还是清新的草坪婚礼,是豪华的酒店仪式还是浪漫的旅行结婚,只要新人选定了一种喜欢的婚礼形式,然后就是预定最适合的婚礼场地。在合适的婚礼场地通过精心的现场布置,加上在琳琅满目的婚庆道具中选出适合婚礼主题的,这样就从现场氛围上营造出了新人想要的新颖独特的婚礼。

一、婚庆现场布置及注意事项

婚庆现场是新人们举行婚礼仪式的地方,如何布置得喜气洋洋而又不落俗套是每对新人都很在意的事情。新人们喜结良缘之际,独特而温馨的婚礼现场布置可以为婚礼增光添彩,还可以通过摄影和摄像永远留在新人和宾客的记忆中。那么,婚礼现场布置及其注意事项有哪些呢?[①]　主要有以下 11 个方面。

（一）婚礼场地的选择

婚礼场地是整个婚礼的舞台,涉及背景布置、物品安置、灯光音效、酒宴服务等诸多事宜,也是最容易出问题的一个地方。多数时候,新人们只有在婚礼前一天才有机会把场地布置成自己想要的模样,因此不确定性很高。为了确保一切都能如愿举行,新人和婚庆公司之间,以及婚庆公司与举办婚礼的场地提供方之间的前期沟通和准备就非常重要。因

---

① 如何布置婚礼现场?哪些细节要注意? http://hunjia.shangdu.com/baike/hunli/yishi/120222125953156_3.html.

为室内婚礼不像户外婚礼那样受天气和场地空间大小的局限,所以无论是中式婚礼还是西式婚礼,室内婚宴都是多数新人所选择和喜爱的。室内婚礼可用较多独特的设计和布置。婚礼场地的布置往往离不开鲜花、纱幔、布艺、灯光、写真、烛台、浪漫泡泡、丝带和气球等,好好运用这些材料和道具,就能营造出一个童话般的仙境,也能创造出一个极具艺术气质的厅廊,更能营造出完美的婚礼小天堂。

(二)婚礼仪式区

婚礼仪式区可以选择能够享受阳光的户外草坪或者庭院,也可以选择婚宴现场的主舞台。

(三)婚礼场地舞台背景

舞台是婚礼现场目光最为集中的地方,舞台背景同样是场景布置的重点,它既不能过于单调,凸显不出新人的风格,又不能布置得过于花哨,抢了新人的风头。通常背景需要一个背景纱幔,在纱幔上挂上新人自己选择的LOGO或者"Happy Wedding"的LOGO牌。适当的鲜花点缀会活跃舞台背景的气氛,增加细节上的亮点。如果新人没有设计属于自己的LOGO,也可以用两个背景花柱或五连门作为点缀。如果新人决定办一场户外婚礼,精致的四角花亭应该是一个必备的选择。

舞台的设计建议选择少数的几个重点项目,做到重点突出,不求全面,但求精致。当婚礼现场装饰过于繁杂时,场景会显得比较凌乱,当新人走到舞台上的时候会给人一种不稳的感觉,新人也会成为其中的一个"不稳"元素,这样给宾客的感觉是整体上比较混乱。因此,舞台需要按照有明确流程的计划来进行设计。室内的婚礼主舞台,在明确的主色调基础上,配以精心设计的花艺装饰,再加上可以调节的室内环境灯光,在表现高雅浪漫氛围时也具有了视觉吸引力(见图4-40组图)。

(四)迎宾区

迎宾区是婚礼给来宾的第一印象,所以,不仅要与婚礼整体风格统一,还要有别出新裁的亮点。迎宾区婚礼花艺的花器可以别出心裁,可以是玻璃的、藤艺的、盆形的、球形的,从庄重高雅的大型花艺到清新野趣的花艺小品,配合不同的场地条件,可以达到不同的视觉效果。迎宾牌是比较重要的元素,它的作用是指引宾客到达婚礼场地。迎宾牌上的鲜花装饰会有锦上添花的奇妙作用(见图4-41组图)。

(五)入口处

要让来宾人未进入婚礼场地便能感受到婚礼的气氛,就要在入口处下些功夫。

① 不宽不窄的通道,加上四周满满的鲜花,给人一种很热闹的感觉。

② 金色作主色的弓形或者心形拱门,用鲜花加以点缀,看上去简约、高贵。

③ 婚礼场地现有的入口处已经极具特色,但以鲜花和气球装饰一下,更能突出婚礼的气氛。摆一两张新人最得意的婚纱照在婚礼场地的入口处,除了让人羡慕新人是郎才女貌、天生一对外,重要的是告诉来宾不要走错地方,当然红包更不能送错地方。

（六）签到台

签到台是供参加婚礼的来宾们签到的地方，也是正式进入婚礼现场的第一个形象窗口，因此，温馨又不失创意的签到台会为新人赢得更多的好印象。精致的签到台俨然已经成为一件经典的艺术杰作（见图4-42）。

（七）花门

仪式入口处的花门的别致设计会让婚礼别具看点。除了前面提到的鲜花门外，还有气球花门、绢花门这两大类型……新人可以根据婚礼场地的气氛和自己的喜好选择一个独具特色的花门。由于气球的色彩丰富、造型有趣多变，近来成为颇受欢迎的婚礼现场布置道具，而且其价格经济，婚宴结束后还可让宾客带走，可以说是宾主尽欢。气球除了可以用来装饰相框、拱门之外，也可搭配花卉做设计，而且还能将气球做成卡通版的新郎、新娘及花童的造型，颇富趣味及创意。如果新人想在婚礼过程中制造一些高潮，还可利用气球做出爆破效果。

（八）路引

路引是和花门相辅相成的。鲜花插成的路引为新人铺出一条幸福的通道。特色路引也可以成为婚礼上的亮点，别致的路引指向幸福的殿堂。人们都说女孩是天使的化身，天使找到了属于自己的幸福后，其他的天使来祝贺，于是在婚礼上就使用了路引。它们或是两排鲜花装饰的罗马路引柱，或是鲜花装饰的铁艺路引柱，或是纱幔轻缠的罗马路引柱，或是海洋特色的水晶路引柱，或是豪华水晶珠帘鲜花灯光打造的路引……让婚礼来宾感觉婚礼现场喜气洋洋、富丽堂皇（见图4-43）。

（九）红毯区

婚礼开始时的新人走红毯仪式，或是席间新人换装再次由红毯进场等，如果想规划红毯区使其成为吸引众人目光的焦点区域，可以选择以下方案。

① 放置落地花柱，精致大方。
② 运用气球设计，热闹缤纷。

（十）楼梯

走在楼梯上，无论是从上而下，或是从下而上，往往会给人一种很奇特的感觉。不少大型婚礼场地都会拥有一道极具特色的楼梯。不妨可以考虑善用这些楼梯，根据新人想要的特色布置一下。

① 温馨的浅色纱幔配上微曲的楼梯，旁边加上点点鲜花，俨然是一条幸福大道。
② 浅色的薄纱，加上一个个特色的花球，引领来宾进入精心营造的场景。

（十一）照片展示墙

新人不要把婚纱照都珍藏在家中，可以在婚礼当天让所有来宾见证你们的浪漫时光。

设置一个照片展示墙,将新人的婚纱照以及其他想跟来宾分享的照片"晒"出来,错落有致地摆放出属于新人的各种照片。瞬间的记忆锁定在照片里,思绪再一次飞到过往浪漫的幸福时光。可以选择在签到台的旁边做一个照片展示区。

二、婚庆常用道具

(一)婚庆道具的含义

婚庆道具主要是指在婚庆活动中所使用的一些辅助的产品和装置,以达到婚庆所需的特殊气氛和效果。

古往今来,婚礼都是个人生活中的大事和社会文化中隆重的庆典。为了表达对婚礼的重视和渲染喜庆气氛,婚礼仪式中常会使用道具来为婚礼现场增添气氛和实现一些特殊效果。不同的婚庆道具在不同的场合中使用,有着各自的寓意。

随着社会经济和婚庆行业的不断发展,新人们对婚礼的内涵和品质要求越来越高,不再一味地追求奢华,而是对主题和创意有了越来越多的要求。受此影响,目前婚庆市场上婚庆道具也是层出不穷,花样繁多。

(二)婚庆道具分类

本书以探讨婚庆公司在为新人提供服务时涉及的婚庆道具为主。婚庆道具主要分类如下。

1. 按婚庆道具的使用地点分

① 基本婚庆用品,请婚庆公司帮助设计的请柬、请婚庆公司购买的喜糖、请婚庆公司帮助设计的红包、请婚庆公司拍摄的婚纱照等。

② 婚房布置,一般婚庆公司会负责简单的鲜花装饰,如一束插花或者用红色的玫瑰花瓣摆一个大大的心形图案在新房的床上。

③ 婚车布置,请婚庆公司用鲜花、拉花、气球、卡通人偶、纱幔绸缎等装饰的花车,详见本章第一节。

④ 婚礼现场布置,主要包括舞台背景板、香槟塔、烛台、追光灯、泡泡机、冷焰火、路引、签到台、婚礼现场整体的花艺设计与布置等。

2. 按婚庆道具的使用寿命分

① 易耗品,主要有鲜花、气球、喜字、拉花、扎带、彩带、蜡烛、胶带、别针、珠针、卡箍、渔线等。

② 损耗品,主要有地毯、布幔、迎宾牌、照片展示墙、花瓶、绢花、路引、站杆、底座、桁架、T台、各类表现特定主题的婚庆小道具等。

3. 按婚庆道具所在婚庆会场功能区分

① 外景区,主要是指在迎宾区、茶歇区、观礼区等处布置的婚庆道具。

② 展示区,主要是指在签到区、景点区、表演区、仪式区等处布置的婚庆道具。

③ 宴会区,主要是指T台区、桌花区、舞台区等处布置的婚庆道具。

（三）常用的婚庆道具

随着新人们对个性化婚礼的追求，婚庆道具的更新越来越快，经常有新鲜的婚庆道具出现，下面分析一下常用的婚庆道具。

1. 香槟酒塔

香槟酒塔起源于西方，象征着新人们甜蜜爱情的坚实巩固，更象征着美满姻缘的永恒纪念。两位新人打开香槟酒，共同将香槟酒缓缓倒入摆好的多层杯塔内，寓意爱情源远流长。

细长形或郁金香形状的高脚香槟酒杯最能衬托出香槟酒的优雅，也较能保持香槟酒的气泡与香气。有的婚礼上的香槟酒塔使用广口高脚杯，虽然显得豪气十足，却容易使气泡在短时间内消失殆尽，并不是十分合适。婚礼上的香槟酒塔还有很多造型，如用酒杯直接搭成的金字塔形香槟酒塔、流水形曲线设计的一帆风顺形、专为婚礼设计的心形造型和造型容器（适合注入荧光液，荧光色可以衬托出容器内部的图案，效果非常好，适合关灯的暗场婚礼用）。

一般的香槟酒塔都摆在桌子上，桌子是否稳固是最重要的问题，因此摆放香槟酒塔的平面基础很重要。香槟酒杯的大小、高低也非常重要。香槟酒塔对酒杯的要求比较高，相差1毫米都不行。摆放酒杯最基本的要求是所有的酒杯必须紧靠在一起，中间不能抽出任何一个酒杯。香槟酒塔摆放得不宜过高，应该以新人的身高为标准。如果太高，新人要抬很高手倒香槟酒，感觉很累，而且过高会增加倒塌的危险性。通常情况下，香槟酒塔的高度是3层以上，以4~5层为最佳。

在婚礼仪式开始前一个小时，工作人员应该仔细检查香槟酒塔的稳固情况，发现问题及时与有关方面沟通，要求纠正。婚庆司仪应事先详细地告诉新人倒香槟酒时需要注意的事项，尽量避免出现意外。比如嘱咐新人在倒香槟酒的时候，千万不能用酒瓶碰到香槟酒杯，倒酒的速度不能过快，主要由新郎握住酒瓶，新娘只是示意性地轻扶酒瓶即可。另外，在新人倒酒的时候，身体千万不要触及香槟酒塔桌。婚庆司仪可以提醒现场布置人员把香槟酒塔摆放在人们不经常走动的舞台的一侧，这样就能减少一些碰撞的危险。为避免发生意外，香槟酒倒完以后，在婚礼仪式中最好不要再动香槟酒塔，香槟酒可以在婚礼仪式结束后由饭店的服务员分给来宾。如果来宾带的小孩子很多，最好事先与他们的父母打好招呼，管好孩子，不要把香槟酒塔碰倒。司仪也要记得提醒摄像师不要为了抢镜头而不小心碰到香槟酒塔桌。注意音箱离香槟酒塔不要过近，音箱最好不要和香槟酒塔桌同时放在木制地板的舞台上，因为很多人都会忽略音箱的共振会使香槟酒塔倒塌。在婚礼仪式中，如果不是在倒香槟酒的环节香槟酒塔出现意外，婚庆司仪就不要过分渲染香槟酒塔倒塌的尴尬事实，可以让酒店服务人员悄悄地重新摆好。

总之，香槟酒塔既是整个婚礼的重头戏，也是婚礼上的一大隐患。现在，许多婚庆公司都选择使用香槟酒塔架，用圆形多层道具托盘，把酒杯码放在里面来确保安全，这样可避免倒塌的风险。但是要注意塔架的卫生状况。婚庆公司应在搭建香槟酒塔之前，把香槟酒杯清洗擦拭干净，免得酒杯的污渍使新人和来宾在举杯喝酒时感到为难。最好在注满香槟酒塔的后面一个环节就立刻摘杯开启香槟酒塔，免得香槟酒塔摆放时间过长增加倒塌的风险。

2. 烛台

无论是在中国传统的婚礼上还是西式的婚礼中,烛台都是不可或缺的。中国人的婚礼是离不开烛台的。所谓洞房花烛夜,红烛摇曳是中国古代婚礼的特色。如今,随着西方元素的大量涌入,婚礼的烛台也西化起来。除了纯中式婚礼外,红烛现在已经很少使用。现在的婚宴基本上都是中西方元素的融合,新人们大多选用的是白烛,象征着洁白无瑕。虽然烛台所代表的意义众说纷纭,但是却不失吉祥的寓意。

在婚礼上用到的烛台一般是由婚庆公司提供的。但是许多新人在婚礼前都会与婚庆公司商量好所选用的款式,这样能让婚礼上的烛台更加贴合婚礼的主题。婚礼上所用的烛台从质地上来说有金属、水晶玻璃、陶瓷等多样的品种,而且款式也是多样的。新人们在挑选婚礼上用的烛台时,可以根据婚礼的主题或者特色来选择相配的烛台。

婚礼中,点燃蜡烛的程序分两部分:第一部分是点燃家庭之烛,第二部分是点燃婚姻之烛。通常新人的母亲最后坐下后,婚礼才开始。可以在母亲坐下的时候,点燃蜡烛。如今,点燃蜡烛环节可简化为:新人将点火棒移至长辈面前,由双方长辈共同使用大火柴凑到一起点燃点火棒,将生命之火、希望之火延续给新人,然后新人慢慢地走向烛台,按照左右、下上顺序点燃烛台。在这时刻,新郎新娘将从已经点燃的家庭之烛引火点燃婚姻之烛。如此而行,代表他们从今以后成为一体的生命,他们要为彼此着想,同享欢乐,共对患难。烛台点燃后,新人双手合十闭眼睛许下一个心愿,然后手牵手回到舞台中央。

婚庆司仪可以提醒新人点烛台时要注意:新郎新娘应一起拿起点火棒,然后两人双手合力,在已经燃起的小烛台上引燃点火棒,再去点燃烛台的主蜡烛。点燃烛台的过程可以慢些,要保持面带微笑。点燃之后,不要马上移开点火棒,要一起用眼神注视一会儿共同点燃的喜烛,以使摄影师和摄像师能捕捉到这温馨的一幕。这里要注意的是,两个人一定要四手合力去拿起点火棒,但点的时候则建议新娘双手握住点火棒,新郎一手扶着新娘拿点火棒的手,一手揽住新娘的腰,这样不仅更好操作,而且姿势显得更优雅,拍出来的照片画面更美。新人点蜡烛的时候要耐心,因为有些蜡烛不太好点,如果实在点不燃,就直接去点蜡烛引信好了,尽量不要露出慌乱或不悦。最后,新郎应该非常绅士地将点火棒交给伴郎或婚礼助理,切记不要亲自吹灭火种。

婚庆公司在选购蜡烛时,不仅要注意蜡烛的外观光泽,还一定要仔细检查蜡烛的"捻",要看看蜡烛的"捻"是否够粗。如果"捻"太细,就是劣质蜡烛,因为"捻"细的蜡烛点燃不了几分钟就会灭掉。如果"捻"是由多股白线纺成的,那么蜡烛的燃烧时间就会比较长。

3. 追光灯

顾名思义,追光灯就是打出一束灯光以照亮某个区域,并随着区域内对象的移动而移动灯光。比如,将追光灯照在新人身上,新人顿时成为全场瞩目的焦点。常用的追光灯有两种:一种是五色追光灯,白色代表纯洁(新人入场时),黄色代表温馨(感恩父母敬茶时),蓝色代表浪漫(点亮烛台时),红色代表激情(新人相拥相吻时),紫色代表高贵(开香槟和交换戒指时);另一种是七色追光灯,除了五色追光灯中的五种颜色以外,还有橙色和青色,意义与紫色和黄色基本上是一样的。

追光灯用在烛光婚礼的时候比较多。一般在烛光婚礼的中间部分会使用两台追光灯。因为只用一台追光灯有时候效果不是很好,所以在婚礼入口处(红地毯的两边)各配一台,在婚礼开始时和新人入场时使用。当新人入场后,追光灯对着新人以营造惊艳的效果。

为了追求更好的灯光效果,除了使用追光灯以外,其他各类灯光设施,如专业级舞台背景换色灯、专业级动感激光灯、专业级舞台摇头灯、LED灯、舞台特效PA灯、成像灯等都早已使用到婚礼中,甚至要经过专业培训的灯光师才能使用这些专业灯光设备。

4. 泡泡机

为了制造出婚礼的浪漫效果,在点燃烛台或者在交换戒指和喝交杯酒时可以使用泡泡机。在迷人的灯光下,泡泡机吹出来的泡泡折射出五彩缤纷的光芒。泡泡机有大小之分,大的泡泡机的口径比较大,一般吹出来的泡泡范围可以高达1米左右,宽1.5米左右,可以覆盖大的舞台的60%~70%的范围,小的舞台则能全部覆盖。小的泡泡机的口径相对较小,吹出来的泡泡范围一般为0.4~0.6米,宽0.8米左右,适用于小型的婚礼,如果舞台大一点则效果就难以保证。

5. 雪花机

雪花机的效果和作用与泡泡机差不多,喷出来的物质像雪花一样。雪花机喷出雪花范围的高度有1.5~2米,宽度只有0.6米,但它的噪声比较大。

6. 烟雾机

舞台烟雾机是将含有高温受热后能快速气化的化学成分,快速通过高温加热管,形成白色气态烟雾喷出。一般来说,舞台使用的专门的烟雾机释放的是专门的烟油,出来的白烟带有香味,不会触动消防系统,而且还能很快散去。烟雾机通常在新人首次入场、交换戒指、开香槟、新人再次入场、点燃烛台的时候使用。特别是在烛光婚礼的全过程中,背景烟雾一般要多次使用,以起到画龙点睛的作用。

7. 干冰机

干冰机的工作原理是固体的干冰遇热雾化,形成大量的雾气,如同仙境一般,再配上音乐,可以显现出唯美的效果。婚礼中干冰机与烟雾机的效果类似,适用场合也类似。相对于烟雾机来说,虽然租用干冰机费用贵,但大功率干冰机烟量大,出烟快,可快速铺满舞台,且比较环保,目前已经越来越多地在婚礼中使用。

烟雾机的烟雾是往上飘的,飘出来会慢慢布满整个舞台,导致后期的摄影摄像会比较模糊;而干冰机释放出的雾气会自然地贴在舞台的地面上,最高不会蔓延过新人的腰际。当然,要注意不能填充太多的干冰,因为干冰太多的话,也容易造成大量的雾,这种雾会逐渐地向上飘浮,最终挡住人们的视线,甚至直接将新人隐藏起来,台下的人都无法看到新人,这样会影响拍摄效果,直接破坏现场的气氛。所以干冰机的操作者一定要详细地了解干冰机的工作原理,同时还要熟悉每一个环节的操作,了解在什么情况下才可以填充干冰,什么时候能够达到最好的效果。婚礼的现场督导一定要在婚礼开始之前与干冰机的操控者沟通流程烟雾喷射多少为佳,在什么样的场合释放烟雾为佳。干冰机在使用的时候,不仅仅要防止肌肤贴近干冰机造成烫伤,同时还要注意出气口是否畅通,因为出气口很有可能会堵塞,造成喷雾不畅。

8. 拱门

象征着幸福的拱门也被称为"幸福之门",寓意新郎新娘走过此门迎接他们未来美好的明天。

9. 红地毯

红地毯一般铺在T台上,新人走过红地毯象征新人们从相识、相知到相爱的历程,直到如今的牵手相伴,走过的是情、是爱、是一生一世的幸福。除了红色的地毯,也可以用其他颜色的地毯,比如金色纱幔铺就的金光大道,草坪婚礼一般则使用舞台白布,还有海洋婚礼时使用仿海底设计的玻璃T台等。

10. 舞台背景纱幔和路引

新人走上红地毯上后沿着路引来到由背景纱幔和鲜花装饰的背景板和舞台上。

11. 气球

气球与鲜花、丝花是布置婚礼场地的三大类装饰道具。

12. 交杯酒杯

交杯酒杯就是用来装新人喝交杯酒的杯子。新人可以购买自己专用的,也可以请婚庆公司准备。交杯酒杯可以用花装饰一下,显得美观大方。

13. 戒枕

戒枕是用来放结婚戒指的,有好多样式。使用戒枕主要是为了好看,如果用手直接拿戒指,或者用酒店的托盘放置,显得不够郑重。目前,婚庆市场上已经出现了破冰取戒、天使落戒、花童送戒、飞机送戒、宠物送戒、流星送戒等一些新的形式。

14. 魔力球和许愿树(许愿柱、许愿亭、许愿池)

魔力球就是电离子魔球,通电后把手放上去就有闪电一样的光芒。可以用作婚庆活动时的启动仪式道具,也可以作为活动现场的装饰和点缀,让来宾感受神奇的魔幻气氛。

许愿树(许愿柱、许愿亭、许愿池)是给新人许愿用的。以许愿树为例,除了许愿用,还可以用来设计一些婚礼现场的抽奖活动。如事先准备好一些带有祝福话语的卡片挂在许愿树上,由新人来抽,这也是一种活跃婚礼现场的手段。

15. 婚宴电子签到系统

请参加婚礼的嘉宾们用数码电子的方式签到比纸质签到更显时尚,不仅有利于新人们婚礼后保存珍贵的记忆,更有利于婚礼现场及时、准确地统计嘉宾的到场人数、未到人数。婚礼电子签到还可以对来宾进行身份识别。嘉宾输入姓名,系统可以智能识别嘉宾的身份信息、座位编号信息,对于嘉宾云集的婚礼庆典来说,方便嘉宾迅速找到自己的桌号快速入席,也避免了嘉宾跑错场子送错红包的尴尬。此外,嘉宾还可以通过触屏感应技术用手指或数码笔签名留言,彰显嘉宾的个性祝福。签到留影纪念时,签到的背景可根据本场新人个性化的主题婚礼进行个性化设置,比如放上新人的照片和婚礼LOGO等,设置心形或者其他的效果。相片采集区域的形状、边框和颜色也可以自行设计。电子签到系统还可以配置专业高清照片打印机，现场就可以即时打印嘉宾签名及照片。系统还可通过外接投影或 LED 屏幕，在婚礼场地大屏幕上以各种动态特效方式同步滚动播放显示嘉宾们的签名和照片。签到的信息还可以在婚礼游戏中用于互动抽奖等。婚礼嘉宾也可以把签到照片即时分享到网络空间，如微博、QQ 空间、微信等社交空间中，作为参加婚礼的留念。

（四）婚庆道具的选用原则

从以上常见婚庆道具中可以看出，一场婚礼能否完美地呈现，不仅需要好的创意，婚庆道具的选择也相当重要。那么，婚庆道具的选用原则主要有哪些呢？

1. 符合婚礼主题，突出婚礼特色

一般来说，婚庆套餐内都会包含干冰机、泡泡机等婚庆道具。但新人是否真的需要这些特定的效果，或者觉得气氛渲染得不够还要再增加道具，这主要要看婚礼策划方案的需要。

在不同的环节，婚庆道具所起的作用是不同的。所以新人首先要知道自己想要的婚礼是怎样的，再根据婚礼的主题方案来考虑需要怎样的道具，学会恰到好处地运用这些道具，这样婚礼展现的效果才会是最符合想象的。比如，想在婚礼上播放视频、MV、幻灯片，或是沙画，就对投影、屏幕和音响提出了一定的要求。这时就可以考虑选择 LED 屏来代替投影仪。至于音响，一般来说，举办婚礼的场所都会提供音响设备，但是音响效果有好有坏。如果婚礼策划中有新人录歌的环节，而现场音响达不到要求的话，可以考虑使用婚庆公司的更专业的音响设备。

2. 要符合新人的婚礼预算

大型道具的花费相对比较昂贵，如果这部分预算较多的新人，可以考虑在开场环节设置一些比较震撼的道具。比如可以利用桁架，桁架上的幕布落下的一瞬间能够抓住所有来宾的眼球，场面极具气势。再比如可以在新娘出场时使用一些特殊的道具，新娘的出场方式就可以搞得极具创意——新娘坐着秋千慢慢下降，或者在舞台上搭一个巨型的含苞花朵或美丽的贝壳，花朵或贝壳慢慢张开，新娘一点点出现在众人面前。如果新人的婚礼预算够充足，就可以通过道具的使用达到常规婚礼中少见的震撼效果。当然，如果新人不想铺张浪费或者预算有限，照样可以通过婚礼道具的合理使用办一场简洁大气而又温馨浪漫的婚礼。

3. 要确保婚庆道具的使用安全

前文中已经讲了在使用这些常用的婚庆道具中的安全问题，但婚庆道具伤人事件仍可见于报端。无论使用什么婚庆道具，其目的都是为了增添喜庆、分享喜悦，要最大限度地避免婚庆道具伤人事件的发生。

小 结

本章首先探讨了婚庆花艺问题。从婚庆的常用花及花语，到婚庆花艺的用花原则，再

到婚庆用花的类型，使读者对婚庆花艺的相关问题有较好的了解。然后探讨了婚庆现场布置及常用道具的问题。小到一张请柬的设计，大到舞台布置，都包含了无数的创意和若干注意事项以及越来越多的婚庆道具的使用，从婚礼现场经常使用的气球、泡泡机、烟雾机到各种灯光效果的营造等。本章最后还分析了一些常用的婚庆道具及其含义、分类和选用原则。

复习思考题

1. 简述婚庆的常用花及花语。
2. 简述婚庆花艺的用花原则。
3. 简述婚庆用花的类型及注意事项。
4. 简述婚庆现场的布置及注意事项。
5. 简述婚礼道具的含义。
6. 简述婚庆道具的分类。
7. 简述常用的婚庆道具。
8. 简述婚礼道具的选用原则。

引申案例一

刘诗诗、吴奇隆为何请这位狂人设计婚礼花艺？[①]

引申案例二

刘诗诗手捧花曝光，27朵roseonly玫瑰花寓意"爱妻"

---

① 陈琳. 刘诗诗吴奇隆为何请这位狂人设计婚礼花艺？第一财经，2016-10-27. https://www.yicai.com/news/5143935.html.

图 4-1　百合花

图 4-2　康乃馨

图 4-3　玫瑰

图 4-4　郁金香

图 4-5　剑兰

图 4-6　兰花

图 4-7　香雪兰

图 4-8　向日葵

图 4-9　薰衣草

图 4-10　桔梗花

图 4-11　蝴蝶兰

图 4-12　勿忘我

图 4-13　非洲菊

图 4-14 马蹄莲

图 4-15 满天星

图 4-16 绣球花

图 4-17　金鱼草

图 4-18　白色洋芋

图 4-19　牡丹

图 4-20　红掌

图 4-21　半球式新娘手捧花

图 4-22　集中式新娘手捧花

图 4-23　直线式新娘手捧花

图 4-24　瀑布式新娘手捧花

图 4-25　球形手拎式新娘捧花

图 4-26　花篮形手拎式新娘手捧花

图 4-27　新月式新娘手捧花

图 4-28　伴娘手捧花与新娘手捧花的匹配组图

图 4-28 （续）

图 4-29　胸花组图

图 4-30　胸花与领带的搭配

第四章　婚庆花艺与现场布置

图 4-31　新娘腕花

图 4-32　双点头饰造型

图 4-33　单面式头饰造型

图 4-34　自由式头饰造型　　　　　　图 4-35　中心式头饰造型

图 4-36　桌花造型组图

图 4-37　椅背花造型组图

图 4-38　婚礼上的小花童们

图 4-39　花车装饰造型组图

第四章　婚庆花艺与现场布置

图 4-40　婚礼场地舞台背景的布置组图

图 4-41　独创性的婚礼迎宾牌组图

图 4-42　签到台

图 4-43　路引

第五章

婚庆化妆、服饰、摄影与摄像

引 言

婚礼上一切都是美的,尤其是婚礼上的主角——一对新人,他们那富有魅力的妆容和精心挑选的服饰一直都是婚礼现场所有来宾注目的焦点。同时,人们总是希望能够留住婚礼上每一个美丽的瞬间,于是,婚庆摄影和摄像就成为婚庆服务不可或缺的一部分。

学习要点

- 婚庆服饰
- 婚庆化妆
- 婚庆摄影
- 婚庆摄像

爱情宣言

陈宇婷:爱情很美好,但它不是生活的全部,爱一个人的前提是你先要好好爱自己。

高同学:我不是你人生中的变数,我是你以后人生中的常数。

叶同学:最难得的感情是陪伴,最靠谱的感觉是温暖。

黄同学:平淡也温暖,无语也浪漫。

侯同学:不管是一见钟情,还是细水长流,最终走向婚姻的殿堂,我想应该是爱在起着化学反应。婚礼不是堆砌奢华,而是用承诺和真心留下美好。

曾同学:是在一段新的感情里面继续做自己,是用平等的关系来守护双向的爱。

刘德艳博士的点评:

不管是一见钟情还是细水长流,都愿做你人生中的常数。我会用平等的关系来守护双向的爱,好好爱自己,继续做好自己,用平淡的温暖和无语的浪漫,用承诺和真心,留住爱情的美好,给你最靠谱的温暖。

引入案例

中国婚纱礼服,近百年演变过程[①]

第一节 婚庆服饰

婚庆服饰与婚礼一样,是在一定历史条件下产生,并随着社会的变迁而不断发展。

一、新娘结婚礼服

(一)新娘结婚礼服套数及款式的选择

在中西合璧式婚礼大行其道的今天,新娘们的结婚礼服一般有 1~5 套不等。

1. 一套结婚礼服

这一套结婚礼服通常是一套中式服装或者一套婚纱。

新娘在婚礼仪式当天,从仪式开始到结束,新娘始终穿着这一套婚服。特别是在纯中式婚礼和纯西式婚礼中,都可以这样,而且新娘不会在结婚当天因为不停地更换礼服而很辛苦。

2. 两套结婚礼服(婚纱、中式服装)

这两套结婚礼服通常是婚纱和中式服装各一套。

在婚礼当天的早上,新娘在自己的家里或酒店换上婚纱,等待新郎接亲。这身婚纱从接亲开始,一直穿到婚礼仪式结束。婚礼仪式结束后,新娘去酒店的化妆间换上已经准备好的中式服装。新娘可以穿这身衣服给来宾敬酒,一直到婚宴结束。婚宴结束后,新娘就可以穿这套中式服装入洞房了。

3. 三套结婚礼服

这三套结婚礼服通常是婚纱、西式礼服、中式服装各一套。

现在不少的新人都举办两段式婚礼。第一段婚礼新娘穿婚纱,在婚礼的两段之间新娘需要换一套西式的礼服,新娘穿这套西式礼服完成第二段的婚礼仪式。在整体的婚礼仪式结束后,新娘换第三套中式服装,穿这套中式服装给来宾敬酒,直到婚宴结束。

4. 四套结婚礼服

这四套结婚礼服通常是两套婚纱、一套西式礼服、一套中式服装。

---

① 文字与图片均引自 2012 年 1 月 5 日爱吧网:http://i8i8i8.com/Love/contents/1518/7458.html.

准备四套衣服的新娘往往把自己的婚礼仪式设计成三段式。第一段和第二段的婚礼仪式穿不同的西式婚纱,在第三段仪式穿西式的礼服。整个婚礼仪式结束后,新娘去换第四套中式服装,回来给来宾敬酒。

5. 五套结婚礼服

五套结婚礼服通常是一套迎宾礼服、一套婚纱、一套中式旗袍、一套西式礼服、一套中式服装。

准备五套服装的新娘一般都是直接在酒店迎接来宾。新娘在迎宾的时候需要穿一套迎宾的礼服。在婚礼仪式开始前,新娘换上婚纱参加婚礼仪式。这样设计是为了给来宾一个意想不到的穿婚纱的效果,在婚礼中制造一个突出的亮点。其他的衣服可以根据婚礼仪式的具体安排更换穿着。

（二）新娘婚纱的选择

婚礼上新娘最在意的就是婚纱,可是面对那么多的款式以及风格,无论是租借还是购买,究竟什么样的婚纱才是适合自己的呢?下面就一起来看一下。

1. 根据新娘的身材气质选择[①]

在整个婚礼过程中,新娘如果觉得有必要的话,可以换2~3套婚纱礼服,漂亮大方的婚纱可以为婚礼锦上添花,修身得体的礼服将让新娘成为宴会中的闪亮焦点。无论是租用还是购买的婚纱礼服,首先要根据个人的身形、气质来选择,其次才是色泽、材质、价格等因素的考虑。正确的选择可以帮助新娘修饰身形,彰显优点,而错误的搭配将让新娘的缺点暴露无遗。

（1）领形

① 卡肩式

领圈搭在肩膀下方,露出锁骨和肩膀,袖子遮住部分上臂。这种款式对绝大多数身材的女性都很合适,胸部大小中等或比较丰满的女性穿起来会格外漂亮(见图5-1)。但是,如果新娘手臂比较粗或者不习惯裸露双肩,可以试试下面介绍的包肩式。

适合:胸部丰满、梨形身材的女性。

不适合:宽肩、粗臂的女性。

② 包肩式

包肩式跟前面介绍的卡肩式很相像,但是要用更多的面料,看起来像是两肩被一又宽又柔软的圆形连接起来(见图5-2)。

合适:手臂较粗、锁骨突出的女性。

不适合:锁骨不明显的女性。

③ 心形领

领圈形状好似鸡心的上面一半,这种款式是胸部丰满女性的上佳选择,能让颈部看起

[①] 图文均转引自:美丽婚嫁网,2008年10月24日,http://www.marry52.com/News/Html/20081024/950_1.html,有改动。现在有很多婚庆网站都转载了这一篇图文并茂的专业婚纱礼服选择的文章。

来更修长(见图 5-3)。

适合：丰满的女性。

不适合：消瘦的女性。

④ 一字领

领圈柔和地随着锁骨的弧线，到达肩头附近，剪裁直上直下，对胸部的描画较少，可以有袖，也有无袖的设计(见图 5-4)。

适合：胸部较小的女性。

不适合：丰满的女性。

⑤ 绕颈式

绑带由颈后绕过或者高领深袖洞的式样，宽肩膀或者 1.7 米以上的高大女性穿起来都很好看(见图 5-5)。

适合：宽肩女性。

不适合：窄肩女性。

⑥ 大圆领

经典普遍的漂亮式样，领口可以剪裁得很低，后背也常常是圆弧形(见图 5-6)。

适合：所有人。

⑦ 小圆领礼服

沿着脖颈呈圆弧形的小领圈礼服(见图 5-7)。

适合：胸部较平坦的女性(有丰胸效果)。

不适合：丰满的女性。

⑧ 大 V 字领

顾名思义，指的是领口呈大大的 V 字领的礼服，有时背后也是 V 字形(见图 5-8)。

适合：胸部丰满的新娘。

不适合：胸部平坦的新娘。

⑨ 抹胸式

对胸部丰满的新娘来说，抹胸式是非常受欢迎的款式，领圈无论配以鸡心式还是笔直的线条都非常漂亮(见图 5-9)。

适合：肩膀宽阔且锁骨清晰的女性。

不适合：胸部平坦的女性。

(2) 裙形

要让礼服看起来完美，裙形必须挑选最适合新娘的"形状"，让新娘既穿着舒适，又光彩照人。

第一步：了解"形状"。婚纱礼服的外形轮廓一般可分为四种基本类型。

① 舞会礼服形

这是四种类型中最传统的一种，最显著的特点是上身的剪裁将身体修饰得很纤细，腰际下面的裙子蓬开而丰盈(见图 5-10)。

② 皇室高腰裙

特点：高腰，就在胸部下面，裙子要比舞会礼服苗条(见图 5-11)。

③ A字裙/公主裙

从肩膀到裙摆向外展开的裙子,整条裙子呈A字形自然散开(见图5-12)。

④ 贴身裙

十分苗条,紧贴身体轮廓。人鱼形裙也可以归在这类当中,是对身材相当挑剔的类型(见图5-13)。

第二步:评价身材。现在已经知道了礼服的基本款式,下面的描述有助于新娘评判自己的身材,看看适合怎样的裙子。

① 沙漏形身材

新娘拥有丰满的胸部、浑圆的臀部和纤细的腰身,也就是说,新娘的曲线恰到好处。

这样穿:腰际下沉的A字裙或礼服可以凸显新娘的身材,搭配心形的领形来突出胸部。

不要这样穿:舞会礼服或者皇室高腰裙式样的礼服会掩盖新娘的优点。

② 短腰

身材比例自然,除了肋骨到臀部间距离比较小。

这样穿:公主式(与A字裙差不多)的礼服,上体剪裁合身,裙子逐渐展开,能优雅地拉伸身形。如果新娘的双肩漂亮,可是试试包肩式或绕颈式样的领形。

不要这样穿:贴身的裙子会让新娘的短腰更加明显。

③ 粗腰身

身材比例跟前一种相似,不同之处在于腰身不是短,而是不明显,从肩头到臀部的线条几乎是笔直的。

这样穿:皇室高腰裙式样的腰身设计不怎么强调腰际,能让新娘看起来修长、苗条。

不要这样穿:公主式礼服,紧身胸衣式样的腰身设计会将注意力过多地集中于新娘的腰部。

④ 丰满型

胸部丰满,有点小肚腩,臀部浑圆。

这样穿:舞会礼服式样的礼服非常藏得住肉,A字裙也百试不爽。

不要这样穿:穿着束身式的礼服会让新娘显得更胖,避免吊带礼服。

⑤ 梨形

上身苗条,下身丰满。

这样穿:紧身胸衣腰身或抹胸式的舞会礼服可以把新娘下半身遮住,并将视线集中在更漂亮的上半身,卡肩式的领形可以帮助调节上下比例。

不要这样穿:束身式样的裙子,V形领会把视线引向下方。

⑥ 骨感型

身材瘦削,没有肉感。

这样穿:舞会礼服能让骨感型的新娘看起来像个美丽的芭蕾舞者,束身式样的礼服正是为这样的新娘度身定做的。

不要这样穿:基本上所有的款式都适合,但是如果锁骨太突出,显得瘦骨嶙峋,那就要避免包肩式、卡肩式、绕颈式的礼服。

第三步：挑选合适的婚纱

看过这些资料，有了目标，新娘就可以去选择婚纱礼服了。

需要记在心上的是，尽管从购买礼服的日子到婚礼当天，新娘的体重可能会有所变化，但是真正的体型还会保持。所以，即使新娘计划在婚礼前减肥，还是要根据现在的体型挑选裙子。

（3）裙长

婚纱的长度不同，视觉效果自然也有所不同，要根据自己的需要来进行选择。

先来了解一下各式礼服的裙长类型。

（1）及踝修身式礼服

及踝长度的裙子边恰好到脚踝处，裙摆不着地，多为窄直的贴身裙或小摆的 A 字裙。因为会露出足部，所以对婚鞋的要求比较高。对于半正式的婚礼，这是个很好的选择，可以是又大又华丽的礼服，也可以是贴身剪裁的裙子（见图 5-14）。

（2）芭蕾舞女式礼服

长度正好到脚踝，裙摆不着地。裙摆是舞会礼服式的大蓬裙，如同芭蕾舞者，轻盈优雅。材质可以是缎面或纱质，蓬纱裙更适合展现女生可爱的一面。方便行走，举行户外婚礼的话，这种式样棒极了（见图 5-15）。

（3）及地式和拖尾式礼服

裙边四周都刚刚好碰到地上，很适合正式婚礼，可以带不同大小的拖尾。中拖尾和大拖尾是教堂婚礼的首选，华丽又庄重，但行走不太方便。若是大拖尾，还需请花童帮助拎裙尾。无论是舞会礼服还是贴身的设计，都十分漂亮（见图 5-16）。

（4）高低裙摆式礼服

裙摆前高后低，露出足部，前片可至膝上，可以是迷你短裙加拖尾后摆，如《浪漫满屋》里的女主角所穿的婚纱，适合半正式或者更加随意的婚礼（见图 5-17）。

（5）茶会式礼服

裙长至小腿中部，是参加小型茶会的礼服式样，适合娇小的女性，适合比较活泼互动性高的婚礼穿着（见图 5-18）。

（6）及膝式礼服

裙长刚好盖过膝部，更为轻便，也同样适合活泼互动性高的婚礼（见图 5-19）。

（7）迷你短裙式礼服

裙长在膝盖之上，可以是超短窄身裙，或蓬裙，适合腿部纤长的新娘，是时尚新娘的个性首选（见图 5-20）。

2. 选择婚纱的其他注意事项

挑选婚纱往往不能只追求时髦和流行，婚纱选择的关键之一是要挑选一件具有永恒的优雅元素的婚纱，关键之二是婚纱要挑选最适合的，而不一定是挑选人们觉得最漂亮的。除了上面谈到的身材因素以外，选择婚纱还有一些其他的注意事项。

（1）选择婚纱的颜色

婚纱不一定是纯白的。要求新娘全身连头饰都是一片雪白，始于维多利亚女皇时代。20 世纪初，银色婚纱可彰显皇室的尊贵地位。可见婚纱没有特别规定一定要穿纯白的。

随着流行趋势的不断变化,婚纱除了纯白、象牙白、米黄等传统颜色外,近年也流行粉红、粉橙、粉蓝、粉紫、粉绿及浅银灰色的婚纱,非常柔和悦目。但最受欢迎的,当然是白色、象牙色或香槟色的婚纱。

(2) 婚纱与新娘的肤色相配

其实,婚纱的颜色并不重要,重要的是要与新娘的肤色相配。新娘在选择婚纱时,不仅要考虑自己的身材,自己的肤色和婚纱的颜色也有着重要的关联性。除了婚纱外,新娘在婚礼喜宴上至少会准备两套礼服。在挑选礼服时,除了要留意修饰身材的剪裁设计问题外,还要留意礼服色彩和自己肤色是否能相互衬托。

亚洲人肤色普遍深而偏黄,穿象牙色会较和谐自然,而蓝色、紫色一般对于黄皮肤都不很友好,反而橙色、绿色能与偏黄肤色相配。至于皮肤白里透红,或者肤色为古铜色的新娘,穿纯白色会很好看。选择婚纱时,色彩、色调也是很重要的,在进行色彩、色调的选择时,要充分考虑以下因素。

① 色彩的协调:衣着配色要出众,但不能让衣着抢目,盖过新人的光芒。

② 本质的亮丽:暖色系衣着穿起来更为协调,但要注意它是否能呈现出新人的风采。

③ 高对比亮度:色彩亮度因人而异,有些人适合高对比度,而有些人选择低对比度会显得柔和协调。

(3) 注意婚纱穿着的场合

除了依据身材和气质来挑选礼服之外,礼服的款式也要与场合、时间相配合。一般来说,若采用观礼仪式,礼服必须较为华丽,裙摆拖地为佳。在证婚时,通常是背对着亲友,因此礼服背面的设计和头纱的选择就很重要。如果是采取公证结婚,则礼服款式以简单大方,裙边不宜过长或复杂。此外,如果在教堂举行婚礼,切勿穿着过分低胸的婚纱,这是对神职人员不敬的表现。尤其是某些需要新人跪下来的仪式,袒胸露臂的新娘跪在圣像之前,未免太不尊重教会了。另外,婚纱的拖尾是要用长拖尾还是短拖尾,往往受制于外在的环境因素。如果新娘选用长拖尾,花童的年纪则不能太小,否则会没有力气为新娘拿起拖尾,甚至会被绊倒。花车也是一个难题,因为过长的拖尾普通婚车可能放不下,即使勉强挤成一团,下车后长长的拖尾便会皱起,看上去很不雅观。

3. 选择婚纱的步骤

(1) 选定佳期,做足功课

新人挑选婚纱前,必须确定婚礼的季节、准确时间、地点和风格。如果婚礼是一个非常时尚的婚礼,可以选择走在潮流前端的婚纱;如果是传统的仪式,选择古典而盛大的婚纱一定没错;如果在乡村或花园中举行婚礼,婚纱要选择适合在户外穿着的轻快活泼的款式。新人要事先搜集一些喜爱的婚纱图片,并做好记号,标出喜欢的款式和板型,尤其是领口和腰线等细节内容。当与婚纱顾问或设计师交流时,记得带上这些图片,这样可以帮新人更加清楚地表达自己的想法和意见。

(2) 做好预算,选择地点

婚纱及其他配饰上的花销,一般占婚礼费用的 6%~15% 为宜。如果预算比较宽裕,可以订制一款最合自己心意的婚纱。当然,向婚纱店或影楼租借一套也是不错的办法,可以节省很大一笔开支。婚纱店和影楼一家连着一家,该到哪儿去寻找你的梦中霓裳呢?一般来说,大型专业婚纱店中的婚纱款式齐全,设计师的经验丰富,制作质量也靠得住。准新娘也可以听听不久前举办婚礼的朋友、同事的意见,在他们的推荐中选择两三家。

(3) 了解自己,尺码要合适

挑选婚纱最重要的是根据体形选择适合自己的款式。第一次去婚纱店的时候,新娘可以在最基本的款式中各找一件试穿,很快就可以发现自己最适合哪种款式。如果新娘的婚纱不是定制的,选择婚纱时,首先要注意满足身体最丰满的部位的尺寸,然后再看其他部位是否合适。还要注意,选择婚纱应以稍大一点为宜。如果大了,改小一点很容易,但让一件衣服变大就不太可能了。

(4) 找个参谋,专家意见

选婚纱时一定要带上一个参谋,可以是新娘的母亲,也可以是朋友,她应该对你了如指掌,知道什么是最适合你的。新娘要注意以下两点:第一,要保证她不会把自己的意见强加给你;第二,不能让你的妈妈和好友们同时陪你挑选,因为所有的人都会让你试穿她认为最漂亮、最适合你的婚纱,你会感觉无所适从。要选择一件最适合自己的婚纱,一定要善于倾听婚纱顾问和设计师的意见,因为她们有丰富的经验,已经让许许多多的新娘成为婚礼上最耀眼的明星。或许你对她的意见感到惊讶,但仔细考虑一下你会发现,她建议的婚纱才是最适合你的。

(5) 确保时间,试穿婚纱

如果需要定制婚纱,最好能够提前一年就开始挑选,最短也不要少于九个月,这样时间会比较充裕。因为设计制作一件婚纱大概需要四个月,而且最好能在婚礼前两个月送达新娘的手中,这样便于细微之处的修改。选好了适合自己的婚纱,也不能忽视试穿环节。认真试穿婚纱非常重要,这样不仅可以确保新娘在婚礼上光彩照人,而且令新娘优雅得体、舒适自在。试穿时要注意以下几点:穿戴上头饰、项链和鞋等所有的配饰,看看与婚纱是否协调;婚纱能否让新娘行动自如并始终保持好的体态;试试坐下、举臂、弯腰、拥抱和旋转,看看做这些动作时会不会出现让新娘难堪的局面;穿上它是否觉得太热或太冷;裙子的重量如何,长时间站立会不会让新娘感到疲惫不堪;裙子的各个部分是否光滑,会不会划伤皮肤;等等。

(三) 新娘中式结婚礼服的选择

中式结婚礼服最能体现出中国女性的传统美,极受新娘们的喜爱。龙凤呈祥、锦绣红烛、牡丹、水墨等传统元素是中式结婚礼服的典型花色。穿上中国特有的锦绣绫罗绸缎,既能展现东方新娘独有的矜贵与华丽,又能演绎传统婚俗的内涵,相信一定能给新人和亲朋好友留下美好的回忆。[①]

---

① 文字和图片引自新人课堂:巧选中式结婚礼服. 瑞丽网新娘频道:http://bride.rayli.com.cn/class/2012-09-03/L0068009_998574_1.html.

1. 新娘中式结婚礼服的种类

（1）秀禾服——喜庆、唯美、百搭

秀禾服又称龙凤褂，裙褂上的图案以龙凤为主，以"福"字、"喜"字、牡丹花、鸳鸯、蝙蝠、石榴等寓意吉祥的图案点缀。红色与金色的搭配，大气而显富贵（见图5-21）。

秀禾服通常有两种褂型：直衣摆与水波脚衣摆。

直衣摆是一直以来最传统的款式，不论胖瘦的新娘都能穿着。

水波脚衣摆，顾名思义，衣摆像波浪一样的形状，款式比较修身，刺绣做工也相对比较复杂，价钱比直衣摆的贵。

秀禾服的长度刚到脚踝，所以红鞋的搭配还是很重要的，跟秀禾服一样是刺绣而成的绣花鞋当然是最相称的。

新娘若穿秀禾服，新郎就应穿着中山装改良而成的上衣，相近的暗花和刺绣，与新娘的裙褂"天生一对"，而不是西装或者长衫马褂。

（2）改良旗袍——中西结合、精致、典雅

大部分新人会走进这样一个误区，只有高个子才能完美驾驭旗袍，让身材尽显。事实当然不是这样。

改良旗袍可以由长变短：在尊重传统的基础上，融入了新时代的气息，更加凸显女性凹凸有致的身材曲线，极具视觉美感。及膝的长度，就算是个子娇小的新娘也一样可以穿出旗袍的风韵。

改良版的X形旗袍收腰明显，更适合身材高大的新娘穿着，对过于丰满的臀部能有很好的修饰效果。当然，活泼好动的新娘也适合穿X形旗袍，在婚礼当天新娘的活动和行走就可以更加自如，不会因为传统旗袍开衩过高而造成不便（见图5-22）。

气质高雅而脖子较长的新娘非常适合穿高领旗袍，脖子较短的新娘适合穿无领的。

新郎如果身材挺拔，穿中山装会很好看，西服会显得新郎特别洋气，选择唐装有时会显得老气。

2. 新娘中式结婚礼服的头饰搭配

在婚礼上，与中式礼服相配的发型必然是盘头。发饰的运用和点缀对于一款盘发能起到画龙点睛的作用。发饰的颜色应是旗袍的同类色，这样新娘妆扮从整体上会更统一、更协调。

中式礼服最适合有悬垂感的珠宝首饰，珍珠、钻石、红宝石和金饰都可以成为新娘的明智之选，在耳坠的挑选上也要注意与脸型的搭配（见图5-23组图）。

如果婚礼来宾中有不少外国朋友，可以考虑珍珠和钻石耳饰。如果来宾以长辈为主，建议选择金饰。翡翠耳饰因其独特的东方风情，也渐渐成了新娘的新宠。

3. 新娘中式结婚礼服选择的注意事项

古往今来，中国传统服饰最能体现出中国女性的传统美，极受新娘们的喜爱。不过想要将自己和中式礼服的魅力完美地融合，还需要从色彩、款式、面料和个人的身材、气质等方面仔细斟酌。

（1）从面料上考虑

尽量不考虑人造丝和纯涤纶这样的面料，非常容易起静电。

如果是在春夏秋季节结婚，可以考虑用轻薄的料子，比如真丝；冬天举办婚礼最好选用织锦缎，这种面料可以衬托婚礼的豪华（见图5-24）。

（2）从色彩上考虑

大红色：适合年龄稍大的新娘，因为大红色可以显出新娘的稳重大方。尽量避免饭店服务员所穿着的颜色。

玫瑰红：适合年纪较轻的新娘，因为本身皮肤的肤质很好，衬以玫瑰红色，可以使新娘显得青春俏丽。

深红色：适合稳重有涵养的知识女性。

金色与橘黄色：是不因循守旧的新娘可考虑使用的颜色。

鲜艳的颜色：代表喜气洋洋，尤其适合肤色偏黑的新娘，令她看上去更加醒目，艳光四射。

（3）从体形上考虑

就像选择西式礼服一样，在选择中式结婚礼服时也应该注意款式是不是适合新娘的体型，一般遵循一个原则就好：扬长避短。比如身材瘦小的新娘应选图案较小的礼服；腿长的新娘可以选择短款的旗袍，露出修长美腿；脖子较长的新娘可以选择立领款等。

（4）从新郎的角度考虑

值得注意的是，为配合新娘的中式结婚礼服，新郎在选择礼服时也尽可能选择带有一些中国元素的，比如中山装，或者绣有中国元素图案的礼服，也可以在西式礼服上佩戴一些具有中国元素的、与新娘礼服相搭配的领带、袋巾等。

二、新郎结婚礼服

新郎的结婚礼服其实一点都不比新娘的结婚礼服简单，不论是衣料的选择还是细节的搭配，都需要相当讲究。如何才能让新郎在婚礼这一神圣时刻大放异彩呢？下面就来看看新郎礼服知识及搭配。[①]

（一）新郎礼服的不同款式

1. 无尾晚礼服

无尾晚礼服为单排扣或双排扣的外套以及配套的西裤（一般西裤的侧边有一道缎子条纹）。无尾晚礼服最适合晚上举办的婚礼。目前在白天的婚礼上，无尾晚礼服也是一项流行的选择。这种礼服的面料和颜色多种多样，但是黑色永远是最经典的，暗褐色与海军蓝也非常受欢迎，白色和象牙色的无尾晚礼服在春季与夏季的婚礼上也被广泛应用。无尾晚礼服大都是纯色系的，条纹的面料也广受好评，另外还有其他许多纹路也很时尚。大多数无尾晚礼服的面料是精纺毛料和羊毛混纺织物。如果是在度假胜地举行婚礼，轻薄的礼服面料是最适合的。

---

① 图文均转引自爱结网：http://bride.rayli.com.cn/dress/2012-11-25/L0068002_1021147_1.html，2012-11-26。

2. 晚宴礼服

晚宴礼服是白色或象牙色的晚宴西装外套，领口是披肩领，搭配黑色西裤。对于春夏两季白天举行的婚礼或晚上举行的婚礼而言，这都是最理想的选择。对于四季都很温暖的地方，这种礼服任何季节都能穿。它对于度假式婚礼来说也是很棒的选择。

3. 燕尾服

这是晚间婚礼上最经典的着装。燕尾服前短后长，后摆是两条长尾。比较正式的婚礼可以穿黑色燕尾服，或是灰色、海军蓝或酒红色燕尾服，搭配成套的领结和腹带。

4. 常礼服

这种礼服也被称为晨间礼服，很适合白天的婚礼（上午11点至下午4点）。新郎穿的常礼服从前端腰部纽扣处向后渐渐收束延伸成一条宽阔的长尾。这种礼服搭配翼领衬衫、领巾状领带和配套的马甲。伴郎们穿的常礼服剪裁比普通西装要略长一点，搭配平领衬衫和四手结领带。西装外套是黑色或灰色，搭配成套的西裤。

（二）新郎礼服之衬衫

衬衫的款式及颜色多种多样，并且还有有无褶皱、有无裥边之分。白色衬衫仍然是最主流的，不过黑色、酒红色，以及各种粉色系衬衫也很流行。新郎还可以选择各种条纹衬衫。

传统的衬衫面料一般是棉和棉混纺。现在还有各种人造微纤维衬衫，既舒适，又不容易起皱，是绝佳的面料。

稍休闲的衬衫前面是纽扣或钉扣。它的袖口可以是法式反褶袖，通常在扣子的两侧有1～2厘米宽的褶饰。它的领口款式也多种多样。

衣领的款式是区别衬衫的关键，而每一种衣领式样可以搭配多种不同的衬衫款式。

翼领：和立领很像，不过前端有两个向下的尖角，这两处领角和宽角领类似。

立领：这种衣领是立起来的，在纽扣上方环绕颈部。如果在这种衣领上打领带，那么领带环绕颈部的部分是暴露在外的。

宽角领：它是折领，前面的两个领角分开的角度非常大。

（三）新郎礼服之配饰

配饰能让新郎在婚礼上真正秀出自己的个性。新郎和伴郎的配饰应与新娘及伴娘的装饰相呼应，而新郎的配饰应与伴郎的略有不同。

1. 领结、领带和领巾

领结是正式社交场合上最原初的经典饰件。蝴蝶结样式的短领结可以搭配翼领或是宽角领。衬衫的翼领可以翻在领结之上，也可以塞在领结下方。大多数领结都是预先系好形状，系带时调整松紧的。领结可以有各种各样的宽度、色彩及式样，以搭配不同的马甲或腹带。领结也可以在佩戴时自行系，这样能使新郎看上去显得更优雅大气，不过一定要在婚礼之前练熟系结的方法。

四手结领带：这是大多数男士在上班时系的领带款式，四手结领带是它的正式名称。如今它正越来越多地出现在正式社交场合。和领结一样，领带有着多种多样的款式，一般是预先打好结,在颈部系带时来调整松紧的。

欧式领带:这种尾端四方的领带很长,可以搭配翼领或宽角领衬衫。

领巾式领带:这种宽大的领带像一条领巾,环绕在颈部,以领带别针或领带夹固定在颔下。它可以搭配翼领衬衫以及日间常用礼服。

褶式领带:这是一种褶皱系结的四手结领带。

领巾:环绕颈部,打褶的长带或长领巾。

2. 腰封

丝绸或缎子制成的腰带,穿于腰腹部,遮住裤子的腰围部分。穿戴腰封时,应该将它带褶的那一面朝外。一般而言,腰封的颜色与面料都和领带相呼应。

3. 马甲

马甲是当下穿戴西装时最流行的搭配。它取代腰封遮住西裤的腰围部分。马甲的纽扣位置千变万化,可以有翻领,也可以没有。有些马甲背后几乎没有面料,由颈部和腰部的设置来调整松紧;还有一些马甲则是前后完整的。如果需要在宴会当中脱去西装外套,最好是选择背部完整的马甲。

马甲应与领带(领结、四手结领带或欧式领带)配套或相互呼应。它们的面料与颜色也是多种多样。最流行的是中性色(黑色、灰色、米黄色和白色),有时也采用和伴娘礼服相呼应的色彩。

4. 装饰手帕

装饰手帕是一块放在左胸口衣袋内的小手帕,伴郎们可以用它来代替胸花。

5. 袖扣

袖扣是用来固定法式反褶袖的装饰性首饰。

6. 饰钉

饰钉是和袖扣相似的首饰,用来固定无尾礼服衬衫的前部,因为这种衬衫前部没有整排纽扣。饰钉一般是三个或四个一组。

7. 吊裤带

吊裤带也称背带。两条吊带跨过肩膀佩戴,以提撑裤子。吊裤带一般与腰封搭配,但从不和马甲搭配。它与腰封可以在颜色或样式上相互呼应。

8. 皮鞋

皮鞋的表面应非常光亮,而且一般是以正宗皮革所制。可以是纯黑、白、象牙色或是双色的。黑皮鞋可以搭配黑色西装,白皮鞋搭配白色西装,以此类推。双色皮鞋一般搭配黑色或条纹西装。非主流颜色的皮鞋可以搭配褐色或海军蓝色西装。

如果鞋子是系鞋带的,那么鞋带在鞋面的穿法应该是横交式。短袜的颜色及款式也应该和鞋子相搭配。

(四)新郎礼服穿着搭配六定律

新郎礼服除了要透露时尚的气息,还要和新娘的礼服和婚礼的风格相呼应,让整个婚礼更完美。以下是新郎礼服穿着搭配定律。[1]

1. 西装或晚礼服应该适合当时的场合

最基本的一条原则,就是新郎的着装应该和结婚场所相称,并且符合婚礼的整体风格。如果是白天或户外婚礼,那么礼服可以稍随意一些。如果婚礼是在夜晚的宴会厅或华丽的酒店中举行,可以选择一套剪裁得体的暗色西装,或是正式黑领带礼服(无尾晚礼服)。而对于超豪华的婚礼而言,白领结礼服是正装中的终极选择——黑色燕尾服、白衬衫和白领结搭配。

2. 新郎的配饰为其加分

当新郎、新娘、伴郎、伴娘的着装统一且互相呼应了,就必须准备一些饰品点缀新郎,让其更独特一些。可以让新郎戴上一朵特别的胸花,或是系上特别的领结、穿戴特别的马甲、领带、腰封或袖扣,等等。如果婚礼有两种主色,新郎采用其中一种,伴郎伴娘采用另外一种。如果是一场奢华的婚礼,可以让伴郎们穿无尾晚礼服、黑色领结和黑色马甲,新郎则身着更精致的白领结和白马甲。另外,新郎最好在个人配饰上注入个人品位,秀出独一无二的特别元素。例如,如果新郎是位音乐家,可以在胸花上加入高音谱号;如果是个可爱的科幻迷,那么他可以戴一对《星球大战》的袖扣……

3. 新郎需按照身材选择礼服

要让新郎光彩照人,关键是要衣着合体。如果新郎又高又瘦,大多数礼服和西装穿在身上都会很不错。如果想让新郎看上去不那么瘦,可以试试双排扣的西装。若是想让新郎看上去不那么壮,可以选择一套合身的西装,并略微收腰,这样看上去更加修长。另外,切忌选浅色系,因为深色系的衣服更显瘦。矮个子新郎应该选择两扣或三扣的低领口西装外套,这样能拉长身体线条。

4. 新郎礼服应该完美合身

新郎穿上礼服应该能够行动自如,如果衣服不够合身,应请裁缝修改,但需要注意以下几点。

① 外套的袖口应该在手腕处并能够露出衬衫袖口的1～2厘米。

② 外套的底边应该遮住臀部,且开衩不应该被撑开。如果被撑开了,那就说明衣服太紧了。

③ 颈部后侧以及两边的衣领应该平顺帖服,不大不小。

④ 在站着和坐着时,裤子应该穿着感觉舒适合体,并且裤脚应该刚好盖过脚面的1/3。

⑤ 领结应该完美地贴合衣领。

5. 新郎的着装应该和伴郎、伴娘们相合衬

按传统惯例,伴郎们的着装应该和新郎的着装一致或相似。即使不穿一样的西装或礼服,但是风格和款式也要相呼应。除此之外,新郎与伴郎、伴娘的着装也需要相配。

---

[1] 王结桂.新郎礼服穿着搭配六定律.http://www.99wed.com/hunsha/view_2914_1.html.2013-06-07.

6. 新郎衣着应该与新娘的相呼应

婚礼是展示夫妻风格的一次机会，所以要保证新郎与新娘的着装风格一致。例如新娘的婚纱是一条华美的蓬蓬裙，那新郎则应该穿一套经典的黑色无尾晚礼服，而不是亚麻制的浅色西服。还有很多不同的搭配，比如原色蕾丝婚纱搭配棕色西装，修身的时尚都市型婚纱搭配合身的灰色西装等。

三、伴娘、伴郎礼服

婚礼上，不仅要求新郎的礼服要和新娘礼服完美搭配，身为伴娘、伴郎，也要与新娘、新郎的着装相互呼应。不同的婚礼对于伴郎伴娘礼服有不同要求，伴娘伴郎应根据婚礼类型挑选合适的礼服。

下面是一些关于伴娘伴郎礼服的建议。

选择淡雅的绿色调伴娘礼服，避免深绿色，营造干净、含蓄的气质，让整体形象清新、放松。修身的剪裁能体现伴娘优雅的韵味，腰间点缀精致的蝴蝶结，别具新意，也可以搭配一款米白色的小挎包，是不错的选择（见图5-25）。

伴娘礼服强调整体线条流畅，中间一条小小的蓝白条纹腰带能很好地勾勒伴娘婀娜的身材，也可以选择不用深浅的蓝色搭配，营造多层次的色彩感（见图5-26）。

充满光泽的绸缎材质面料搭配局部的褶皱处理，避免礼服显得太过平凡。绸缎材质与浅绿、米白色等雅致色调最相衬。发型可以稍加装饰，蓬松的发髻和白色花朵的点缀，能让伴娘更显亲切自然（见图5-27）。

纯净的米色能够更加映衬出白色的清澈雅致，让新娘更加明亮、清新，也让伴娘干净、脱俗的气质得到最好的诠释。用一点金色的点缀，能塑造活泼可人的感觉，给礼服带来新鲜亮点。米色礼服裙非常适合珍珠这类带有温暖、莹润感觉的饰品（见图5-28）。

伴郎礼服比较简单，只要西装就好，但不要太帅气，超过新郎。

灰蓝色的礼服避免了生硬的面貌，带给人一种平易、祥和的态度，也可以搭配绿色的衬衣和领带，增添文雅内涵（见图5-29）。

修身利落的西服套装带有强烈的复古和强悍意味，领带慎用深色系，浅色的领带更显得悠游自在（见图5-30）。

伴郎礼服用藏青色、黑色等庄重的色系，与伴娘的蓝色相匹配。修身的裤装，尽显精明强干（见图5-31）。

用较为鲜亮的黄色、米色系衬衣注入年轻感，撞击出精彩、活泼的伴郎节奏。灰色修身西服增添了文雅气息（见图5-32）。

另外，在挑选伴娘礼服时，尽量不要挑裙尾过长拖沓的裙子，避免在婚礼现场帮忙时的不便，尽量选择正式简单的款式，以后也可以用于公司酒会，或者适合进出办公室。在饰品搭配方面，尽量去掉妨碍身体活动的配饰。要选一双舒适的鞋子。伴娘的任务多，走路多，所以可以选择低跟浅口鞋。在皮包方面，一定要大，可以装下新娘的红包和新娘甚至还有新郎和伴郎的手机、钱包。

第二节　婚 庆 化 妆

婚庆化妆主要是指婚礼期间由化妆师提供的新娘化妆及跟妆服务，以及目前普遍提供的免费赠送伴娘简妆或妈妈简妆等。婚庆化妆最主要的部分是新娘化妆。

除了一些特殊的婚俗以外，婚礼一般是一天结束。所以，如果新人婚礼预算不是很充裕的话，影楼提供的免费婚礼早妆也够了。但事先一定要与影楼确定好化妆师并试过妆，以免婚礼当天不满意又来不及补救。

一、新娘化妆

新娘作为新婚庆典的核心人物，新娘妆是十分重要的。成功的新娘妆将新娘的美丽形象展示在众人的面前，令前来参加婚礼的宾客眼前一亮并发出惊叹。

（一）新娘妆的注意事项

1．新娘妆应采用轻淡的油妆，尽量不要化粉妆

因为举办婚礼的兴奋和忙乱常常使新娘紧张和应接不暇，即使大方沉着地应酬也难免香汗湿巾，轻淡的油妆更容易保持妆容。

2．新娘妆是一种近距离的妆型，着重于自然和柔美

新娘妆妆色的浓淡介于浓妆和淡妆之间，不宜太浓也不宜太淡，要做到恰到好处。太浓显得过于夸张而失真，过淡又显得新娘太过"素面"而无光彩。为了突出喜庆的气氛，新娘的妆色可以用暖色调和偏暖的色调，以充分体现新娘的健康美、自然美。

3．新娘妆要适合新娘的脸型、肤色等

总的原则是：面型宽者眉不宜细，面型瘦者眉不宜粗，眼角上挑者眉不宜弯，眼角下垂者眉不宜直，胖者腮红不宜过，瘦者腮红不宜小，高鼻梁者鼻与眼颜色宜过度，扁平鼻者鼻与眼界限要分明，眼窝深者眼影不宜重，眼微突者眼影要适当深，面白者妆不可浓，面黑者妆不可浮，唇宽者色浓更显厚，唇单薄者色浓更显薄，额高者妆宜淡，颧高者妆忌浓。

（二）新娘跟妆

新娘跟妆是现在比较流行的为新娘化妆的服务，顾名思义就是婚礼当天化妆师跟在新娘的左右为其提供服务，包括化妆、造型、整体搭配等，这样新娘不用早起去影楼排队，也不用付早起费，而且还能请到专业化妆师为自己打理婚礼当天的新娘造型，包括补妆和变换造型等。

新娘跟妆源自于中国台湾的婚纱公司彩妆造型师的个体化服务升级。早期的新娘大部分必须在结婚当天一大早就到婚纱公司或美容院化妆，但是在婚礼全天的活动中，新娘的妆容和造型到了下午往往会走样。2000年前后开始有了新娘跟妆服务。如今，新娘们普遍都愿意聘请一位专业的跟妆师为自己提供专业化妆服务。

新娘跟妆主要分半程跟妆和全程跟妆。新娘选哪个要根据婚礼当天的需要而定。

1. 半程跟妆

新娘半程跟妆一般根据新人的需要分为两种：早妆和酒店改妆。

早妆：早上化妆师上门为新娘化妆和做造型。

酒店改妆：从新娘到酒店开始，然后典礼完毕变换造型到宴席结束。

2. 全程跟妆

新娘全程跟妆是指在新人结婚当天，化妆师全程陪同。主要要完成新娘早妆（化妆师早上上门为新娘化妆做造型）、晚宴妆多个妆面，中间全程补妆，特别是婚礼仪式举办前和举办中的补妆、晚宴期间变换造型、发型，免费租借发饰、配饰等。全程跟妆可以让新娘在整个婚礼过程中都美丽动人。

结婚当天，中间适当补妆非常必要，尤其是对选择在夏季结婚的新娘。晚宴中新娘随着礼服造型的变化，妆容和发型也需要相应地变化，这些往往都是影楼提供的免费妆无法做到的。新娘如果不想在结婚当天留下任何缺憾，可以考虑选择一个好的全程跟妆师。

3. 选择新娘跟妆的要点

① 选择当天新娘跟妆的时候一定要提前试妆，不仅要看妆面，还要看发型、搭配的整体感觉、化妆品的品质等。试过了才知道这个化妆师适不适合自己，是否能做出自己想要的感觉。

② 婚礼上的新娘化妆如果需要跟妆，就要根据每一套衣服的风格设计并制作适合的发型，同时还要调换眼影和唇彩的颜色。这样才能达到整体的协调，使新娘看上去更加漂亮。

③ 很多婚纱影楼会赠送婚礼当天新娘跟妆服务，不过如果新娘想要选择影楼的化妆师，可能需要婚礼当日起早去影楼排队。

（三）新娘试妆

新娘在选择化妆师的时候，一般应要求有一个试妆的过程。试妆主要是为了让新娘通过这个过程来决定是否选择某一位化妆师。有些新娘可能由于忙碌于筹备婚礼导致时间紧张，或者是嫌试妆麻烦就省掉了这一过程，其实试妆这一环节是很有必要的。

新娘在试妆时应注意以下几点。

① 为了使妆面达到理想的状态，试妆前可以做一些简单的面部护理。

② 试妆前可以先收集些喜欢的妆面发型资料，便于和化妆师沟通，告诉化妆师自己想要的感觉，再试个妆感觉一下化妆师的妆面风格，看是否符合自己的要求再定。

③ 确定自己是否使用某种化妆品过敏以及确认化妆品的卫生问题，如有问题应与化妆师进行沟通。皮肤过敏比较严重的新娘，如果有条件，不妨上妆之前先敷个防过敏的面膜或者使用一些隔离彩妆的产品，卸完妆之后再迅速敷一个修复的面膜，以减少对皮肤的损伤。也可以把自己习惯使用的化妆品带去给化妆师看看，如果能派上用场也可以用。

④ 试过妆后如果满意，就可以签订正式的婚礼化妆服务书面合同。

在目前婚礼化妆行业内对服务难有统一规定的情况下，书面条款是保护双方利益、避免纠纷的最佳方式,应在合同中附上详细的服务列表。

(四)新娘的彩妆类型及适合人群

作为化妆师,一定要让新娘成为当天最美的女人。如何化好新娘妆,是每一位新娘化妆师必须认真学习的。毛戈平彩妆学校简单地归纳了三种新娘彩妆的重点。

1. 甜美型:适合年龄较小,或者较为娇小的新娘

眼妆与唇妆永远是新娘妆的重点。甜美型的新娘可以在眼影上涂抹一些粉色的眼蜜,衬托当天粉红的气氛。睫毛是眼妆的重点,一定要足够卷翘迷人,上下睫毛都要如扇子般完全打开,最好用睫毛梳梳理,防止睫毛打结。唇妆以淡雅为主,可以是裸妆,也可以使用透明唇蜜,突显原有的水润唇色。

2. 温柔型:适合长相温柔,气质婉约柔美的新娘

眼影仅以大地色描绘,关键是用眼线笔勾勒出眼部轮廓,用清晰干净的眼线突出眼神的清澈。注意眼尾的处理,不能过于犀利,在眼尾要稍稍拉长,使眼妆变得柔和。唇妆最好选择裸色,以立体水润的双唇来凸显眼妆的温柔俏丽。丰满的新娘可以考虑此款,展现出自己最优雅温婉的一面。

3. 娇艳型:适合个性独立,热情大胆美艳的新娘

可以使用含有细致珠光的眼影,也可以晕染出一点小烟熏,眼线与睫毛膏都必不可少。唇妆也偏向于亮丽的桃粉色,盈盈饱满,火辣诱人,娇艳中带一点点酷,让新娘的婚礼更加有特色。小眼睛的新娘可以使用此款。

(五)新娘妆的注意事项

结婚当天是新娘人生中非常重要的一天。每个新娘都想打扮得美丽动人,新娘妆的主要注意事项如下。

1. 忌太过浓墨重彩,以至于新娘化完妆后都不像本人了

婚礼这天新娘当然要打扮得漂亮迷人,但不是化妆后变成一个"陌生人"。之所以朋友们觉得拍出的照片认不出是新娘本人,原因就是新娘妆太过浓墨重彩,比如粉底涂得太白太厚、假睫毛太浓等。新娘妆可以比平时化得浓一些,但忌太多的色彩。现在化妆的大趋势是素雅、自然,新娘妆也不例外。婚礼当天新娘的化妆主要是为了体现新娘甜美、温柔、健康、喜庆的一面。

2. 注意色彩要协调

新娘妆的眼影、口红与指甲油之间的色彩要协调,而且脸部化妆的整体色彩要尽量与当天穿得最久的那件礼服颜色相协调。全身肤色要一致,成功的新娘妆,面部与身体其他部位,凡是露在外面的皮肤颜色都应该一样。

3. 新娘的先期准备工作做得越好,新娘妆的效果就越好

新娘可以提前半年做定期有氧运动,因为运动不但能令身材保持健美,穿起婚纱和晚装更好看,而且还能促进血液循环、加快新陈代谢,使人看起来容光焕发。新娘还要提前一个月开始为新娘妆的效果做准备工作,比如做皮肤护理工作(去角质、补水保湿)。结婚前一天的晚上,争取要早点休息,晚餐不要吃得太咸,不要喝太多的水,这样早起不会有个大眼袋了。新娘最好提前一天洗头洗澡,不要在婚礼当天早起洗头,这样头发潮湿,会影响造型效果。

二、新郎化妆

在婚礼这样的特定场合,新郎也需要用化妆品来修饰一下皮肤和妆容,以掩饰因为筹备婚礼而显得疲劳的面容以及掩盖一些面部缺点。这样才能与新娘相配。

不过,与新娘化妆相比,新郎化妆就简单多了。

新郎化妆主要要强调清新、自然,既要保留新郎的自然美,又能体现出修饰美。通过化妆,要使新郎的气质美与内在美都完美地表现出来。要达到这样的效果,也可以考虑请专业的化妆师,并注意以下几个问题。

(1) 突出男性的自然美

男性化妆所选用的化妆品多为黑、白、银等冷色调,以此来显示男性高雅、俊美的形象。

(2) 男性肤色的调整和修饰

一般先要清洁皮肤,然后涂抹适合自己皮肤的护肤霜。在用粉底霜调整新郎皮肤色调时,颜色的选择很重要,应该选用略深于新郎肤色的颜色。粉底要涂得薄而均匀,否则会在皮肤上留下浮粉的痕迹。如果新郎本来的肤色灰黄苍白,涂粉底霜后仍缺乏健康色,可以在面颊及眼圈周围用微量的浅红色腮红膏淡淡地揉匀,便会出现自然的红润面色。

(3) 新郎眉毛的修饰应以自然、真实为主

一般来说,男性的眉毛本来就比较浓,所以新郎眉毛不应出现过度修饰的痕迹,但当眉毛有缺陷或眉型不美时,应采取有别于女性的修饰方法来弥补。过淡的眉毛可在眉限内轻画几笔,如眉毛稀疏色淡,可用眉刷蘸一点蕉茶色(用黄色、棕色、黑色调配)眼影或眉粉擦在稀疏的眉毛根底中间,然后用小指轻轻揉匀,但不要涂出眉外。断眉用眉笔衔接上即可。如果要改变眉形,可先用拔眉钳拔去多余部分的散眉,然后用眉笔添画。但新郎画眉要格外小心,不要留下人工修饰的痕迹,以免显得阳刚气不足。

(4) 新郎嘴唇的修饰也要以自然真实为原则

新郎嘴唇的修饰也与新娘有着明显的不同,一般只能染上薄薄的油色,不能有明显的边缘线,也不能用唇膏来改变嘴唇的轮廓和形状。化妆时不必用唇线笔先勾画轮廓,只用手指蘸一点唇膏擦在嘴唇上就行了。唇膏的颜色以浅红或棕红为好,可以与肤色协调而显得自然真实。

(5) 脸上有青春痘的新郎可用遮瑕膏和油妆遮盖一下

三、婚庆化妆存在的问题

(一) 从业门槛低

目前婚庆跟妆从业人员远远满足不了结婚高峰时段的需求,吸引很多人涉足这一市

场。一般只要找一家化妆培训机构学上一段时间，花上几千元学费，多看看时尚杂志，再购买一些化妆品，就可以做婚庆跟妆挣钱了。在婚纱影楼做新娘跟妆服务的，多数都有化妆师职业资格证，但婚庆市场上的跟妆师有执业证书的却不多，婚庆跟妆师水平良莠不齐。

（二）利润丰厚

对新人来讲，花500～1000元找一位跟妆师，全程帮忙补妆、换发型，虽然有点贵，但很多人觉得一辈子就结婚这一次，只能随行就市接受了。而对于跟妆师来说，普通的演出妆只有三五十元，而新娘跟妆却动辄七八百元，结婚高峰期间利润可谓丰厚。

（三）兼职为主

现在很多跟妆师大多都挂靠在婚纱租赁店和婚庆公司。他们自己不用开门店，联系几家婚庆公司、婚纱租赁店和婚庆公司，或在网站上发帖子，就能接不少生意。

（四）服务不规范

1. 用的化妆品质量和卫生状况存在问题

一些婚礼跟妆师用的化妆品是劣质或者杂牌的化妆品，这样的化妆品一整套下来也不过一两千元，分摊到每位顾客身上的价格就更低了。这种劣质化妆品对皮肤有较大危害。在卫生方面，如果新人没有提出一定要使用自己专用的化妆品，有的婚礼跟妆师就没有坚持做到"一客一换"，从而在化妆品的卫生问题上埋下安全隐患。

2. 不签订服务合同

每年的结婚高峰，如果不提早预订，婚庆跟妆师经常已经全部预订完了。但如果有新人价格出得更高，有的跟妆师就会推了手头原定的客户。因为跟妆师很少签订书面合同，多是口头承诺，使得行业存在一些跟妆师婚礼当天找不到、卷预付款走人的情况，新人要提高警惕。

第三节　婚　庆　摄　影

这里不探讨婚纱摄影，主要是婚礼跟拍，是指在婚礼当天，由摄影师跟随新人拍摄。那么本节就让我们来具体探讨一下婚礼跟拍。[①]

一、婚礼跟拍的意义

很多人家里珍藏的关于结婚的纪念相片大都是在婚礼当天现场拍摄的，因为这些珍贵镜头的纪实性抓拍，是新人们最自然的流露，也是新人们最值得留恋的时刻，更是新人一生中非常美丽的瞬间。多少年后，新人们再次看到这些照片的时候，婚礼当天幸福的一幕幕再次展现在他们眼前。

---

① 本部分一至五转引自：婚礼跟拍师的挑选攻略. http://xian.qq.com/a/20100602/000188. 2010-05-31.

请专业的摄影师采取不同寻常的摄影角度和技法，在记录幸福过程的同时更加关注喜悦浪漫的细节，再运用现在很流行的数码技术、最时尚的版式设计，把婚礼现场的照片修饰入册，给圆满的婚礼和今后幸福的一生留下最完美的纪念。

但是很多新人忽略了请专业的摄影师这一点。因为现在很多人都有非常专业的数码相机，很多新人就让亲戚朋友跟拍。有的新人虽然请了摄影师，但是并没有和摄影师进行交流，没有把自己的想法和摄影师沟通，结果出的片子还是有不尽如人意的地方。所以，新人们在意识到婚礼现场摄影的重要性后，要很好地和摄影师进行交流，摄影师会利用他的经验给出很好的建议，这样互动起来，后期的片子效果会很好。

最重要的是，结婚那天要拍的东西非常多，这是非专业的朋友们很难做到的，也来不及拍的。所以结婚当天请一个好的专业跟拍是非常重要的，若干年以后再看这些照片，你会感受到那份真实的感动。

二、专业婚礼跟拍与非专业婚礼跟拍的区别

1. 专业跟拍

① 优点：从早上开始工作直至晚宴结束。全天的工作就是围绕新人，随时记录他们最美丽的时刻。拍摄角度广泛、手法细腻，能够捕捉细节，知道如何通过摄影手法突出重点，把握虚实。

② 缺点：需要一定的费用。

2. 非专业跟拍

① 优点：除了欠朋友一个人情外，几乎不需要费用。

② 缺点：跟拍者只是在他顾及的时刻端起照相机拍照，无法做到全天跟随（比如下午的外景），拍摄水平一般。尤其晚宴时，由于灯光昏暗发黄，非专业人员拍出的照片几乎都是模糊不清的。且婚礼上新人常常是在非静止状态下，非专业者无法拍摄到清晰的图片。

三、跟拍的价位及跟拍内容

① 跟拍的价位：一般为2000～3000元。区别在于相机品质、摄影师技术、后期消费。

② 跟拍内容包括：早上到达新娘家，拍摄新娘化妆，以及和闺中密友、父母合影。之后全程跟随，包括下午出外景，直到晚宴结束。

③ 具体的婚礼跟拍内容如下。

婚礼前的静物组：迎宾牌、蛋糕、香槟塔、烛台、会场的装饰花、会场外观、手工制作品（戒枕等）、婚宴桌上的桌牌、餐具、餐巾、喜糖、喜酒、喜烟、喜字、喜饼、喜茶、喜帖、喜果、点心、家具的布置、餐桌花、签到本、酒店大堂、酒席的场面、酒席上的布置、酒店的外观、杯碟、合卺杯、喜帖内容。

婚礼前的新娘：化妆中、等待中、照镜子，新娘的鞋和包、首饰、枕头、白手套等。

婚礼前的新郎：礼服、礼服配饰、鞋。

婚礼抓拍：抓拍新人的表情、动作，关键是不要让新人发觉，也许能捕捉到意想不到的动人画面。

接送新娘时：花车、花车的装饰、车队。

婚礼仪式中的新人：入场、许下誓约、交换戒指，新娘的表情、新郎的表情、深情对视，新郎揭开新娘面纱，新郎亲吻新娘，新人互赠礼物、牵手、切蛋糕、倒香槟、点烛台，众人往新人身上撒花，新娘抛花、敬酒、与亲友欢谈干杯，来宾的祝福。

婚礼仪式后：新人合影、新娘婚纱全身照、新人瞬间自然的微笑、新人与亲友合影、新人退场、新人的背影。

四、跟拍的后期制作

① 一般说来，全天跟拍张数为200～400张。好的摄影师不会计较张数，看见好的情景，他就会不停地按动快门，记录下幸福的瞬间。新人不必刻意摆出POSE，随意、自然是最佳的拍摄状态。

② 后期一般修片30张左右，也有全部修片的。修片按程度分为基础修片和精细修片，包括：皮肤特殊柔化，去斑痘、除皱纹、脸型、五官精修、色彩微调等。

③ 全部照片刻盘赠送，不需要后期买底片。

五、婚礼前新人与跟拍摄影师需沟通的问题

Q：在婚礼之前，跟拍摄影师需与新人沟通吗？

A：如果是经验丰富的摄影师能很快了解整场婚礼的亮点。因为婚礼当天基本上都是采用抓拍的方式，只是在一旁记录婚礼当天所发生的一切，所以在婚礼前只需要提前了解新人的特殊要求和特别希望拍到的一些场景，如婚礼上的布置或者是某位亲友要多拍几个特写等。

Q：对于新人来说，最好为自己的婚礼安排几个摄影？

A：要看新人的具体预算。通常两个摄影师会更有利于抓拍。其中一位主拍，另一位辅拍。比如在新郎上门过伴娘那一关的时候，如果有两个摄影师，一个在门外拍新郎和伴郎的斗智斗勇，一个在门内拍新娘和伴娘乐得前仰后合，这样的安排就不容易落下经典瞬间。

对于新人来说，婚礼是一生一次的，有些难忘的瞬间是很难重现的。

Q：从一位摄影师的角度，有什么建议可以给新人呢？

A：一般在迎宾时会有大量的与来宾合影，这时的合影新人可以请自己爱好摄影的朋友来拍，而婚礼摄影师可以在一旁进行抓拍。比如新人与久未见面的来宾寒暄、拥抱的神态，以纪实的角度能令回忆更加生动。另外，有些新人比较放得开，有强烈的主角意识，甚至会请出泰迪熊之类的人偶来活跃气氛。这对于不大放得开的新人是很好的借鉴。

Q：有什么经验可以给婚礼跟拍摄影师同行呢？

A：无论是黑白还是彩色的，有感染力、有保存价值的婚礼照片一定是构图出色、对人物的神态把握非常精妙的。婚礼跟拍摄影师在抓拍时可以尝试更多的角度或者构图。比如在拍摄某一个大场景的时候，摄影师可以选择一个相对较高的俯视角度进行拍摄，整个画面就会很生动。

六、婚礼全程跟拍攻略

近年来，随着新人们和婚礼全程跟拍摄影师逐渐达成的共识，大家总结出一些婚礼全程跟拍的要点及攻略。新人们和婚礼跟拍摄影师应该提前了解这些攻略，这样可以使婚礼全程跟拍工作从前期策划准备，到拍摄和后期制作，都在轻松愉快的氛围中高效完成。新人们在今后的婚姻生活中翻阅婚礼相册时可以重温幸福和美好，婚礼全程跟拍摄影师也可以作为拍摄时的参考。

（一）基本配置

摄影师可视自身的拍摄风格和新人的要求选择适合的摄影器材。婚礼跟拍时常常会遇到光线不足，或在新人不断移动中进行拍摄的情况，因此建议在室内拍摄时，相机的感光度设置在400左右，光圈可采用大光圈。为了保证拍摄图像清晰，相机快门速度建议控制在1/125秒左右。跟拍过程中闪光灯的使用很重要，摄影师需要在拍摄中不断摸索闪光灯的运用技巧，可以在拍摄时借助婚礼场景中的反射物，如婚礼举办场馆的房顶或墙面，使新人的面部拍出来唯美柔和，尽量避免直闪。一般来说，高档的摄影器材和跟拍摄影师丰富的拍摄经验，会给新人的婚礼影像记录加分。

（二）构图技巧

构图对婚礼摄影的画面美感非常重要。摄影师一般会在拍摄前就有一些想重点表达的主题和表现的构图方式，这样在婚礼拍摄现场，可以迅速地把焦点对准自己选定的所要表现的视觉中心。婚礼跟拍摄影师大多喜欢把视觉中心放在画面的黄金分割线上，选取干净的背景，注重明暗的强烈对比。比如在拍摄新娘化妆时，可以采取能突出新娘特别美的视角，抓住新娘喜悦期待的神情，采用不同的视点和虚实对比，让视觉中心更加突出。

（三）不同婚礼跟拍环节的要点

现在婚礼大多都喜欢请两个跟拍摄影师，同时对新郎和新娘进行跟拍，这样会使婚礼影像角度更全面，记录更完整。下面围绕婚礼过程中的经典拍摄元素，对婚礼跟拍提一些建议。

1. 跟拍化妆过程

新娘化妆前，跟拍摄影师可以拍摄新娘家里的喜庆场景和一些静物，比如婚礼小饰物和婚礼用品等，可重点拍摄新娘的婚鞋和戒指。在拍摄这些静物时，一般采用大光圈来虚化背景，以突出婚鞋、戒指等拍摄主体。跟拍摄影师在拍摄静物时，可采用定焦镜头，拍摄的曝光组合要根据摄影师自己的经验和现场的环境进行相应的调整。拍摄可以用静物为前景，虚化的人物为背景，用静物的影像寓意新人大喜的一天即将开始，虚化的人物影像可以给人更多的憧憬和想象空间。

婚礼跟拍摄影师如果想在新人化妆过程中拍出令新人满意的作品，就要学会与化妆师做一些沟通与配合。有经验的化妆师一般会在适当的时机，给摄影师让出拍摄的位置，以便跟拍摄影师能记录到新人的美好时刻。拍摄正在化妆的新娘时，摄影师可以先观察一下新娘有哪些角度拍出来更美,哪些拍摄角度应该尽量避免。选择好的拍摄角度,采用不同的视点和视角,这样就可以捕捉和记录新娘在化妆环节的美丽妆容、动人的表情,以及一些其他的唯美瞬间(见图 5-33)。

2. 跟拍迎亲过程

婚礼跟拍摄影师在对婚车和迎亲情景进行拍摄时,从花车的细节到整个车队的场景都要进行拍摄。迎亲过程的拍摄主要集中在新郎与伴郎和亲友间的互动上,要善于捕捉所拍摄人物的肢体动作和笑容,要体现出喜气洋洋的迎亲氛围。在迎亲路上拍摄时,跟拍摄影师所乘的车辆要紧跟婚车,在注意拍摄安全的同时,力争从婚车的侧翼,利用一些途经场景中的标志性建筑、桥梁、行道树等这些迅速位移的景物来衬托婚车的速度,表达新人对婚礼仪式的向往。

新郎到达女方家后,通常要进行"抢新娘"这一热闹环节。这时候新郎和新娘分处婚房的内外,两位跟拍摄影师要分别对婚房内外的场景进行跟拍。这时的现场气氛通常都十分活跃,现场每个人的真情都自然流露出来,摄影师要做的就是选好不同的角度和人物,抓拍到动人的画面留作纪念。"抢"完新娘,新郎就要抱着新娘回家。从出女方家门到进入婚车这段距离,跟拍摄影师一般要在运动中进行拍摄,可用低角度连续拍摄的方法拍出移动中的感觉。新娘进入婚车后,摄影师可以快速选取一些不同视角,来拍摄新人对婚礼的憧憬和对新生活的向往之情,如图 5-34~图 5-38 所示。

3. 跟拍婚礼仪式和婚宴过程

在婚宴正式开始之前,摄影师可利用宾客未到的间隙,对婚礼庆典的现场进行拍摄。通常此时婚庆公司对婚礼现场的布置工作已经结束,场景往往十分唯美浪漫。如果等宾客陆续入场后再进行场景拍摄,场面会显得有些乱。跟拍摄影师的拍摄内容从温馨浪漫的大场景到设计有趣的细微之处都要记录到,为新人们留下美好的回忆。开始迎宾后,嘉宾们纷纷开始进入婚礼现场。跟拍摄影师这一阶段应重点拍摄新郎和新娘迎接宾客、接受宾客祝福、与宾客温馨互动的画面。此时摄影师可用广角和长焦来拍摄婚礼现场的不同气氛。广角能很好地表现婚礼现场大场景的喜悦氛围,长焦则可以更好地捕捉新人与宾客互动的祝福时刻,如图 5-39、图 5-40 所示。

婚礼仪式开始后,随着婚礼环节的推进,现场光线有时会变得昏暗,这对跟拍摄影师的拍摄水平是个考验。由于婚礼现场光线变幻不定,摄影师可先测一下曝光度。婚礼进行时选用侧逆光和逆光的角度会让画面更加干净唯美,但拍摄难度也较大,因为逆光拍摄时的对焦很难控制,这就需要摄影师手动对焦来保证最佳的拍摄效果。如互戴婚戒和吻新娘环节是新人们梦想成为实现和许下庄严承诺的神圣时刻,证婚环节、倒香槟环节、新娘抛手捧花环节、婚礼游戏环节、新人敬酒答谢亲友等诸多婚礼中的美好瞬间,新人都希望跟拍摄影师能帮他们选好角度一一记录下来。最后,跟拍摄影师再为新人们拍一些充满爱意和祝福的合影,为这场婚礼画上完美的句号,跟拍摄影师也通过自己精湛的摄影技艺将宾主尽欢的美好场面永恒地记录下来(见图 5-41~图 5-46)。

第四节　婚庆摄像

婚礼摄像是指摄像师在婚礼前、婚礼中和婚礼后的全程跟踪拍摄,来记录婚礼的摄像形式,包括前期摄制以及后期的剪辑包装。对新人们来说,婚礼不仅仅是场仪式,更是充分展现新人个人品位的时机。为了将婚礼定格成永恒记忆,如今的新人们对婚礼摄影的要求更是精益求精。本节主要聚焦于婚礼摄像的跟拍,即在婚礼过程中摄像师对婚礼的全程拍摄。

一、婚礼录像拍摄流程要点

每一场完美的婚礼都是历史时刻的定格,每种场景也只会出现一次,所以婚礼摄影对摄影师有很高的技术要求。婚礼拍摄流程的要点可以参考以下几点[1]。

婚礼拍摄流程(双机位)

摄像 A 负责新娘全程

摄像 B 负责新郎全程

【新娘化妆】

摄影师:A

拍摄内容如下。

① 造型店门头,拍摄造型店的门头。

全景,特写。保证最少两个镜头。

② 新娘化妆:打底、贴睫毛、眼影、修眉、腮红、画唇。

每项流程分别拍摄近景,特写。

③ 化妆工具:眼影、唇彩、粉底盒、面霜、睫毛膏。

每件工具分别拍摄近景,特写。

切换拍摄化妆师使用工具的动作。

④ 头发造型。

烫卷。

造型。

穿戴首饰(项链、耳环、头冠)。

近景,特写。

⑤ 定妆造型展示:转裙子动作、窗前静止造型、局部造型。

⑥ 新娘出门,上车离去。

全景跟拍。

【新娘等待迎接】

摄影师:A

拍摄内容如下。

---

[1] 徐祥勇.婚礼拍摄流程(双机位).http://www.chinadmd.com/file/3s3piiieusixpwovsroz6w3u_l.html.

(1) 新娘家布置类
① 床铺全景,不同角度：床头柜、相册、其他各类照片。
② 各方位喜字特写。不同角度：例如衣柜、台灯等上面的喜字,新娘粘贴喜字。
③ 梳妆台：近景与特写拍摄梳妆台上各类玩具、玩偶与首饰。
④ 近景拍摄各方位婚纱照,运用技巧。

(2) 新娘个人造型状态类(最少选拍两项)
全中近拍摄。
① 新娘在双喜字前的造型。
② 新娘在床上的造型。
③ 新娘在镜子前的造型。
④ 新娘在窗户前的造型。
⑤ 新娘静态摆拍造型。

(3) 新娘表情类(最少选拍两项)
特写拍摄。
① 新娘空灵的表情。
② 新娘喜悦的表情。
③ 新娘可爱的表情。
④ 新娘搞怪的表情。
⑤ 新娘的眼神特写。
⑥ 新娘的嘴部特写。
⑦ 新娘的手部特写。

(4) 新娘行为类(参考)
① 新娘写日记等。
② 新娘发表网络日志(播客等)。
③ 新娘收到手机祝福。
④ 新娘手机自拍(适用年轻新娘)。
⑤ 新娘抚摸陪嫁品。
⑥ 新娘饮食,例如吃巧克力,喝咖啡……
⑦ 新娘个性另类的行为。

(5) 新娘与家人活动类(①、⑥、⑦建议必拍,其他选拍)
① 全景拍摄新娘与亲朋合影。
② 家人整理陪嫁品。
③ 藏新鞋(可留悬念)。
④ 彩带师布置彩带与气球。
⑤ 家人准备荷包蛋。
⑥ 新郎叫门时的表情、行为。
⑦ 新郎叫门时堵门人的表情、行为。

【新郎化妆】(供选)

摄影师：B

拍摄内容如下。

① 整装待发：打领带、穿衣服。

② 准备红包。

【车队扎花】

摄影师：B

拍摄内容如下。

① 车队人员扎花扎气球流程，几组镜头（全中近特写）。

② 新郎忙乱的镜头。跟拍。

【新房】

摄影师 B：

拍摄内容如下。

（1）新房的全景

新房全景、近景与局部特写：床铺、各位置喜字、梳妆台、衣柜、灯具、婚纱照放大相框、电视机、电视柜、冰箱、洗衣机、饮水机、空调、沙发、书柜、气球、拉花、窗帘……

（2）新郎相关物品类

① 婚纱照相册：特写。

② 红包：特写。

③ 个人生活照片：特写。

④ 与新娘生活照片：特写。

⑤ 玩具玩偶类：特写。

（3）新郎个人造型状态类（最少两项）

① 新郎在双喜字前的造型。

② 新郎在书桌前的造型。

③ 新郎在镜子前的造型。

④ 新郎在窗户前的造型。

⑤ 新郎静态摆拍造型。

（4）新郎表情类（最少两项）

① 新郎空灵的表情。

② 新郎喜悦的表情。

③ 新郎可爱的表情。

④ 新郎搞怪的表情。

⑤ 新郎的眼神特写。

⑥ 新郎的嘴部特写。

（5）新郎行为类

新郎与亲朋合影，全景。

（6）司仪指导工作、讲话、相关礼仪：中景新郎与司仪互相正反打拍摄。

（7）其他类（参考）

① 伴郎（个人造型、装扮，与新郎互动，准备鲜花、红包）。

② 新郎父母（表情、服装、准备工作）。

③ 朋友。

④ 工作人员的展现（车管、炮管、司仪）。

【车队】

摄影师：B

拍摄内容如下。

① 对头车的全方位拍摄（全中近特写）。

② 中景特写拍摄头车花型和手捧花。

③ 车队的整体拍摄。

④ 车队精致的布局设计拍摄（可造型摆放）。

⑤ 车队豪华车型的标志特写。

⑥ 车队的俯视效果布局。

⑦ 工作人员为车队扎花。

⑧ 车管为司机发红包或礼品。

⑨ 头车司机展现。

【接新娘】

摄影师：B

拍摄内容如下。

① 接新娘前的司仪、新郎、抬礼人的讲话。

全景，中景。

② 新郎率领众人下楼，上车。

全景，近景，跟拍。

③ 炮管放炮等出发前仪式。

鞭炮的全景与特写。

④ 全景拍摄头车的起步以及娶亲车队，切部分近景。

⑤ 特写拍摄典型路段（具有地域标识性）的镜头。

⑥ 车队进程中的不同角度、不同技巧、不同景物切换。

⑦ 车中新郎的表情行为。

⑧ 炮手放炮。

⑨ 新郎在新娘家下车，重点描写。娶亲队伍进新娘家的系列镜头（全中近特，多角度，多技巧）。

【接新娘】

摄影师：A、B

拍摄内容如下。

① 新郎与众人上楼（不同景别、角度、技巧）：B。

② 四样礼人员①（全景、中景）：B。

③ 近景拍摄叫门（着重拍摄喊话人，以便与 A 画面配合剪辑）：B。

④ 伴郎掏红包：B。

⑤ 众人叫门的语言、动作、站位（可前期设计）：B。

⑥ 进门瞬间的重点描写：A/B。

- 全景特写拍摄新郎向新娘献花。
- 戴胸花仪式。

⑦ 司仪安排：A/B。

⑧ 新娘父母接四样礼，给红包：A/B。

⑨ 找鞋（与 A 开分独立拍摄不同的找鞋人）：A/B。

⑩ 新郎为新娘穿鞋：A/B。

⑪ 近景特写吃喜蛋：A/B。

⑫ 全景特写祭祖流程（上香，鞠躬……）（中式）：A/B。

⑬ 新娘亲人就座：A/B。

⑭ 新人敬茶：A/B。

⑮ 司仪讲话仪式，调侃新娘长辈：A/B。

⑯ 围观者反应：A/B。

⑰ 新郎抱新娘离开：A。

⑱ 炮管放炮：B。

⑲ 新人上头车：A/B。

⑳ 亲友上车：A。

㉑ 嫁妆装车：B。

【回新房路上】

摄影师：A/B

拍摄内容如下。

A：乘不随队的车辆，抓拍车队的运动镜头。

B：乘摄像车，跟拍车队（不同角度，不同景别，不同技巧）。

【新郎新娘到新房】

摄影师：A/B

拍摄内容如下。

① 炮管放炮。

② 新郎亲属迎接。

③ 车队停靠。

④ 新郎抱新娘上楼、进门、喷彩带、踩气球（跨火盆）。

⑤ 小孩子滚床。

---

① 我国各地习俗不同，"四样礼"的东西也不尽相同，如山东地区的"四样礼"是粉条、肉、酒、鸡或者鱼；洛阳地区的四样礼通常是糖、烟、酒、茶。随着时代的变迁，各地"四样礼"的内容也有些与时俱进的变化。

⑥ 伴娘准备好茶。

⑦ 新娘给男方父母敬茶。

⑧ 众人合影。

⑨ 新郎新娘出发至酒店。

【酒店环境】

摄影师：A

拍摄内容：空镜类。

① 酒店门头全景。

② 水牌全景、特写。

③ 酒店大厅（灯饰、吊顶、装饰、工艺品、现场布置）分别特写：A/B。

④ 能展现酒店豪华程度的物品或画面。

⑤ 酒店婚礼现场布置（拱门、纱幔、路引、灯光、红地毯、挂像、烛台、香槟塔、音响设备台）分别全景特写。

⑥ 酒水摆放。

⑦ 签到处。

⑧ 新人易拉宝。

摄影师：B

拍摄内容：跟拍新人迎宾镜头。

人物类。

① 酒店工作人员、服务员、迎宾人员、引导人员，近景拍摄。

② 新郎父母的准备工作（迎接来宾，化妆）。

【进入酒店】

摄影师：A/B

拍摄内容如下。

① 炮管放炮。

② 门迎开门，新人下车。

③ 新人走进酒店。

④ 迎接来宾。

⑤ 来宾握手，合影。

⑥ 来宾进入大厅入座（分阶段拍摄）。

⑦ 键盘手奏乐，婚礼开始。

⑧ 主持人讲话。

⑨ 新人入场，走红地毯。

⑩ 主婚人致辞。

⑪ 观众反应。

⑫ 证婚人宣读结婚证书。

⑬ 观众反应。

⑭ 新人父母上台就座。

⑮ 新郎新娘交换戒指,三鞠躬。
⑯ 新人给父母敬茶。
⑰ 双方父母代表讲话。
⑱ 双方父母退场。
⑲ 新人开香槟酒,切蛋糕,喝交杯酒。
⑳ 游戏,整伴郎伴娘。
㉑ 炮管放炮,婚宴开始。

【婚宴】

摄影师:A/B

拍摄内容如下。

① 新郎新娘逐桌敬酒(动作、表情、喝酒人反应)。
② 宴席结束,宾客与新人合影。

二、婚礼摄像技巧

婚礼摄像是婚礼中极其重要的部分,每一个珍贵镜头都不容错过。这就要求摄像师有极好的现场把握能力。如果新人经济条件允许,最好能有两个摄像师同时拍摄,远景近景、多侧面、多角度,尽可能忠实地记录下婚礼当天的盛况。

为了把录像片拍得新颖生动、活泼热烈,也可进行大胆、巧妙的构思,如通过角度的选择、各种镜头的综合运用以及对精彩细节的详细刻画等手段,烘托喜庆热烈的场面,记录下美好难忘的婚礼全过程。具体的拍摄方法可参考以下几点。[①]

(一)移摄花车

为了表现强烈的喜庆色彩,可以对花车进行移摄,这样拍摄出来的镜头极富临场感,能让人感觉到画面在动,其效果比较自然。

对于花车,可以采用弧形移动的移摄方法进行拍摄。就是由摄像者手握摄像机,对着花车,围绕花车沿圆形或弧形方向移动,而不是直线移动。弧形移动的弧度不宜过大或过小,且在整个片段中,花车都应该保持在画面中央。

摄像师在进行移动拍摄时应力求画面平稳,而平稳的重要一点在于保持画面的水平。无论镜头运动速度快或慢,角度方向如何变化,如非特殊的表现,地平线应基本处于水平状态。当然,无论如何变化,都要保持拍摄主体在拍摄范围内。

(二)跟摄新人

摄像时需要运用一些跟摄镜头,这样可以真实地记录新人的行动情况及事件发生的经过,能给人一种真实感。摄像师在进行跟摄拍摄时可以采用前跟、后跟、侧跟这三种方式。前跟是从被摄主体的正面拍摄,也就是摄像师倒退拍摄。背跟和侧跟是摄像师在人物背后或旁侧跟随拍摄的方式。

---

① 婚礼摄像技巧. http://hunjia.shangdu.com/baike/hunqing/shexiang/111124095033593.html,2011-11-24.

跟摄时要用画框始终"套"住运动中的新人,使观众与被摄对象之间的视点相对稳定,形成一种对动态人物或物体的静态表现方式,使被摄对象的运动连贯而清晰。利用跟摄方法进行摄像,要尽量使用数码摄像机的自动功能,如光圈调节、快门速度调整、自动调整白平衡以及自动对焦等,以拍摄出清晰的画面。

在跟摄时跟上、追准被摄对象是跟镜头拍摄的基本要求。不管画面中人物运动如何上下起伏、跳跃变化,跟镜头画面应基本上是平行或垂直的直线性运动。另外,跟镜头是通过机位运动完成的一种拍摄方式。镜头运动所带来的一系列拍摄上的问题,如焦点的变化、拍摄角度的变化、光线入射角的变化,也是摄像师应用跟镜头拍摄时应考虑和注意的问题。

(三)摇摄外景

拍摄外景,摇摄是绝对不能缺少的,这样可以拍摄外景的全景,把周围的景色尽收于镜头之中。摇摄一般有上下摇摄和左右摇摄两种,在外景拍摄时用左右摇摄即可。一个完整的摇摄镜头包括起幅、摇动、落幅三个相互贯连的部分。

在拍摄新郎新娘时,尽量用1/3的构图原则,即让新郎新娘正好位于画面1/3处,而不是在正中央,这样的画面比较符合人的视觉审美习惯,甚至比主角在正中央的画面更有美感。不要给所拍的人物头顶留太多的空间,否则就会使构图不平衡,缺乏美感,应该把人物眼睛维持在画面上方1/3的高度。

在对新郎新娘拍摄时还要注意裁身点的选取。如果以远景拍摄,人的全身都会出现在画面上;如果以中景、近景、特写手法拍摄,就需要把被拍摄者的身体从下往上依次递增地从画面上裁掉一部分。注意不要把人的膝盖、腰部和颈部作为裁身点,在这三点上裁出来的画面让人看起来非常别扭,最好的裁身点应是腋下、腰部下面一点,膝盖上去一点。

(四)推拉显气氛

摄像师选择好稳定的拍摄地点后,因不好走动拍摄,这时推拉镜头就用得上了。推摄是摄像机向被摄主体的方向推进,或者变动镜头焦距使画面框架由远而近向被摄主体不断接近的拍摄方法。运用推摄可以突出婚礼进行中新郎新娘等主体人物,突出一些具体细节。比如,为了突出婚礼上的喜庆气氛,可以用推摄镜头来拍摄"喜"字,可以先从婚礼中的一个场面着手,然后将镜头慢慢地推向墙面上的"喜"字。拉摄是摄像机逐渐远离被摄主体,或变动镜头焦距(从长焦调至广角)使画面框架由近至远与被摄主体拉开距离的拍摄方法。拉摄通常用于表现主体和主体所处环境的关系,展现出主体周围的环境或有代表性的环境特征物。如可以先拍摄新郎新娘,然后慢慢地用拉摄镜头扩大范围,使其后面的喜字以及一些婚礼现场背景全部显示在拍摄画面中,这样就可以交代背景了。

在进行婚礼拍摄时可以用数码摄像机的变焦杆推拉镜头,即摄像机焦距旋钮上的<T>,分别代表着被拍摄物的深度及范围。拍摄推镜头时,先将焦距旋钮调好,按下录制键记录后,保持几秒钟静止,这几秒钟称为"起幅";然后调整旋钮,逐渐从远处向近处拉近,这时远处景物在镜头中逐渐增大,完成推镜头中推的过程;到达设计好的拍摄结束点时,再保持静止录像几秒钟,完成"落幅"的拍摄。这样,一个推镜头就完成了。拉摄镜头的中间操作过程刚好相反,先将焦距旋钮调整好,然后逐渐从近处向远处使镜头覆盖范围扩大并进行拍摄。

三、婚礼摄像师须知

一个好的摄像师要具备以下 13 个条件。[①]

1. 责任心
摄像师必须把婚礼当作一件大事来办,认真负责,绝不能走过场,应付了事。

2. 多拍细部
尽量少用长镜头,适当补充分镜头,多角度、多层面地进行拍摄。如有条件,可加一名摄像助理,后期制作可以补充静态图片。

3. 入乡随俗
多提建议,听从新人安排,尊重新人长辈的意见,适当牺牲自己的创作流程。新人既是演员也是导演,千万不可因为意见不合而抱有恶作剧的心态,双方配合才能拍摄出好的效果。

4. 交代要清楚
在哪个环境、在哪里办的酒席,最好用镜头说明一切,在漫长的岁月以后还能让新人回忆其中的甜蜜。如果有可能,叫助理记下镜头的位置,后期制作酌情加字幕为宜。

5. 有自己的特色
要让婚礼片有自己的个性特色,能令人耳目一新,这是技术活儿而不是大众活儿。这需要摄像师平时多看多想,比如代表发言不仅要记录发言人,更要记录下现场来宾的反应。

6. 工兵型的态度
拍摄婚礼过程中摄像师一直都忙忙碌碌,就像埋头苦干、做事谨慎细致的工兵一样。摄像师的价值在婚礼中往往体现在出工率上,如果婚礼上时间够用,有的经典环节可以让新人多做几次,以选取最好的镜头,也可以方便后期的剪辑。

7. 酒席上人人都要露脸
这是拍摄时千万要注意的,不能只顾新人而忘记了长辈。有的位置比较难拍,这时候宁可人走也不要让机器的镜头摇摆。另外,切忌使用俯视镜头拍摄,这在摄像的美学上是一种不尊重的表现。

8. 要有技术含量
所谓技术含量就是最好自己拍、自己制作,片子可以根据当时的情形添些特效,如慢动作、蒙太奇、快动作、黑白片、老照片、MTV 等效果,拍摄外景时可以适当手动调焦,会

---

① 由广州幸福王国婚庆公司总结而成。http://www.xfwgwedding.com.

使婚礼片更有艺术片的效果。

9. 片头一定要吸引人

所谓好的开始是成功了一半,婚礼片的片头一定要吸引人。

10. 清晰、稳、有创意

这点在于片子的基调,也是一名摄像师必备的才能。特别是创意,摄像师需要多看多学习,跟上时代的潮流。

11. 出人意料

这在于摄像师待人接物的态度,拍摄前谈的时候紧一些,而在拍摄中松一些,会给新人意外的惊喜。如多送一张光盘,多拍些花絮,多点噱头。毕竟服务好了一对新人,会给摄像师带来一大批后面想举办婚礼的新人。

12. 不卑不亢

摄像师不仅仅是服务者更是创作者,好的作品会让新人永记一生。可以说摄像师的拍摄作品就是一件艺术品,而且是独一无二的。在拍摄的当天摄像师就是新人一生幸福的见证人。因此,在婚礼摄像服务中,摄像师无须唯唯诺诺,不卑不亢的工作态度更有利于摄像工作的开展。

13. 以情托人

最后,拍婚礼就拍一个字——情!包括爱情(新人的甜蜜状)、亲情和友情。把这个"情"搞好搞顺,摄像师的作品肯定不错。

小 结

本章主要围绕婚庆服饰、化妆、摄影与摄像展开。婚庆服饰主要包括:新娘结婚礼服、新郎结婚礼服及伴娘、伴郎礼服。婚庆化妆部分主要包括:新娘化妆、新郎化妆以及婚庆化妆存在的问题。婚庆摄影主要包括:婚礼跟拍的意义、专业跟拍与非专业跟拍的区别、跟拍的价位及跟拍内容、跟拍的后期制作、婚礼前与跟拍摄影师需沟通以及婚礼全程跟拍攻略。婚庆摄像主要包括:婚礼摄像要点、婚礼摄像技巧以及婚礼摄像师需知。

复习思考题

1. 简述新娘结婚礼服:套数及款式选择。
2. 简述新娘婚纱礼服的选择。
3. 简述新娘中式结婚礼服的选择。
4. 简述新郎结婚礼服的选择。
5. 简述伴娘、伴郎礼服的选择。
6. 简述新娘妆的特点。
7. 简述新娘跟妆与试妆。

8. 简述新娘的彩妆类型及适合人群。
9. 简述新郎妆的特点。
10. 简述新郎化妆需注意的问题。
11. 简述婚庆化妆存在的问题。
12. 简述婚礼跟拍的意义。
13. 简述专业跟拍与非专业跟拍的区别。
14. 简述跟拍的价位及跟拍内容。
15. 简述跟拍的后期制作。
16. 简述婚礼前与跟拍摄影师需沟通的内容。
17. 简述婚礼全程跟拍攻略。
18. 简述婚礼录像拍摄要点。
19. 简述婚礼摄像技巧。
20. 简述婚礼摄像师须知。

引申案例一

我把婚礼图修美后,被客户投诉了……

引申案例二

婚礼化妆师的一天

图 5-1　卡肩式礼服

图 5-2　包肩式礼服

图 5-3　心形领礼服

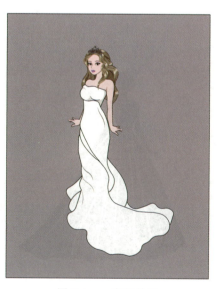
图 5-4　一字领礼服

图 5-5　绕颈式礼服

图 5-6　大圆领礼服

图 5-7　小圆领礼服

图 5-8　大 V 字领礼服

图 5-9　抹胸式礼服

图 5-10　舞会礼服形

图 5-11　皇室高腰裙

图 5-12　A 字裙

图 5-13　贴身裙

图 5-14　及踝修身式礼服

图 5-15　芭蕾舞女式礼服

图 5-16　及地式和拖尾式礼服

图 5-17　高低裙摆式礼服

图 5-18　茶会式礼服

图 5-19　及膝式礼服

图 5-20　迷你短裙式礼服

图 5-21　秀禾服

图 5-22　改良旗袍

图 5-23　新娘中式结婚礼服的头饰搭配

第五章 婚庆化妆、服饰、摄影与摄像

图 5-24　新娘中式结婚礼服的面料

图 5-25　淡雅的绿色调伴娘服

图 5-26　蓝色调伴娘服

图 5-27 绸缎材质面料的伴娘服

图 5-28 纯净的米色伴娘服

图 5-29 灰蓝色的伴郎服

图 5-30 复古韵味的伴郎服

第五章　婚庆化妆、服饰、摄影与摄像

图 5-31　庄重色系的伴郎服

图 5-32　文雅韵味的伴郎服

图 5-33　新娘化妆的唯美一刻

图 5-34　新郎在帮新娘穿婚鞋

图 5-35　新郎为新娘戴上佩花

图 5-36　甜蜜与幸福的家庭合影

图 5-37　新郎给岳父母敬茶

图 5-38　新人感恩父母

图 5-39　唯美的场景让来宾赏心悦目

图 5-40　大场景的拍摄能表现婚礼的隆重

图 5-41　新郎为新娘戴上婚戒

图 5-42　新人倒香槟

图 5-43　新郎在婚礼上为新娘捧出百合

图 5-44　新娘的婚礼上的精彩表情

图 5-45　新人间细腻温情的动作

图 5-46　新人答谢亲友们的祝福

第六章

婚礼音乐、游戏与婚礼督导

引 言

对于一场婚礼而言,婚礼音乐是流动的幸福音符,婚礼游戏是增添欢乐的砝码,而婚礼督导则是一场完美婚礼的幕后英雄。

学习要点

- 婚礼音乐
- 婚礼游戏
- 婚礼督导

爱情宣言

吴同学:爱情就是一杯白开水。

吴同学:互补就好,相互理解,相互尊重

冯同学:在一起开心就好!

程同学:你先去读你的书,我也去看我的电影。总有一天,我们会窝在一起,读同一本书,看同一部电影。

惠同学:互相陪伴,互相依靠,互相治愈,互相成就,一起成长,成为最好的自己。

刘德艳博士的点评:

他们一开始就懂得至味必淡的道理,知道如同白开水似的爱情才是不可或缺的日常。在陪伴中相互理解和尊重,互相依靠和治愈,开心地一起成长,直到窝在一起,读同一本书,看同一部电影。

引入案例

婚礼督导这个"监工"不可少①

---

① 金丹丹.婚礼督导这个"监工"不可少.天天商报,2010-11-20.

第一节 婚礼音乐

近年来,音乐在婚礼仪式中的应用越来越受重视,作用也越来越大。一场婚礼不仅要注意本书其他章节提及的花艺、服饰、化妆等视觉效果,还要注重音效。婚礼音乐的选择不仅能给婚礼带来美的听觉享受,还能烘托婚礼现场的气氛,起到事半功倍的效果。因此,婚礼音乐是使婚礼更具魅力的重要组成部分。浪漫深情的爱情歌曲,伴着轻柔的弦乐或舞曲,用喜悦、庄重、纯净的听觉效果,诠释着浓浓的爱意,使这个特别的日子格外甜蜜。

一、婚礼音乐的起源

1. 中国婚礼音乐的起源

我国的婚礼传统可以追溯到春秋时期。六礼作为传统婚礼仪式创于西周。最初的婚礼是没有音乐的。到了唐代,婚礼上开始使用婚车,音乐伴奏的形式也开始出现,但只是用在迎娶的过程中。婚礼(即拜天地仪式)上是很少用音乐伴奏的。[1]

2. 西方婚礼音乐的起源

到了近代,在西方,瓦格纳和门德尔松在婚礼当中使用自己创作的作品,也就是人们现在用的《婚礼进行曲》,婚礼上才有了真正的音乐存在。

二、音乐在婚礼中的作用

1. 烘托婚礼的现场氛围

在新人宣誓、拥吻、感恩父母等环节,如果能配以合适的音乐,就能够营造出浓浓的现场氛围。

2. 衔接婚礼仪式的各个环节

婚礼音乐能够将婚礼的每一个流程划分得更清楚,每一段音乐的转换都能将婚礼仪式更流畅地推进到下一个环节,胜过只用婚礼司仪的语言来过渡。

3. 制造婚礼高潮

好的婚礼音乐能借音乐特有的感染力为婚礼制造一个个高潮,使得新人和来宾全情投入。

三、婚礼音乐的特征

1. 婚礼音乐要反映特定的婚礼主题,尤其是在主题婚礼上

婚礼音乐不能主题多样且杂乱,这样不仅不能有效渲染婚礼的气氛,反而会使婚礼喧闹纷乱。

2. 婚礼音乐要具有欣赏性和美感

以音乐作为婚礼的表现手段,不能简单地从流行和旋律优美的角度考虑,悲伤、沉重

---

[1] 宋永全.浅谈现代国人婚礼中的音乐使用.金山,2010(5).

的音乐就不适合在婚礼中使用。如《罗密欧与朱丽叶》作为一出爱情悲剧,内容哀怨,曲调凄凉,这些涉及悲剧、预示着分离的曲目就不适宜在婚礼中使用。

3. 婚礼音乐要显示出新人的品位

婚礼音乐的选用也是新人向来宾展示自己的格调和音乐品位的好时机。

四、婚礼音乐的分类

1. 婚礼音乐按其使用时段和功能分

(1) 暖场音乐:是指亲朋好友在等待新人到来的这段时间播放的音乐。

(2) 仪式音乐:是指配合婚礼仪式的流程,在举办婚礼过程中播放的音乐。

(3) 婚宴音乐:是指亲朋好友在用餐时播放的音乐。

2. 按婚礼音乐的表现形式分

(1) 婚礼 DJ 为新人播放的婚礼音乐

在众多优秀的婚礼 DJ 的播放曲目单上,往往有时下最流行的婚礼背景音乐,如不局限于传统、庄重的婚礼音乐,可以根据新人的喜好来选择。

(2) 乐手们在现场演奏的婚礼音乐

如果找现场乐队,那么婚礼主题与新人的服装风格要成为乐队准备音乐时需要考虑的主要因素。所以,举行婚礼前,一定要让邀请的乐队熟知婚礼的主题以及来宾的大致情况,好让乐队发挥出最高的演奏水平。新人可以在婚礼当天充分信任乐队,尽情享受这人生中最幸福的时刻。现场乐队会让新人的婚礼拥有异常活跃的氛围,但要注意不要让乐队和乐手抢了新人的主角地位。

(3) 新人或者来宾一展歌喉

新人夫妻可以现场对唱,让所有来宾跟他们一起回味这段甜蜜的爱情故事;也可以让新人的亲友等一展歌喉,为新人倾情献声。想要更温馨的、煽情的效果,新人们尽可以在自己的婚礼上来一场婚礼音乐的 DIY。

五、婚礼音乐的选择技巧

1. 要根据婚礼风格选择婚礼音乐

不同主题的婚礼在选曲时要对应主题风格。婚礼音乐不一定越多越好,有时两个仪式环节也可以选用同一首曲子。如果曲子播放过多,可能会给人太多太杂的感觉。另外,有些曲子虽然能体现特定的感情,但旋律等却不一定适合用在婚礼上。

2. 要根据新人和家人的喜好选择婚礼音乐

选择婚礼音乐除了要照顾新人的喜好,在中国,恐怕还得考虑新人父母和来宾的情绪。一场完美的婚礼在背景音乐的选择上更需谨慎地照顾更多人的感受,这样才能让婚礼的气氛达到皆大欢喜的最佳效果。

3. 注意音乐之间的过渡,以及音乐之间衔接的协调

欢乐的环节要选择节奏欢快的乐曲,浪漫时刻选择唯美悠扬的乐曲,婚礼高潮的时候要选择深情的或者高亢的乐曲,这样才能把婚礼的气氛烘托到最高点。另外,注意乐曲的长短与仪式各个环节的时间要吻合,婚礼前至少要彩排一遍,把仪式各个环节与相对应的乐曲匹配一遍,再把发现的问题一一订正。

4. 婚礼音乐的选择权可以多样化

可以把婚礼音乐的选择全权委托给婚庆公司,再由婚礼策划师给出意见,婚礼策划师一般也会询问新人的意见。当然,新人也可以不盲目相信婚庆公司代为选择的婚礼音乐。

5. 婚礼音乐要注意留白

正常的婚礼不能从头到尾都有音乐,音乐在适当的时候出现即可,整场婚礼都有音乐就会和没有音乐的婚礼一样不讨巧。婚礼中可以使用短曲,虽然只有几秒钟,也能使婚礼增色不少。比如证婚人登场致辞时,加一段5秒钟的短曲,退场时也用几秒钟的短曲,婚礼反而显得更隆重。

六、西方教堂婚礼音乐的选择

教堂婚礼的仪式音乐一般分为三种:序曲、入场曲和退场曲。下面列举一些各大婚庆公司推荐的常用曲目。[①]

1. 序曲

可以在仪式前45分钟奏响,用一些古典、经典的曲目供宾客们欣赏。歌唱家的现场演唱适合安排在入场曲响起之前,可以渲染一种高雅的气氛。

序曲常选曲目如下。

- 《圣母颂》(舒伯特)
- 《圣母颂》(古诺)
- 《温馨的佳节》(巴赫)
- 《爱之喜》(柯莱斯勒)
- 《胡桃夹子组曲》(柴可夫斯基)
- 《薇丽亚之歌》(雷哈尔)
- 《第八号小提琴协奏曲》(维瓦尔第)
- 《回旋曲》(莫扎特)
- 《四季》(维瓦尔第)
- 《皇家烟火组曲"喜欢"》(韩德尔)

2. 入场曲

(1) 婚礼团进场,婚礼仪式开始

如果伴郎、伴娘及花童等婚礼团先于新人进场,选用的音乐最好与新人进场时的音乐分开,以突出新人的主要地位。婚礼团进场的音乐应该舒缓、优雅。这里推荐两首古典名曲。

- 《卡农》(帕海贝尔)

---

① 久久的婚礼音乐专题,久久结婚网:http://zt.99wed.com/music/.

- 《G 旋上的咏叹调》(巴赫)

(2) 新人进场

新人进场或新娘进场的传统曲目自然是《婚礼进行曲》。为人们熟知的《婚礼进行曲》共有两首,分别为门德尔松和瓦格纳的作品。门德尔松的《婚礼进行曲》曲调庄严雄伟,气势昂扬,一般常被教堂婚礼选用为新娘进场时的曲目。瓦格纳的《婚礼进行曲》曲调优美,速度徐缓,庄重中不失抒情,是新人入场的首选。对两首乐曲都割舍不下的新人,常常会用瓦格纳的作为进场曲,用门德尔松的作为退场曲。

3. 退场曲

新人退场可选用的曲目除了上述门德尔松的《婚礼进行曲》外,还可以选用其他一些轻快宣扬的乐曲,如《欢乐颂》(贝多芬)。

4. 婚礼舞曲

(1) 新人第一支共舞曲

最为流行的新婚夫妇共舞的第一支曲目是《终于》($At\ Last$)。

(2) 新人与父母共舞

按西方传统,新婚夫妇跳完第一支舞以后,新娘会与自己的父母、新郎与自己的父母共舞一曲,以表达对父母的感激之情。这支舞常用的舞曲是《难以忘怀》($Unforgettable$)。《难以忘怀》最早是由黑人爵士歌手内特·克尔演绎的经典名曲,在他去世多年后由他的女儿娜特丽·克尔通过音乐合成的方式,把自己的演唱和父亲的演唱组合成男女对唱,以此寄托对父亲的思念。因此,这支歌也成为婚礼上与父母共舞的首选曲目。

5. 教堂婚礼音乐的注意事项

(1) 选曲要圣洁、欢乐

在教堂婚礼仪式中,选曲应当是圣洁和欢乐的。即使新人不是教徒,最好也不要选择流行音乐,最好选用原创性、有宗教意味的音乐。

(2) 要能够烘托教堂气氛

音乐的选择要能烘托出教堂婚礼仪式的氛围,与婚礼仪式的背景相衬。婚礼乐曲既要能表达出虔诚的崇拜之情,也要能传递出新婚夫妇内心的真挚情感。选择抒情诗亦能表达出忠诚、真爱、欢乐、责任与义务之意。

七、西式现代婚礼音乐[①]

西式现代婚礼为了突出新人的个性,没有那么多传统婚礼的庄重与严肃,按照基本流程简单地分为五个阶段:婚礼开始前、新人进场、婚礼仪式、婚礼舞曲和欢送宾客。

1. 婚礼开始前

推荐音乐:*Chanchullo Ruben Gonzalez*
 Amelie from Montmartre
 Bossa Nova Affair

[①] 七~十的婚礼音乐内容部分由马丹丹、罗倩倩、曹文力、宋菁、孙洁同学根据数家婚庆网站的内容整理而成。

这三首音乐给人的感觉非常轻松独特，最适宜平静宾客们等待时焦急的心情。

2．新人进场

推荐音乐：《婚礼进行曲》

　　　　　　Air on the GString

　　　　　　Mariage D'amour

首先是最经典的《婚礼进行曲》，如果新人觉得这首音乐被用得太多，不能凸显自己的个性，那么第二首、第三首音乐也是不错的选择。这两首歌曲旋律优雅、节奏中快却又不失庄重。

3．婚礼仪式

推荐音乐：*I Believe*

　　　　　　Once in a Blue Moon

　　　　　　My Heart Will Go On

这三首歌曲是大家耳熟能详的歌曲，表达了男女之间唯美的爱情。

4．婚礼舞曲

（1）新人第一支共舞曲

最为流行的新婚夫妇共舞的第一支曲目是 *At Last*，这首歌的版本很多，最常见的是由 Etta Jones 或 Celine Dion 演唱的。

其他的如 Longstar 的 *Amaze*，Shania Twain 的 *From This Momen*，Bryan Adams 的 *Everything I do*，Stewart/Morrison 的 *Have I Told You Lately*，Elvis 的 *Can't Help Falling in Love*，Linde Rondstadt/Aaron Neville 的 *All my Life*。

（2）新人与父母共舞

新婚夫妇跳完第一支舞以后，新郎新娘会与自己的父母共舞一曲，以表达对父母的感激之情，这支舞常用的舞曲是 *Unforgettable*。

其他的如 Barry Manilow 的 *I Am You Child*，Temptations 的 *My Girl*，Boyz II Men 的 *A Song for Mama*，Paul Anka 的 *Times of You Life*，Kenny Rogers 的 *You Decorated My Life*，L.Armstrong 的 *What a Wonderful Wold*。

5．欢送宾客

推荐音乐：*Unforgettable*

　　　　　　Time to Say Goodbye

第一首歌曲虽然和新郎新娘与父母共舞的歌曲一样，在这里再一次播放却表达了不一样的情意，因为每对新婚夫妇其实都希望亲朋好友能记住他们的婚礼。第二首歌曲也是欢送宾客不错的选择。

八、中国传统婚礼音乐

中国传统婚庆音乐，首当其冲的是用唢呐演奏的乐曲。常用在结婚仪式（整个过程）上的乐曲主要有《送新娘》《娶新娘》《抬花轿》《入洞房》《全家福》《喜迎春》《步步高》《春风得意》《花好月圆》《百鸟朝凤》等。

一般来说,在婚礼上邀请的唢呐班子吹奏的都是热闹喜庆、祥和欢快的曲子,应根据流程吹奏对应的曲子,如去迎新娘时吹《娶新娘》,回来的路上吹《抬花轿》,拜堂时吹《结婚曲》。新人们应注意,既然选择了中国传统婚礼,就不要在婚礼音乐中掺和英文歌、韩文歌和日文歌等。

由于时代的变化,中国传统婚礼一般都不具备在家举办的条件,而且自己张罗也实在是很烦琐。现在,新人决定举办一场传统的中式婚礼,大多将举办地选择在酒店或者婚礼会所等场馆。因此,目前传统的中式婚礼上,唢呐的选择就相应地减少了很多,取而代之的是选一些适合中式婚礼的音乐。下面推荐一些适合中式婚礼的音乐。①

①《百鸟朝凤》:喜气祥和欢快的旋律,很符合中国传统婚礼的要求。

②《喜乐年华》:大气的中式婚礼开场,喜庆中透着热恋,欢腾中彰显祥和。

③《喜洋洋》:欢快大气的开场音乐,洋溢着喜庆、美好与吉祥。

④《幸福万年长》:曲调悠扬,道出了众人的美好祝愿。

⑤《好日子》:节奏舒服轻快,适合作为整场婚礼烘托气氛使用。

⑥《采茶舞曲》:作为传统婚庆背景音乐或铺垫音乐,这首歌也是不错的选择。

⑦《掀起你的盖头来》:婚礼仪式中的经典背景音乐,有着新疆民歌特有的开放与热情。

⑧《出嫁》:婚礼仪式中的常用音乐,选择这首歌特别吻合当天的婚礼意境。

⑨《你最珍贵》:越来越多的新人更愿意在婚礼中唱出自己对爱情的寄语和对生活的期待心情。这首歌非常适合新郎新娘对唱。

⑩《快乐新娘》:婚礼中新人的互相亲吻,既代表了对对方的爱恋又承载了对对方身份的确认。一吻之后,两人就在幸福与甜蜜中共度今生。

⑪《你是幸福的》:交换信物是每场婚礼都少不了的环节,每对新人都准备了对自己非常有意义的礼物。送给他(她)的信物一定是新人共同珍爱,值得新人回忆的物品,因此选择背景音乐时要特别突出"珍爱"的味道。

⑫《花好月圆夜》:"花好月圆夜,两心相爱心相悦",和着这样的歌词婚宴接近尾声,新人欢送宾客。

九、中国现代婚礼音乐

1. 古典乐和流行乐混搭

和西式的现代婚礼一样,大多数中国现代婚礼会选择如《婚礼进行曲》《梦中的婚礼》《卡农》等经典而又不可或缺的婚礼音乐。古典浪漫的乐曲虽然美妙,但会给来宾缺乏创意的陈旧感。因此婚礼上适当选用几首流行乐曲,可以使客人产生更多共鸣,留下美好的回忆。

2. 中西合璧

中西合璧式的婚礼已成为眼下众多新人的选择。他们交换戒指时穿着婚纱,敬酒时穿着旗袍,这是眼下婚礼中常见的场景。因此婚礼上出现英语歌和中文歌的"杂交",也就

---

① 昆明婚纱摄影工作室分享。

不足为奇了。

3. 高科技的频繁运用

例如,许多乐队在演唱或伴奏时,都会使用耳塞试音器,以便能更好地控制现场音乐气氛,而无须像从前那样频繁使用扬声器和扩音设备来检测音量和音质,确保了婚礼现场与音乐的整体协调。音乐通常还会配上光与影的效果,以达到烘托气氛的作用。

4. 融入更多的个性化元素

现在婚恋市场的主力军是"80后""90后",这部分人群由于成长的环境与"60后""70后"有较大的不同,更喜欢加入自我特色的个性婚礼,因此,选择不同的婚礼形式和"出位"的婚礼音乐也越来越多地出现。先不论长辈们是否能接受这样新奇的尝试,但至少能让新人们过把瘾。

第二节　婚礼游戏

婚礼游戏中外都有,主要指的是在接新娘、婚礼仪式、闹洞房几个环节上,来宾和新人一起完成的互动小游戏。从早期的"击鼓传花",到后来的"真心话大冒险",再到现在花样百出的各式婚礼游戏,都较好地活跃了婚礼的现场气氛,给新人和来宾留下更多美好的回忆。

一般在进行婚礼游戏前,先请婚庆司仪向全场说明游戏规则,然后动员来宾一起参与,再结合一些轻松活泼的背景音乐带动全场气氛。

一、婚礼游戏的功能

(一) 活跃婚礼的现场气氛

婚礼游戏可以活跃婚礼气氛,是婚礼上新人与宾客互动的重要环节。婚礼游戏在进行期间,常常可以引得宾客一片欢声笑语。比如常见的"新郎辨识新娘"游戏,可以以多种方式进行,如通过很多事先印好的唇印来辨识哪一个是新娘的:众女宾客与新娘一起将各自的红唇印在纸上,让新郎找出新娘的唇印,找错了则罚唱情歌;或者在一组打扮得一模一样、盖着一样喜帕的新娘们中间考验新郎能否准确地找出自己的新娘;还可以通过"摸手识新娘",将新娘和新郎的眼睛都蒙起来,双方不能出声,让新郎摸每个人的手,将新娘挑出;或者将新郎的双眼蒙上,请几位女嘉宾和新娘一起坐着,新郎站在后面,不能和女嘉宾有任何身体接触,靠嗅觉找出自己的新娘。通常新郎总能"颇费周折"地找出新娘,而整个过程则引起一轮又一轮的欢声笑语。

(二) 增加了新人与来宾的互动

现在有越来越多的新人选择采用互动抽奖的方式与现场来宾分享喜悦,这样不仅能最大化地调动婚礼来宾的兴趣,而且宾客们参加完婚礼后,还能将带着新人喜气的礼品带回家,继续分享喜气。进行婚礼现场抽奖的方式有多种,常见的如在婚礼签到的地方放个小花篮,里面放满小卡片,让每一位来宾在入场前写上对新人的祝福,在仪式过程中安排一个抽奖环节,让新人随意在小花篮中抽出几张卡片,然后念出被抽中者写在纸条上的祝福,再送出礼品给这位嘉宾,还可以根据礼品的价值送出一、二、三等奖,将自己满满的幸福与来宾一起分享。

(三) 使婚礼到达高潮

婚礼游戏是婚礼的调节剂,也是使婚礼到达高潮的催化剂。富有创意的婚礼小游戏能让婚礼气氛不断升华,使婚礼气氛达到高潮。比如在闹洞房环节可以设置一个游戏叫"互换结婚礼服":来宾让新郎新娘互换结婚礼服,即新郎穿婚纱,新娘穿西装将所有客人送到大门外。这作为闹洞房的"结束曲",常常让大家忍俊不禁。当然,喜欢搞怪的新人能接受这类游戏,但是如果是一对很传统的新人,这个游戏就不一定合适了。

二、常见的婚礼游戏

在婚庆活动的不同阶段,有以下不同的游戏活动可以参考。

(一) 接新娘时

新婚之日,新郎接去接新娘时,很少有简简单单地就能把新娘抱到婚车上娶回家的。接亲的开门游戏就相当考验新郎,要让新郎知道接新娘回家可不是件容易的事,目的是让新郎明白一个道理:要好好爱护珍惜新娘一辈子。

"接新娘"是传统婚礼游戏之一。新郎要接到新娘,一般需要"闯三关":开大门、开房门、找新鞋。这"三关"的把关者一般都是由新娘的亲戚朋友组成的亲友团,新娘亲友团一般会借此机会向新郎及其亲友团(主要是一帮新郎的兄弟们)索要"开门利是",即红包。其实,红包只是一个引子,而两边的亲友团展开的游戏拉锯战才是真正的大戏。

1. 开大门时的游戏

如"爱有多大,声音就多大":新郎要大喊三声"亲爱的新娘,求求你开开门,放我进去吧!"声音要大到最里面的新娘听到并首肯才算数。

2. 开房门时的游戏

进了大门,还要进新娘的房门。双方亲友团面对面"谈条件"。一般此时,新郎的亲友团为了帮助新郎"抱得美人归"都甘愿主动"挨打"。比如,必要的"功课"常常是每人20个以上的俯卧撑、大声宣读爱的宣言、深情演绎情歌数首、回答一系列"难题"等。常见的"难题"都是考查新郎对两人的恋爱史的记忆,如"心跳回忆"中的难题常常是:你和她所有重要的纪念日?第一次相识?第一次Kiss?求婚日期?……如果新郎都能记得清清楚楚,则说明他对两人感情的珍惜和对新娘的在乎程度。

3. 找新鞋的游戏

新郎进入新娘家中后,常见的一个小游戏就是寻找新娘的婚鞋。有的新娘不忍心看新郎到处乱找的窘迫样子,会事先偷偷告诉新郎婚鞋藏在哪里。那么,新娘的婚鞋都藏在哪里呢?一般都是藏在婚纱里面。传说,很久很久以前,有一位美丽的公主,她有一只十分珍贵的水晶鞋丢失了,于是公主的父亲也就是老国王张布皇榜:谁能为我的女儿找回水晶鞋,我就把女儿嫁给他。邻国有一个王子,揭了皇榜,历尽千辛万苦,终于为公主找回了水晶鞋。于是,老国王也信守诺言,把公主嫁给了王子。王子和公主过起了幸福生活。这个故事流传至今,就演绎成了新郎接新娘时要找鞋的风俗。今天,新娘把新鞋藏在婚纱里,也有让新郎"拜倒在石榴裙下"的含义。因为通过这些小小的为难新郎的举动,才会让他对得来不易的新娘加倍珍惜。

(二) 婚宴游戏

一些新人为了在婚宴期间增添欢乐,总是会想出很多点子来使自己的婚礼与众不同。下面是几个好玩的游戏建议,可以活跃婚礼的气氛。

1. 新人之间做的游戏

(1) 秘密大公开

给新郎新娘每人一张小纸条,要求他们分别写上最肉麻的事、最幸福的事、最难忘的事、最感动的事、最喜欢他(她)的地方等。写的时候要把两人暂时隔离。写好后将纸条交给公证人。最后,让新人互相猜对方可能会写什么,猜错了就罚喝酒或者表演节目。

(2) 共吃樱桃或糖果

用一根绳子吊起一颗樱桃或糖果,由一个高个子的来宾用手牵着,让两位新人同时咬住樱桃或糖果。虽然这是婚礼上的老套游戏,但总能给婚礼增添很多甜蜜的气氛,只不过被悬挂的物体越来越小了——从苹果到樱桃,从而考验新郎新娘配合的难度也越来越大了。

2. 宾客之间的游戏

(1) 绕口令

绕口令属于每个专业司仪的基本功,因为操作容易,在婚礼游戏的应用上相当广泛。比如在很多"新上海人"的婚礼上有个非常流行的游戏,要说不来上海话的新娘或者新郎用上海话说段绕口令:哆人带哆表,哆人背哆包,哆包哆人背,哆表哆人带。其实,新郎新娘无须害羞,大胆开口尝试即可,其实说得越是语无伦次,引来现场宾客的欢声笑语就越多。

(2) 成语接龙

司仪先说一句好口彩的四字成语,后面的人成语接龙,必须讨好口彩。如司仪说"永结同心",后面的人可以接"心心相印"。以此类推,说不出的人就要表演节目或者罚喝喜酒。谁都喜欢在婚礼上听到吉利话,而且这个游戏操作起来不需要任何道具和事先的准备工作,所以在婚礼游戏中使用的频率颇高。

(3) 击鼓传花

击鼓传花或者"找找看"是最"阳光普照类"游戏,主要是为了让来宾有机会上台参与互动,目的都是为了从来宾中产生上台的人选。因为许多人都怕羞不愿意上台,怕被抽到了出洋相。但如今婚礼上,宾客们给新人包的红包越来越厚,而新人设置的奖品也越来越丰厚,所以宾客的参加热情通常很容易被调动起来。

三、婚礼游戏的注意事项

① 婚庆活动过程中,要拒绝低俗的婚礼游戏,尊重新人,注重婚礼的礼节。

② 婚礼游戏要以调动气氛和娱乐为主,游戏设置不能过多,以免冲淡婚礼圣洁的气氛。

③ 婚礼游戏的设置和进行中一定要注意安全因素。比如有的动感十足的游戏在邀请来宾参加时,要考虑是否适合身穿正式礼服和高跟鞋的客人们,以免发生危险。

④ 婚礼游戏要事先做好一些道具等准备工作,婚庆司仪对于没有把握的游戏环节最好先彩排一遍。

⑤ 选择婚礼游戏时一定要注意调动全场来宾的参与性,不能一部分人很投入,而另一部分人则处于被冷落的境地,要注意老少皆宜。

第三节　婚 礼 督 导

一、婚礼督导的含义

婚礼督导,又被称为"新人秘书""婚礼督导师",是随着时代的变迁和新人们在婚礼上需求的不断提高应运而生的新型职业。

随着人们物质条件的提高和对于婚礼现场效果的不断追求,如今新人们的婚礼已经慢慢演变成为一场隆重的小型"演出"。这场"演出"效果的好坏涉及诸多环节、很多人员、不同的道具和不同的音效……这就需要有一个人对婚礼现场加以协调,婚礼督导就产生了。婚礼督导的职责不同于婚礼策划师,也不同于婚礼司仪,更不是请几个新郎新娘的好友就能顺利完成的任务。

督导的原意是督促和指导,而婚礼督导,就是督促和指导婚礼中的每一个细节。可以说,婚礼督导是一场完美婚礼的总管家、总调度师,婚礼督导贯穿于整个婚礼。一场效果完美的婚礼离不开婚庆策划师的创意,离不开调节气氛的婚庆司仪,也离不开婚礼督导师。如果说婚礼策划师是在婚礼前和新人洽谈婚礼创意和流程的人,婚礼督导就是创意的执行者。如果说婚庆司仪是婚礼现场上众人瞩目的婚礼仪式的推进者,婚礼督导就是尽量不吸引众人目光的"隐形人"和默默无闻的"幕后英雄"。

在婚礼现场,婚礼督导师要做的是不露声色地完成所有工作并且不能引起来宾的注意。为了当好"隐形人",他们要刻意避开摄影师和摄像师的镜头。严格意义上来说,一旦仪式开始,婚礼督导就不能再发出任何声音,所有的交流和沟通都只能通过手势和眼神来进行。甚至于有的婚礼督导采取"半蹲式服务"和"跪式服务"。所谓"跪式"服务,是指督导在递送道具、酒杯等物品时,在舞台上单膝跪地。据说婚礼督导一词最先从日本传来,日本的婚礼督导都是跪式服务,目的是不能遮挡新人和来宾的视线,标准是必须矮于新郎身体的一半。日本的婚礼督导大多都受过专业训练,每个动作都能做到专业大气,具有完美的控场能力,甚至婚庆司仪和他们比,都只能算个配角。

目前在我国,对于婚礼督导尚且没有一个清晰的认识,这一现象应该引起注意。比如有的"草台班子"婚庆公司把婚礼现场布置好以后,除了司仪,撤出了绝大部分工作人员。在婚礼进行中,万一出了什么差错,都没人出面弥补和协调。对于这样的婚庆公司来说,专业的婚礼督导尚未引起足够的重视,或者以为随便一个婚庆公司的工作人员都可以临时充当一下。其实,一名优秀的婚礼督导能带来一场完美的婚礼,婚礼中如果没有督导,可能带来的是无法弥补的遗憾。

来看一下笔者的学生在一场婚礼中担任助理督导时观察到的婚礼现场管理问题,以及她结合当时婚礼现场出现的一系列问题提出的原因及对策。

(1) 宾客到场时间过早,影响新人最后的现场彩排

这场婚礼的开始时间初定为晚上6时6分,但是有一些亲戚朋友在下午4点多就到了婚礼现场。因为婚礼会所没有可供那么多人休息的宾客休息区,所以许多客人直接按名牌就坐,导致新郎新娘的最后一次仪式彩排不得不在众目睽睽下举行。另外一些零碎的搭建工作还没有全部完成,场面略显尴尬。

分析和对策:新人可以事先在请帖中温馨提示因为现场搭建和准备工作等各方面原因,建议婚礼当天不要过早到场,将到场时间限定在一个时间范围内。若有零星几个提早来的宾客也可以设法就地安排休息处暂时休息,以免影响场地的搭建和彩排等事宜。另外,由此也可以得到经验:新人的仪式彩排尽可能要早一些完成,以免被提前来的客人事先看到婚礼仪式场面,有失神秘感和仪式感。

(2) 婚礼开始时间一拖再拖,宾客饥饿难忍

在这场婚礼上,由于有几位重要来宾迟到,婚礼开始时间从6时6分一直拖到6时30分。准时和提前来的客人不得不饿着肚子等婚礼开始。最后的结果是什么呢?等婚礼正式开始时,一部分宾客还没等新郎新娘入场就动起了筷子。一些本想忍着饿等到第一场仪式结束时再大快朵颐的人,看着别人如此,自然也忍不住了,纷纷开始吃喝。这对婚礼现场的影响无疑是严重的。新郎新娘互念誓词、拥抱亲吻的浪漫神圣时刻被台下的"狼吞虎咽"搞得尴尬无比,就连集体鼓掌祝福新人的时刻,掌声也显得有些零零散散、漫不经心。

分析和对策:为了防止这种因人而异的、不可控情况的发生,在婚礼正式开始之前应该由相关人员提醒宾客耐心等待,不要急着用餐,为新人的仪式提供一个神圣庄严的环境。保证仪式在预期的时间正式开始,尽可能避免一切会影响婚礼仪式的状况发生。

(3) 会所上菜服务员擅自走上T台,影响现场效果和视频拍摄

在婚礼第一个环节的尾声——新人携手走下T台的过程中,一位服务员竟然为图方便跨步到T台上,从新人前方走到另一边上菜。可想而知,如此重要的仪式过程被一个不速之客破坏了,当时的现场录像也将这一幕记录了下来。虽然并不是什么严重的过失,但对于追求完美现场效果的新人来说,不能不说是一个遗憾。

分析和对策:这个问题代表了此类沟通不畅引起的一系列矛盾。婚庆现场管理人员应事先和会所人员做充分的沟通。例如,应该和他们交代好整个婚礼的大概流程,说明什么时候可以上菜、什么时候是仪式过程不能上菜等。由此还可以引申一系列由于沟通不够而引发的问题。在筹备婚礼的时候,新人和婚庆工作人员通常会忽略这些问题,但是事实表明,婚礼过程的顺利与否往往取决于这些被忽视的细节。

（4）来宾着装不够正式，和整体舞台风格布置不协调

这场婚礼的整体舞台效果是蒂凡尼蓝，风格是梦幻、华丽的。然而，除了一些重要的亲属和朋友着装比较正式以外，很多来宾都身着牛仔裤、卫衣等休闲服饰。试想一下，庄严华美的舞台下是一个个身着各种休闲服饰的宾客，明显会影响婚礼现场的整体美感。

分析和对策：如果是对婚礼整体效果有较高追求的新人，这一点值得关注。新人可以在请帖中注明建议来宾着正装（或是其他具体要求）出席，但是来宾会不会当一回事则是另一个问题了。因此，笔者认为新人在确定婚礼大致主题方向的时候，要大致预测来宾构成，从而确定是邀请更多的亲朋好友（坏处是你无法完全规定他们的着装和行为）前来共同庆祝，还是只邀请一些亲近的亲戚朋友来见证你们的婚礼。不同的人追求不同，如果新人不在乎和数百号身着休闲服的亲友合照，那这个问题就另当别论。

婚礼现场管理中出现的问题往往大同小异，主要原因还是因为相关人员对婚礼现场管理的重视程度不够，从而导致许多事先安排不够充分，将更多的精力用在其他安排上，最后因为各项准备不充分、时间仓促而方寸大乱。

由于现在的主题婚礼常常场面比较宏大，一个婚礼督导会忙不过来，可以设置或者聘请一至数名婚礼督导。比如一个督导在交接婚礼仪式中的道具，另一个同时负责拉门和引导主要的嘉宾上台。所以一般除了主督导外，还有副督导。如果婚礼有T台，还可以设左督导和右督导，各分管一边。因此也有"督导团"之说。

婚礼督导的"标准行头"是黑西装、白手套。黑西装是为了在全场灯光暗下来时，可以在"黑暗"中默默地履行自己的职责并隐藏自己的行踪；白手套则是为了让新人和司仪能够看清他们的手势，同时也表示对新人的尊重。

总之，一名优秀的婚礼督导就是婚礼的现场导演，帮助新人排忧解难，帮助新人在婚礼当天解决所有操心劳累的问题，告诉新人如何进入状态、如何在婚礼中展现最美的一面，与婚庆公司的工作团队一起齐心协力为新人打造最完美的婚礼。

二、婚礼督导的分类及其工作原则

1. 按来源分，可以分为独立婚礼督导和公司婚礼督导

（1）独立婚礼督导

独立婚礼督导不受制于某一家具体的婚庆公司，可以被新人直接聘请。他们可以与新人签订临时性的合约，为他们工作。好的独立婚礼督导往往在市场上"接单不断"，甚至需要提前很久预约。

独立婚礼督导的工作原则是：在保证婚礼效果的前提下一切以新人的意愿为主。

（2）公司婚礼督导

公司婚礼督导主要指的是婚庆公司聘用的，与婚庆公司签订劳动合同的婚礼督导。他们受聘用婚庆公司的指派，为婚庆公司承接的婚礼提供婚礼督导服务。

公司婚礼督导的工作原则是：最大限度地配合婚庆公司的安排，在新人的要求与婚庆公司的要求之间做好沟通和协调工作。

2. 按具体职责分，可以分为全程婚礼督导和现场婚礼督导

（1）全程婚礼督导

全程督导也叫婚礼督导，指的是从新人筹备婚礼开始到婚礼结束的全程督导。

全程督导的工作原则：对新人整个婚庆期间所需要的服务做通盘考虑，善始善终，负责到底。

（2）现场婚礼督导

现场婚礼督导也叫婚礼仪式督导，指的是在婚礼仪式举办时做现场服务的督导。

现场婚礼督导的工作原则：确保婚礼仪式现场的执行，确保一个完美的婚礼仪式。

三、婚礼督导的作用

婚庆督导的作用就是帮新人处理好婚礼的各个环节，不让新人为细节烦心，不给婚礼留下遗憾。婚礼督导不仅是一位协调员，还是一位建议师、监督员，甚至是一位财务计划师。新人要时刻谨记：一名婚礼督导并不会增加婚礼的总花费。事实上，还可能会减少婚礼开支。因为婚礼督导可能与当地一些婚庆相关公司有联系，可以为新人选择好的公司，并节约一定的费用。最主要的是，婚礼督导深知婚礼步骤，可以为新人提供一整套优良服务。

婚礼督导到底起了哪些作用呢？

① 统一调配、协调、督促各个现场部门落实工作。一场婚礼的完美举行，凝聚了现场多个部门和诸多人的大量心血。大家来自不同的部门，他们在自己的工作岗位上表现都很优秀。但是如何把各个不同的工种有机地调配起来，这就是婚礼督导的工作之一。从婚礼前一天的彩排开始，婚礼督导就应要求所有人员全部将道具设备调试好，统一开会后分别详谈，告诉大家本场婚礼的主题和每个细节的落实。婚礼当天，音响、灯光工作组一般早上8点就到婚礼现场，开始细化规范各个细节，将昨天调试好的设备再逐一进行落实。到上午11点新人迎宾开始，现场所有部门准备工作完全结束。

② 落实策划师与现场执行的衔接。婚礼策划师在前期已将婚礼要达到的效果与新人进行了沟通，但如何将文字上的东西一一落到实处，这就需要一个优秀的婚礼督导进行全面的评估，然后根据实际情况落实。婚礼督导的工作就是使婚礼策划师与现场执行有效衔接。

③ 做好婚礼彩排。事先良好的沟通和彩排是非常必要的，优秀的婚礼督导会结合司仪的主持词和婚礼策划师的策划亮点，对婚礼的现场效果、相关人员的站位与走位、各个动作的做法与手法等进行完整的讲述和练习，以确保婚礼当天达到预期的效果。

④ 仪式当天为新人进行现场辅导和帮助。婚礼督导应让新人无论是在迎宾还是在仪式中都不会因疏忽细节而导致任何遗憾。

⑤ 仪式中为新人提供引导，指导仪式相关人员递接道具等。否则就会出现仪式"卡壳停顿"或者"效果不到位"，导致摄影、摄像无法记录婚礼的精彩瞬间，对于新人来说，这可是难以弥补的缺憾。

⑥ 协调公司和酒店相关人员完成婚礼仪式前后需要落实的灯光、交杯酒、蛋糕、香槟塔等事项。

四、婚礼督导的职责

婚礼督导的主要职责是为婚庆公司和新人落实婚礼策划的流程、创意,整合设计与执行概念,进行婚礼现场监督,帮助新人在婚礼中实现他们的梦想。婚礼司仪控制的是台上的一切,而婚礼督导则负责场下的所有事,婚礼督导的具体职责其实很多很琐碎。下面按婚礼的不同阶段介绍婚礼督导的职责。

1. 婚礼接单后的初期婚礼督导的职责

① 与新人确认服务项目,确认婚礼策划师策划的婚礼形式和主题;与新人确认婚礼服务的各项具体事宜,如时间、地点等。

② 根据合同内容与各供货商衔接服务内容,如婚庆花艺、婚车租赁等。

③ 婚礼前确定举办婚礼仪式的酒店需配合的项目,通常有:

灯光、音响、舞台、背景板;

桌子尺寸、桌布颜色、地毯颜色;

签到台、蛋糕台、香槟酒台、香槟酒塔及现场装饰;

布置现场的时间及酒店本场婚礼负责人的联络方式。

2. 婚礼前一天婚礼督导的职责

(1) 婚礼现场布置

① 提醒新人、酒店所需物品准备到位。

② 负责与婚庆公司后勤资源部统一协调各项服务是否到位。

③ 负责监督酒店特效安装(灯光、音响、投影、舞台、背板及现场各种装饰)。

④ 安排确认现场礼宾人员(撒花瓣、放礼花、花童等)。

⑤ 与新人确定签到台负责人(安排来宾登记,确保人员名单的准确)。

⑥ 确认 VIP 的准确位置。

(2) 婚礼彩排

婚礼前一天彩排需带好彩排道具。顾客租借的服装与各类用品应提前到达现场。彩排中,负责将婚礼程序告知参加彩排的每个人,特别是新郎新娘、新人父母、伴郎伴娘、花童等。

① 人员入场指导

新郎站位、行走路线。

新娘及新娘父亲站位及行走路线,走步动作。

交接动作。

新郎新娘走步动作。

伴郎伴娘站位、走步、行走路线,需协助新人的事项。

花童站位、走步、行走路线、撒花瓣动作。

② 舞台仪式指导

新人点燃蜡烛。

新人宣誓。

新人交换信物。
新人表演。
新人致辞。
新人点燃主蜡烛。
新人切蛋糕或倒香槟酒塔。
伴娘取新娘手花、递话筒、递婚戒。
花童捧婚戒。
现场其他人员协调。
指导灯光安装位置。
确定场景布置内容及摆设。
检查道具完整、清洁。
与酒店人员沟通好,讲清婚礼的大概情况。

3. 婚礼当天婚礼督导的职责

(1) 提早到达婚礼现场

根据各地举办婚礼时间的不同习俗,婚礼督导需提早到达婚礼现场。

① 再次检查道具完整、清洁。
② 检查灯光位置及光源是否已经调好。
③ 要求酒店关闭所有灯光,提醒摄像师、摄影师在追光灯照射下调好镜头光圈。
④ 检查场景布置内容是否有倾斜或掉落。
⑤ 检查蜡烛烛芯是否完整。
⑥ 找到酒店负责灯光的人员,提醒关灯时间。
⑦ 新人到酒店以后及时与之联系,询问还有没有更改内容。
⑧ 找寻相关人员安排婚礼中的效果制造人员(打喷花炮、撒花瓣、鼓掌等)。
⑨ 将装花瓣的托盘准备好,并把喷花炮分配给相应人员。

(2) 婚礼开始前15分钟

召开现场准备会,参加人员有:主持人、摄像/影师、效果、灯光、音乐、道具主管等,随婚礼仪式时间进行,各岗位复述职责,强调注意事项,工作人员各就各位。

(3) 婚礼开始前5分钟

安排新人到达出发点,检查所有岗位人员是否就位,特别是新人父母及证婚人(结婚证)等是否就位。

(4) 婚礼开始(总指挥)

① 提醒所有人员(伴郎伴娘、花童、新人、摄影摄像师、灯光师、关闭灯光人员、道具设备的操作人员、司仪)站位到位,必须所有人员都已到位才可开始婚礼。
② 检查追光灯是否已经照射准确位置。
③ 检查通道上是否有不相关的人员。
④ 给主持人做出"开始"手势。
⑤ 在通道处提醒伴郎伴娘、花童、新人入场,随时注意分散通道上挡路的人员,保证道路畅通。

⑥ 用通信设备及手势通知司仪正式开始。

⑦ 新人走上舞台后,迅速到舞台旁准备,注意分散舞台旁观看的人群,保证灯光的照射。

⑧ 提醒花童或伴娘托递戒指盘。

⑨ 随时注意婚礼仪式进行过程中的突发事件,灵活处理,以不影响婚礼进程为原则。

⑩ 提醒台下协助效果的人员适时鼓掌。

⑪ 婚礼高潮,提醒喷花炮、撒花人员及时制造效果。

4. 婚礼结束婚礼督导的职责

① 收好道具,熄灭所有蜡烛。

② 协助新人换装后,收回服装。

③ 安排新人敬酒、伴郎伴娘陪伴。

④ 与其他工作人员交接。

⑤ 敬酒结束后,向新人询问有无其他需要帮助事项。

⑥ 安排工作人员整理道具、装车、入库,与婚礼负责人协调,安排相关工作人员用餐。

如果不按婚礼的不同阶段而是从工作内容上来看婚礼督导的职责,主要有以下内容。

① 早上七八点到达婚宴会场。如果前一天晚上彩排过,并教会了新人婚礼仪式上的必备礼仪的话,也可以迟一点到达婚礼现场,但最迟不超过 8 点 30 分。(此处的时间仅供参考,可根据不同地区婚礼的习俗安排具体到达婚礼现场的时间。)

② 随时随地携带好自己的手机和现场联络用的耳麦,并保证手机话费充足且处于正常工作状态。带好婚礼流程、婚礼现场布置清单,所有工作人员的职责分配表及联系电话。

③ 检查婚礼现场的布置,包括背景板、花艺、拱门、烛台、路引、迎宾牌、签到台等物品的款式、数量、颜色等是否与订单相符。

④ 仔细检查当天婚礼的道具和设备,尽可能把每个道具都试一下,如香槟塔、追光灯、泡泡机、烟雾机、投影仪等。

⑤ 检查酒店方面的配套服务情况:音响、调音台和话筒的电池,并试音(音响师负责);灯光设备的开关位置等和每种灯光设备的具体作用(灯光师负责)。

⑥ 将参加婚礼来宾的座位安排表放置于门口,或者与新人方的负责人协调来宾位置的坐序并制作座位表放置于桌上,并交代酒店工作人员引导来宾入席。

⑦ 提醒新人携带和清点婚礼当天需准备的物品,如要更换的礼服等衣物、结婚戒指、喜糖(如果新人没有请婚庆公司代理的话)等。

⑧ 与婚礼当天酒店的领班交代当天婚礼的大致情况,把需要酒店方帮助或是配合的具体事项(托盘、口布、茶杯、茶水、交杯酒酒杯等)列清单交给对方,记得过后再去确认一下酒店方准备是否到位。

⑨ 与婚礼司仪、音响师再次沟通婚礼仪式细节,确定灯光调控、婚礼音乐曲目的播放顺序及时长,以及有无特殊要求和安排、有无增减的仪式项目等。

⑩ 与婚车司机保持联系,新人抵达酒店后,先安排短暂休息、化妆师补妆,并提醒新人准时迎宾。

⑪ 向新人确认婚礼的主婚人、证婚人是否都按事先确定的人员,并确定他们是否都

已到达婚礼现场，找到他们，并告知他们上场和退场的具体路线，提醒他们控制讲话的时间。

⑫ 再次确认现场临时搭建物是否安装牢固，音响、灯光是否正常，电压是否稳定，追光灯、泡泡机等道具是否在准备状态中。

⑬ 婚礼仪式开场前的安排：确认撒花瓣、灯光、摄影、摄像、负责放烟火和使用泡泡机等设备的工作人员、伴郎伴娘、花童等人员是否全部就位，并根据婚礼现场的具体情况再次告知他们各自的注意事项。

⑭ 提前10分钟引领新人及他们的父母到事先确认好的地方就位，并提醒他们事先去一下洗手间，等待婚礼开始。

⑮ 从仪式开始，婚礼督导应始终在距离新人3米左右的范围内，以便及时提醒新人仪式中的注意事项。但要注意不能挡住摄影、摄像师的镜头，所有的照片里必须看不到婚礼督导的身影。

⑯ 配合新人、司仪顺利完成婚礼仪式的每个环节。提前将道具按顺序准备好，注意仪式环节中道具的传递，主要包含：蛋糕刀、点火棒、香槟酒杯、交杯酒（事先准备好杯子并倒好饮料）、话筒、誓言本等。指挥工作人员在婚礼中引领现场气氛，比如引掌、带头喝彩等。在仪式中控制酒店服务员上菜的节奏，避免影响仪式的气氛。负责在仪式进行时提醒家长照看好自己的小孩，不要乱叫乱跑。婚礼仪式进行过程当中，密切关注明火的使用，如发现蜡烛或绢花等被引燃等突发情况，应在第一时间采取灭火措施。

⑰ 婚礼仪式结束后，应在第一时间灭掉所有明火，检查插座等设备，检查香槟酒塔，以免造成不小心碰倒等意外情况的发生。

⑱ 指挥工作人员整理不再需要的婚庆设施和器具，比如电脑、焰火底座、焰火电线、泡泡机等，并搬运到指定的安全的地方。因为有些父母对小孩子在公共场所的行为约束不够，所以要特别留意小孩子不要被这些设施和器具绊倒，不仅损坏设备器具，还可能造成人员受伤产生纠纷。

⑲ 提醒新人敬酒的节奏及敬酒的次序（婚庆公司要事先帮新人准备好"假"酒，如用水事先装在敬酒时喝的白酒瓶中。各家婚庆公司的方法不同，但出发点都是为了在营造喜庆气氛的同时，保证新人不被灌醉）。

⑳ 在适当的时间提醒新人家长分发喜糖，提醒酒店工作人员给宾客分发蛋糕。

㉑ 可以适度地现场询问一下新人及亲友对于婚庆公司提供的服务的评价，以便带回婚庆公司交流改正，不断提升婚庆公司的服务质量。

㉒ 安排工作人员整理道具、装车、入库，并与婚礼负责人协调，按照事先约定的工作合同安排相关工作人员用餐。

五、婚礼督导需要具备的能力

1. 较强的沟通协调能力与亲和力

作为婚礼筹备和举办的主要协调者，婚礼督导要接触婚礼涉及的各类人员，因此婚礼督导必须具备亲和力，使得大家都愿意接近你、接受你、倾听你。婚礼督导还应具备较强的沟通协调能力。这些沟通和协调不仅发生在婚礼督导与新人及其亲友团之间，还发生在婚庆公司的内部人员之间。

在婚礼彩排和开场前,婚礼督导要善于和新人沟通,教他们熟悉仪式环节中的动作和在各环节中的注意事项。例如入场及各环节中新人的走位、行走的速度、动作的要领、面部表情等。正式举行仪式时,如有新人动作或表情需要调整,婚礼督导要及时提醒他们。同时,婚礼督导作为现场的总指挥,必要时要向音响师、灯光师等工作人员发布指令,以协调婚礼现场各工作人员的工作。

2. 较好的文化素养及婚俗知识

婚礼督导必须具备基本的文化素养,是一个"杂家",需要具备多学科的知识。

(1) 礼仪知识

在婚礼彩排和婚礼当天,婚礼督导是指引新人礼仪动作规范的指挥者。当然,婚礼督导要有良好的礼仪和仪表,服装要正式,动作要规范。站立、行走、手势、眼神、距离等细节都能够准确地把握好。婚礼司仪的语言和婚礼督导的手势共同对新人起到领位和指令的作用。

(2) 艺术知识

婚礼督导还应尽可能多地了解一些设计艺术的知识。比如设计新人的姿势造型、设计拍摄剧情等,以便辅助新人拍出更好的照片和录影,让婚礼的记忆更美好。

(3) 婚俗知识

婚礼督导需具备对婚俗知识的了解,要懂得婚礼的所有流程,要知道各种婚礼仪式、婚礼风俗,比如什么时候该给长辈敬茶等,还要记得提醒新人父母一些婚俗中的注意事项。如果新人举办的是"个性"婚礼,婚礼督导就更要提早做好功课,弄清婚礼程序与礼俗。

3. 丰富的行业经验

要做好婚礼当天现场所有环节的衔接者,婚礼督导要对婚礼的各个部分、程序,甚至是道具和设备的使用都有专业的了解和协调能力。要做到这些,除了事先做好大量的准备工作和认真的工作态度以外,还要靠行业经验的积累。随着婚礼督导参与的婚礼场次的增加,他们就会对婚礼事务越来越了如指掌,就可以为新人提供更多的建议和指导。比如前面提到,新人酒量小的话,可以事先在新人喝的交杯酒里放上水,那交杯酒可以用什么来代替呢?据称有的婚庆公司放可乐,有的婚庆公司放可乐加雪碧,有的婚庆公司放鲜橙多加雪碧,甚至有的婚庆公司放红糖水。但有一家的婚庆公司的督导经过用心研究,发现康师傅茉莉蜜茶与香槟酒的味道和颜色是最像的。由此可见,每一行的经验都是靠有心人慢慢琢磨和积累的。

4. 较强的危机管理能力

婚礼督导除了要在婚礼中把所有的服务环节做得更加艺术和浪漫外,作为婚礼现场的总指挥,婚礼督导还应具备较强的风险预知能力和危机管理能力。小到婚礼司仪的话筒突然断音时适时地递送备用话筒,大到场地用电负荷过大导致设备断电的补救等问题。面对突发状况,婚礼司仪救场救的是"面上"的场,而婚礼督导救场救的是"里子"的场,也就是要彻底消除风险因素,并采取措施解决危机。因此,婚礼督导除了要机智果敢、反应灵敏之外,还得能"压得住场子"。婚礼督导如果具备了这些素质,新人可就放心多了。婚礼上每个错误对新人来讲都是不可弥补的遗憾,因此婚礼督导就是新人为了确保婚礼完美无缺而聘请的专业人士。

5. 完美的执行力和全面的团队意识

一场完美的婚礼取决于良好的婚礼策划、精美的现场装饰和专业的现场执行,无论哪一环节都需要相关人员除了具有丰富的想象力外,还必须具有极强的、精准的执行力,因为婚礼的美不只源于策划案,更需要落在婚礼仪式现场的实处。

婚礼督导作为当天婚礼现场的执行总管,为了保证婚礼的顺利进行,必须具有良好的团队合作意识与能力。只有把大家凝聚在一起,与所有的相关人员进行密切的合作,才能共同完成这个盛大的人生仪式。婚礼的顺利进行光靠婚礼督导是不够的,由督导、司仪、灯光师、音响师等人员组成的婚庆公司的工作团队才是一场婚礼成功呈现的有力保证。

6. 良好的身体素质

一般来说,婚礼督导是婚礼现场最忙的人。他们常常从早上六七点钟,忙到晚上九十点钟,不管是婚礼的哪一个环节,都不能掉以轻心。所以,没有一个好的身体是完成不了督导工作的。

小结

本章主要围绕婚庆音乐、婚礼游戏和婚礼督导展开。婚庆音乐部分在探讨了婚礼音乐的起源、作用、特征、分类及选择技巧后,列举了东西方婚礼音乐的使用。婚礼游戏部分则主要探讨了婚礼游戏的功能和常见的婚礼游戏及其注意事项。婚礼督导部分则在详细分析了其含义、分类、工作原则及作用后,指出了婚礼督导的职责和应具备的工作能力。

复习思考题

1. 简述婚礼音乐的起源。
2. 简述音乐在婚礼中的作用。
3. 简述婚礼音乐的特征。
4. 简述婚礼音乐的分类。
5. 简述婚礼音乐的选择技巧。
6. 简述西方教堂婚礼音乐的选择。
7. 简述西式现代婚礼音乐。
8. 简述中国传统婚礼音乐。
9. 简述中国现代婚礼音乐。
10. 简述婚礼游戏的功能。
11. 简述常见的婚礼游戏。
12. 简述婚礼游戏的注意事项。

13. 简述婚礼督导的含义。
14. 简述婚礼督导的分类。
15. 简述婚礼督导的工作原则。
16. 简述婚礼督导的作用。
17. 简述婚礼督导的职责。
18. 简述婚礼督导需要具备的能力。

引申案例

婚礼督导师手势动作一举一动严格规范

第七章

婚庆公司的行业认知、开业筹备与经营管理

引 言

笔者在撰写本书第一版时是2013年,正值我国699万大学生毕业之时,被称为"史上最难毕业季"。2010年全国毕业生人数为630万,2011年达到了660万,2012年则增长到了680万。而笔者修订本书的2021年3月之际,2021届高校毕业生总规模预计909万人,面临的就业形势更加严峻复杂。2020年12月1日教育部、人力资源和社会保障部召开的2021届全国普通高校毕业生就业创业工作网络视频会议上,要求各地各高校要千方百计促进2021届高校毕业生更加充分更高质量就业。要多种方式开源拓岗,力促多元供给,拓展就业新空间,支持毕业生到战略性新兴产业、现代服务业等领域就业创业。激励中小微企业更多吸纳就业,支持多渠道灵活就业。要扶持引导创业创新,落实好创业担保贷款提额降息政策,将创业培训范围向校园延伸,提供咨询辅导、跟踪扶持、成果转化等一站式服务。在2020年、2021年新冠肺炎疫情影响下,大学生的就业和创业成为大家普遍关心的一个重要问题。而这些年婚庆产业的不断发展和婚庆公司的异军突起,以及婚庆市场的乱象丛生,都给大学生进军婚庆市场带来了契机。

学习要点

- 婚庆行业认知
- 婚庆公司的开业筹备
- 婚庆公司的经营管理

爱情宣言

徐同学:没有真正适合的两个人,只有互相迁就的两颗心。

詹同学:小手一牵,岁岁年年。

程同学:有情不必终老,暗香浮动恰好。

黄同学:喜欢不累人、不刻意、不费神的感情,直率简单就好。

罗同学:爱情是平平淡淡才是真。

胡同学:已经过了那个你不喜欢我我还非要喜欢你的年纪,不合适就不会去将就,将就只会妨碍了自己,耽误了他人。

刘德艳博士的点评：

真心觉得这届年轻人可以的！才二十出头，他们就说自己已经过了那个"你不喜欢我我还非要喜欢你"的年纪。不会去将就不合适的感情，因为这样只会"妨碍了自己，耽误了他人"。他们要的是：暗香浮动，小手一牵，互相迁就，岁岁年年，直率简单，平平淡淡。

引入案例

疯狂创业路——访上海馨昇文化传播有限公司首席执行官汤轶琳

近年来，随着经济建设的不断发展，人们的生活水平、审美观念和消费心理都随之提升，作为社会流行文化代表之一的婚庆文化与服务品质也正悄悄地发生着变化，婚庆产业的巨大商机也不断被人们所认知。新人们对婚礼庆典活动越来越追求个性、时尚和完美，越来越多的新人不惜重金请专业婚庆公司提供专业的策划服务，以使婚礼达到最佳效果。婚庆服务作为第三方服务利润可观，现有的市场空间巨大。目前我国的大型专业婚庆公司不多，中小婚庆公司服务参差不齐，尚缺少一定的管理规范。今后那些专业化、规模化、服务规范化的品牌婚庆公司将会是顾客的首选。

随着政府部门不断地简政放权，目前注册婚庆公司程序相对简单。本章是在上海创业公共信息服务网 2009 年 12 月 14 日发布的《开业指导手册——婚庆礼仪（2009 年编制）》的基础上编写的。目前我国还有一些寻求发展的地区或者实施特殊政策的经济自贸区都在持续努力地招商引资，它们不仅欢迎新企业入驻，还常常免费帮企业完成企业注册的全部流程，甚至今后所产生的税收也可以依托所在地的招商政策予以相应的扶持。近几年来，政府对于大学生创业也常有一些扶持政策及税收减免政策。

第一节　婚庆行业认知

一、基本概况

1. 行业归类
现代服务业。

2. 行政主管
市场监督管理局。

3. 行业协会
婚庆行业协会（目前尚无全国性的婚庆行业协会，很多省市成立了地方性的婚庆行业协会）。

4. 服务对象

结婚新人。

5. 经营模式

婚庆公司的经营模式分为两种：一是独立经营模式，即承包婚礼庆祝活动过程的所有业务；二是委托合作模式，即婚庆公司只负责最擅长和最专业部分，其他服务全部采取社会化合作模式，由社会专业人士负责提供。根据现有的市场状况分析，婚庆公司大多采用委托合作模式经营与管理。这样，可以最大限度地发挥自身专业特长，为创建良好的社会口碑奠定市场基础。

6. 市场准入

婚庆礼仪服务归属于现代服务业，进入婚庆礼仪服务行业并无行业准入条件，只需按正常程序报批工商行政管理部门，领取营业执照即可。

7. 配套合作企业

一般来说，婚庆公司主要的配套合作企业如图 7-1 所示。

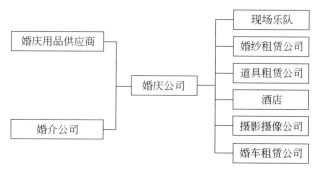

图 7-1　婚庆公司主要的配套合作企业

8. 行业品牌

婚庆礼仪服务作为一种现代服务业态，其价值主要体现在所提供服务的质量。目前，仅就婚庆礼仪服务体系而言，尚未形成大规模的服务品牌。截至目前，纵观整个婚庆礼仪服务行业，无论是行业协会还是社会新闻媒体等机构，尚未就该业态组织过任何评选活动。婚庆礼仪服务行业的规模非常庞大，目前市场上尚未形成比较认可的行业品牌（虽然业内也有一些行业品牌）。

9. 从业企业和从业人员

近年来，婚庆行业出现了快速增长的局面。作为新兴服务业态，究竟有多少婚庆礼仪服务企业和从业人员，目前尚无权威的统计数据。但仅就一家小型婚庆公司而言，一般可提供大约 5 个就业岗位。

10. 服务项目

① 婚庆咨询热线电话。
② 新人美容化妆。
③ 新婚购物咨询服务。

④ 蜜月旅游服务。
⑤ 周年婚礼纪念。
⑥ 婚纱礼服首饰租售。
⑦ 婚礼摄像。
⑧ 婚礼视频编辑制作。
⑨ 婚礼照相。
⑩ 婚礼当日相册制作。
⑪ 礼宾车队出租。
⑫ 鲜花彩车制作。
⑬ 新房布置。
⑭ 酒店布置,婚礼主持。
⑮ 道具租赁。
⑯ 婚庆用品出售。
⑰ 特色婚礼策划。
⑱ 督导执行。

二、组织构架

一般来说,婚庆公司的组织构架如图7-2所示。

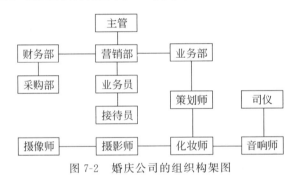

图7-2 婚庆公司的组织构架图

三、设备设施

俗话说,"工欲善其事,必先利其器。"想要高质量的服务,必须有高质量的设备。婚庆公司设备的添置主要是根据投资规模及经营范围来决定的。虽然现代婚礼形式纷呈、花样百出,各类游艺器材也层出不穷,但是一些基本设备不能少,例如电脑、扫描仪、刻录机、非线性编辑器、传真机、照相机等。除基础设备外,其他辅助设备也是不能少的,主要包括背景桁架、背景布、泡泡机、气球泵等。总之,添置设备的原则是经济、实用、够用,少了影响业务的开展,多了造成闲置,同时还将占用大量的资金,有时还可能会在一定的时间内造成公司资金的周转困难。

四、员工培训

婚庆礼仪企业的发展需要一流的人才,一流的人才需要一流的培养和锻炼。如果婚庆礼仪企业花更多的精力在培训上，企业就会变得强大。企业的员工不仅在培训后会把工作做得更好，而且在接受培训后会觉得自己更专业、更有自信心。企业应对每一位聘用的员工进行培训。对新员工的培训分为两部分：一是企业规范的培训，二是专业方面的培训。企业有义务向员工介绍企业的历史、定位、发展方向、规章制度等，以使他们迅速了解企业，进入角色。在婚庆礼仪这个行业中，竞争激烈，知识更新很快。因此，企业管理层、资深员工也需要不断培训，以适应婚庆市场的需要。企业的管理层中应有人负责员工的培训，每年要做出培训计划和预算，使培训成为婚庆企业工作的重要组成部分。

五、行业现状

随着婚庆市场的快速发展，现已经形成了"五一""十一"两个大的婚庆市场消费旺季，各地的婚纱摄影、婚礼服务、婚宴场所、蜜月旅游等企业早在每年的二、三月份和七、八月份就开始为这两大结婚旺季策划筹备。各种婚纱摄影、婚礼服务的企业数量持续增加，市场供给总量有所扩大。婚庆市场虽大，但婚庆产业的主要行业企业的规模较小，从业经营者水平参差不齐。从从业平均人数来看，全国各城市的婚庆企业的平均从业人员均很少，婚礼策划企业平均从业人员为 10 人左右，婚纱摄影企业平均从业人员为 40～60 人。一些婚庆公司甚至只有一间办公室在对外四处联系分项服务，没有统一的店铺和成熟的经营模式。婚庆市场存在着诸多问题，也凸显了无限商机。例如经营者没有物流平台，在批发市场进货不是商品雷同，就是品种不齐。每次进货都要到各地亲自采购，不仅路途劳累，而且费用高、效率低。

六、投资规模

婚庆公司在创业初期不必急着购买全套婚庆设备，可以先投资购买基本设备来经营业务，以后随着业务量的加大和需要再逐步把辅助设备购置齐全。现根据小型婚庆公司经营状况，提出以下设备配置方案（见表 7-1），仅供投资者参考。

表 7-1 婚庆礼仪服务公司投资项目配置参考表

序列	产品名称	参考价格（元）	价格说明
一	基本设备配置	22 200.00	
1	电脑	4 000.00	价格受制于产品质量
2	笔记本电脑	5 000.00	
3	扫描仪	2 200.00	
4	彩色打印机	2 800.00	
5	传真机	1 200.00	
6	DVD 刻录机	1 500.00	
7	影碟机	500.00	
8	数字电视机	5 000.00	
二	场地配置	24 500.00	

续表

序列	产品名称	参考价格(元)	价格说明
1	场地租金(70平方米)	4 500.00(月租)	价格受制于场地大小和经营地段
2	装潢装饰	20 000.00	价格受制于装潢方式和装潢要求
三	其他配置	47 300.00	
1	非线性编辑器	7 500.00	价格受制于产品质量,可根据需要选择配置
2	摄像机	19 000.00	价格受制于产品质量,可根据需要选择配置
3	投影机	10 000.00	价格受制于产品质量,可根据需要选择配置
4	背景设备	5 300.00	价格受制于产品质量,可根据需要选择配置
5	其他配置	5 500.00	VI设计标准字、各类广告牌、宣传资料等
***	总计	94 000.00	

注:本投资测算表仅限于基本配置,不包括员工工资。同时由于不同地段、房型及经营产品的不同,投资规模有所浮动。

七、竞争特点和形式

1. 婚庆礼仪公司竞争的特点

（1）差异化

现在有许多婚庆公司由于缺乏与新人更多的沟通,导致婚礼无法展现新人预想的效果。婚庆公司要认真对待每对新人,将每场婚礼当作一个艺术品来完成,努力做到尽善尽美。

（2）专业化

多数的婚庆公司通常出于成本考虑,几乎不设专门负责策划的团队。而具有竞争力的婚庆礼仪服务公司都拥有专业策划团队,团队成员精通各种主题婚礼的策划。

（3）个性化

个性化也是婚庆礼仪行业中极具竞争力的一项内容。现代年轻人越来越追求个性化,谁都希望自己的婚礼是独一无二的。而现在的大多数婚庆公司所做的整体策划基本由婚庆司仪独自完成,没有考虑到新人的个性化服务需求,导致婚礼内容单一、千篇一律。如果婚庆公司能根据不同的新人量身制定属于他们的特色婚礼,相信会具有更强的竞争力。

2. 婚庆公司竞争的形式

（1）价格竞争

价格竞争主要体现在价格是否在同行业中是最低的,能给予多大的折扣优惠。如今的婚庆市场竞争非常激烈,为了增加客源,一些经营者率先采用价格促销策略,使其他经营者被迫做出反应,从而就产生了所谓的"价格战"。

（2）服务竞争

服务竞争主要体现在专业性,这也是获得消费者认可的主要因素。因此服务态度和服务质量,直接影响到婚庆公司的生意。服务竞争衍生出了多种多样的服务形式,如婚纱摄影、喜糖配送、联合服务等灵活的服务形式。

第二节　婚庆公司的开业筹备

开业筹备是指从事生产经营活动之前应事先准备和落实的各项具体事项。由于不同婚庆公司的经营管理模式不同，经营规模和投入的人力、财力、物力有别，因此，开业前的准备程度也各不相同。但按照现行办事流程和规则，婚庆公司的开业筹备主要涉及以下几方面内容：选定经营场所、筹措资金、公司装潢装饰、配置办公设备、招聘员工、申请注册公司、办理工商税务登记、办理银行开户手续。

一、选定经营场所

正确选择店址，是婚庆公司盈利的首要条件。婚庆公司选址一定要选繁华一点的地段，就算租金稍微高一点也会赚回来的。但是如何选择合适的店铺呢？下面为创业者推荐选址的四步法则。

1. 确定人流朝向及人流量

必须清楚人们要往哪里去，而不只是知道他们在哪里。可以花点时间，在感兴趣的目标地区计算上午、下午、晚上各时段的人流量，统计进入附近店铺的人数，看看经过的人当中上班族、学生、年轻人的比例。而且至少要在平日和周末各算一次，才能知道人流的分布状况。这样就可以知道有效顾客和潜在顾客大概占总流量的几成。除了人们往哪里去，还要考虑人们得花多久才能到达你的店面，他们有没有时间到你的店里走走看看。

2. 访查周围环境

视察目标地点周围环境，要用两种角度来观察。首先，从商人的角度，什么迹象显示该地点可以创造业绩？该地段的固定人群消费率怎么样？其次，从顾客的角度，你会不会到这里的店面参观？到这里参观的都是些什么人群？黄金地段有冷门的角落，次级商圈也有热门据点。找地点最忌讳只看到别人成功，就想在其隔壁复制一家店。此外，一家店是否能在顾客行进线路上抢先别人一步拦截顾客？选址时要注意竞争对手的位置，寻找足以抗衡的地点，一定要占得领先地位。不然，位于同性质店面的下风处，生意可能受到影响。竞争是商场上的永恒主题，其规律是优胜劣汰。

3. 看店面建筑

抱着初次约会的心情看店面，要关心，也要怀疑。先远看，再近看，想象你的店面在这个空间里的感觉，一旦店名放在招牌上，会很显眼吗？开车经过的人得看到吗？行人能从人行道上就注意到吗？好的店面就像活广告，不只是让人方便找到店铺，也能向路上途经的潜在顾客展示店面的特色。

4. 选好邻居

顾客会认为彼此相邻的店面，其商品质量也会相似，所以，与类似或相关的品牌坐落在同一地点十分重要。例如在大型婚纱摄影、商场或超市旁开婚庆店，那么光顾这些场所的顾客也会被婚庆店吸引。另外，如果能碰到大型酒店之类的优质邻居那更好，若在这些地方能宣传到位,绝对可以为生意加分。选准了店址,就等于成功了一半。

二、筹措资金

筹措资金是婚庆公司成功开业的基础和前提,无论选择何种方式或者规模,在正确估算的前提下必须事先准备足够的资金。具体的投资金额因公司而异,无法具体评估,就资金来源而言,筹措资金的渠道主要有以下几种。

① 自有资金,即个人所拥有的可变现资产。
② 银行借款,即向银行提出贷款计划。
③ 合资经营,即联合其他人员共同投资,风险和利益共担。
④ 综合融资,即在投入自有资金的前提下,向银行贷款,同时与他人合资经营。

三、公司装潢装饰

门面是婚庆公司个性的表现,是公司内部向外界传达的标识,反映一个企业的文化和品味以及对外形象的确立。婚庆公司的门面装潢装饰需要根据加盟与否分别对待。

如果选择加盟连锁,则加盟供应商为了维护连锁企业的整体形象和统一标识需要,根据"千公司一面"原则,总部将向加盟公司提供标准化的专业勘查和设计,并提出装潢和装饰的要求和条件,以及详细施工图样。

如果选择个体自主经营,为了体现创业者的自我品牌形象和服务风格,在公司装潢装饰方面可以考虑以下因素。

1. 视觉感受

公司门面装潢装饰必须强调整体视觉效果。天花板宜用白色,面对员工的墙壁宜用冷色,其他墙壁的颜色宜用喜庆的暖色系,如浅黄色,所有墙壁的颜色应注意相互调和。

2. 主题明确

婚庆公司提供的是服务,为了强调服务功效,需要对公司标志、颜色、布局、灯光、色彩等各项主题进行综合配套。为此,在设计装潢装饰时,必须预先确定需要突出的主题。一般而言,主题只能突出一个,切忌面面俱到。在突出主题的前提下,其他装潢装饰都必须服从于主题,并作为主题的陪衬。

3. 整体布局

若婚庆公司需要将接待、设计、制作、加工等服务功能集中于同一经营场地,那么在配置功能区域时需要考虑整体感受,包括日常营运需要和整体美观需求。一般而言,需要注意以下几方面事项。

(1) 工作区应与精品展示区有别

若经营场地有限,则公司店面至少应该分割为两个区域,一个是客户接待区,另一个是员工工作区。

(2) 服务提示应醒目清晰

需要向客户告知一些事项,包括服务内容、服务价格、注意事项以及营业执照、税务登记、营业时间、投诉电话等,必须考虑到顾客能够方便阅读。

（3）设立精品展示区域

在展示区中将主要客户的服务案例相关的照片、创意图及有重要意义的作品集中陈列，作为公司对新客户的展示窗口。

四、配置办公设备

婚庆公司办公设备的配置需要创业者根据企业的经营定位、场地面积和服务项目综合而定，具体配置何种价格和品牌的产品，需要货比三家。在此给出婚庆公司的基本配置，供创业者选择考虑。

1. 设备及办公用品

① 笔记本电脑。

② 台式电脑。

③ 数码电视机。

④ 影碟机。

⑤ 投影仪。

⑥ 数码摄像机。

⑦ 数码照相机。

⑧ 扫描仪。

⑨ 非线性编辑器。

⑩ 传真机。

⑪ 刻录机。

⑫ 办公用品。

2. 道具

① 泡泡机。

② 泡泡液。

③ 气球泵。

④ 铜艺大烛台。

⑤ 十层水晶大烛台。

⑥ 玻璃烛台。

⑦ 绢花路引。

⑧ 水帘装饰。

⑨ 双心喷绘。

⑩ 纱幔背景。

⑪ 通体豪华绢花门。

⑫ 香槟酒杯。

⑬ 不锈钢气球立柱。

⑭ 不锈钢气球拱门座架。

⑮ 精美相册。

⑯ 结婚杂志。

⑰ 家具若干。

五、招聘员工

员工属于人力资源范畴，不同的员工处理同一件事情会产生不一样的结果。在此，仅就婚庆公司员工的基本工作技能提供一些指导建议。究竟配置多少员工以及员工如何适应创业者的经营理念，创业者可根据自身特征和营运需要在招聘员工时自行取舍。

① 婚礼策划师：能根据每对新人的不同爱好、追求或诉求为他们量身策划婚礼。

② 婚庆司仪：为服务对象主持婚礼当天的仪式。

③ 婚礼督导：一场完美婚礼的总管家、总调度师。

④ 化妆师/造型师：主要负责指导、协助服务对象的化妆、造型。

⑤ 音响师：主要负责婚礼当天仪式举行过程中的音乐、音响效果。

⑥ 摄影师：为服务对象进行镜像的静态摄影。

⑦ 摄像师：为服务对象进行镜像的动态摄像。

⑧ 婚庆业务拓展专员：为公司婚庆业务进行推广、拓展。

⑨ 收银员：兼记账工作，具有会计从业资格证书。

⑩ 接待员：接待客户咨询，积极促进客户下单。

六、申请注册公司[①]

注册公司的目的在于取得工商营业执照，成立合法生产经营企业。微小型企业注册公司可就地前往工商行政管理局申请办理公司的注册手续，并获得工商营业执照。

1. 工商行政管理部门申领登记手续

申请个体工商户或个人独资企业或有限责任公司的开业登记，除需具备相应的经营能力外，还需准备以下证明材料。

（1）身份证明

申请人应提供本人身份证，从业人员身份证，如委托他人前往办理的，还需带好委托方证明材料。

（2）职业状况证明

① 待业证明或下岗证明。

② 离、退休证。

③ 辞退职、停薪留职人员证明件。

④ 农村村民凭村民委员会证明。

⑤ 法律法规允许的其他人员的证明。

⑥ 符合国家创业扶持政策的证件，如毕业证。

（3）经营场地证明

① 租房协议书、产权证明。

[①] 各地不同时期的注册公司政策略有不同。

② 进入各类市场内经营的,需经市场管理办公室盖章批准。
③ 利用公共空地、路边弄口等公用部位作经营场地的应提供市政、城管、土地管理等有关职能部门的批准件或许可证。
④ 从事著名商品专卖的,应提交委托单位的证明材料。

2. 工商登记流程
① 自拟企业名称3～5个,到企业所在地工商局进行名称登记。
② 领取名称预先核准通知书。
③ 递交个体工商户或个人独资企业或有限责任公司的设立登记申请书。
④ 在规定期限内,领取营业执照。

申请人身份证原件和复印件,从业人员身份证原件和复印件,经营场所产权证或协议书,自议企业名称3～5个,到企业所在地工商局进行名称登记。

企业住所证明:租房协议书、产权证明、委托方证明材料。

七、办理工商税务登记

个体工商户(或个人独资企业、或有限责任公司)成功获得工商营业执照以后,自领取营业执照之日起30天内,持有关证件、资料,在工商注册或单位所在的区县(地区)地方税务局纳税服务所申报办理开业税务登记。办理税务登记手续必须提供的材料如下。
① 营业执照或有关主管部门批准开业的证明。
② 有关合同、章程、协议书。
③ 银行开户许可证。
④ 法人或负责人居民身份证。
⑤ 单位公章和财务专用章。
⑥ 房屋产权证书或租房协议。
⑦ 技术监督局颁发的全国统一代码证书。
⑧ 税务机关要求提供的其他证件、资料。

八、办理银行开户手续

公司在领取营业执照并刻制公章之后,即可到银行办理开户手续,开立银行结算账户。根据中国人民银行关于结算账户管理的有关规定,每个公司仅可开立一个基本账户,用以提取现金及日常结算支付等,并可根据经营业务的需要,再开立其他的一般账户。

1. 开立账户需要准备的资料
① 营业执照副本及其复印件。
② 组织机构代码证的副本及其复印件。
③ 法定代表人身份证复印件。
④ 如留存印鉴非法定代表人的,需要签署相应的授权书。
⑤ 公章、财务专用章及预留人名章。
⑥ 经办人身份证复印件。

⑦ 公司的税务登记证(含国税及地税)副本的复印件。
⑧ 房屋租赁协议。
⑨ 其他需要的证明文件。

2．办理支票领购手续
① 经办人的照片。
② 经办人的身份证复印件。
③ 设置开立账户的密码。

3．购领支票
① 支票购领本。
② 开户许可证。
③ 预留银行印鉴,当时填写手续费和工本费的单子。

第三节　婚庆公司的经营管理

创业者成功开办了婚庆公司,仅仅表明构建了对外服务的平台。如何有效地管理好这个平台,使之能够健康持续发展,为投资者带来稳定的回报,是每一位创业者所面临的问题。不同的创业者有不同的管理方法并产生不同的效果。关于管理的问题因人而异,并与创业者的文化底蕴和社会阅历息息相关。在此就婚庆公司所涉及的一些问题提供相应的策略和措施,供创业者参考。

一、经营管理理念

婚庆公司面对激烈的市场竞争,经营者既不能消极逃避,也不能墨守成规,必须积极应对,充分利用各种信息和渠道,制定科学的经营管理策略,才能在激烈的竞争中立于不败之地。

1．竞争对手
摸清竞争对手公司的选址、规模、顾客定位有着十分重要的意义。一般情况下,创业者必须明确公司在一定范围和阶段内的3~5家重要竞争对手,并重点给予分析和关注。经营者要掌握竞争对手的基本情况和发展动态,并建立详细的竞争对手档案。

2．顾客定位
正确的顾客定位是婚庆公司成功的关键。制定竞争策略之前,经营者必须明确目标顾客。只有有了明确的顾客定位,才能进一步根据顾客的喜好装修公司门面、制定价格和选择促销方式等。这样才能在竞争中做到有的放矢,直取目标。

3．形成特色
在仔细分析主要竞争对手后,就会发现他们都有各自的特点,经营者要根据竞争对手与公司的实际情况,选择适合公司发展的竞争策略,认真实施。将公司的竞争优点向顾客宣传,使之成为顾客乃至竞争对手都能接受和承认的优点,也就获得了真正的竞争优势。竞争优势将会吸引特定顾客进入公司,并成为常来常往的老顾客。

二、接单策略

婚庆行业是一个低投入高回报的行业。但是同是婚庆公司，年收入也有很大的不同，有的仅能维持生计，有的年收入几万元、几十万元、几百万元甚至更多。因此光有好的婚庆道具还不够，还要学会如何与客户交流。怎样留住客户、成功接单成为摆在婚庆公司经营者面前的一道难题。下面着重介绍一些接单成功率较高的婚庆公司惯用的三字诀窍：问、讲、听。

1. 问

要用聊家常的方式沟通，不要用提问的方式。从角色心理学来讲，受服方（买方）在服务方（卖方）的面前一开始都有一定的心理优势。相反，服务方在受服方面前一开始多少都有点心理劣势。所以婚庆公司的谈单员一开始和新人沟通时，一定要充分照顾新人的感受，这种感受是作"上帝"的感受，是受到充分尊重的感受，是赚足面子的感觉。最终的结果一定是客户赚了面子，公司赚了里子（钱）。容易让新人反感的提问式沟通方式要尽量避免，要采取容易被新人接受的攀谈式沟通方式。问，这里其实有很大的学问。问什么？怎么问？了解什么？这里有几点非常重要。首先，通过问话最好要了解对方的家庭背景和大致的收入情况。其次，要了解对方大致准备花多钱来举办婚礼。最后，一定要满足客户的心理需求。

2. 讲

讲述相关案例，启发新人的思路。一般情况下，冷不丁地抛给新人一个问题让他们做到即问即答是很难的。成功的婚庆公司谈单员的做法是：用接手的大量相关案例和成功的运作模式，引导和启发交谈中的新人。这样做常常会让新人茅塞顿开，举一反三。提示性案例虽然小且普通，但寓意深刻、现实生活性强，非常容易启发新人去找寻他们一路走来的点点滴滴。

3. 听

优秀的婚庆公司谈单员在听新人讲述时都是专心致志的。因为他们懂得，只有听得认真，才能使新人讲得耐心。听得认真，其表情反馈给新人的信息就是：对方对我的话题很感兴趣。因此，新人会讲得越发来劲。反之，新人会越讲越感到索然无味，于是谈话就戛然而止了。优秀的谈单员当听到特别感兴趣的内容时，会随时向新人提问、追问，同时会迅速地在纸上做记号而不是提笔写起来。因为他（她）知道，虽然好记性不如烂笔头，但烂笔头是不会把你兴趣盎然的表情传递给讲述中的新人的。更何况听记难两全，顾此又失彼。一个好的销售人员，往往不在于会说，而是在于会听，在听的过程中抓住客户的心理。因此谈单员学会聚精会神地倾听比滔滔不绝地讲更重要。

三、营销策略

1. 婚庆服务市场：提高服务档次和增加内容

在婚庆服务市场，无论是酒店还是婚庆公司，在结婚高峰期里（例如"五一"期间），其能组织的资源是有限的，所以可以算是卖方市场经济。因此可以在保证诚信的前提下，积极提高服务的档次,增加内容,通过有限的资源和时间,获得更高的回报。

2. 婚庆用品市场：定位营销

在婚庆用品市场,新婚伴侣采用的商品是明显区别于一般类别商品的,因此,婚庆公司要想在婚庆行业中有所作为,一定要推出有针对性的产品系列或者子品牌,以达到有效区分的作用。考虑到婚庆经济的规模,建议婚庆公司在结婚高峰到来以前,就要进行适当的广告宣传,提前的宣传、准确的定位、更高的曝光率,可以达到很好的效果。

3. 生活配套市场：优惠和促销

在生活配套市场,新人采购的商品与平常差别不大,但是采购量多、时间集中。针对这样的特点,适当的优惠和促销是比较好的营销手法。优惠和促销的方式与平常的方式有所不同,要侧重于从新人的需求出发,因此,投入的关注度很重要。

四、促销策略

婚庆公司经营的促销方式多种多样,目前比较常用的促销方式有以下几种。

1. 价格促销

在这类促销中,刺激购买的诱因都是以价格为基础的。价格是其中主要的吸引因素,因而在促销信息中往往被加以强调。

2. 劝试型促销

这类促销活动的目的在于鼓励婚庆公司目标对象试用产品或服务。其方法之一是利用价格刺激顾客尝试某一产品或服务。

3. 份额竞争型促销

这类促销的目的在于通过采取某种形式的刺激措施,从竞争对手那里夺取市场份额。明显低于竞争者的价格、高于竞争者产品的待遇,或者其他胜过竞争者的优点,是这类促销的核心内容。

4. 介绍型促销

这类促销的设计目的是向市场介绍新的服务项目。介绍型促销还可设计用来争取其他客人。

5. 营造回头业务型促销

这类促销的设计目的是婚庆公司为成功介绍新客户的老客户提供某种奖励或报偿,以此营造回头业务。

6. 有奖型促销

有奖型促销是指通过提供某种中奖机会,诱使人们购买公司的产品或服务。

7. 联合型促销

联合型促销主要是指将本公司的某一产品或服务拴系于另一公司的产品或服务共同进行促销。这种促销通常是在联合各方都受益的情况下采用的。

8. 合作型促销

合作型促销与联合型促销有些类似,但合作型促销的采用是因为合作方各自的预算都有限,或者是因为将这些产品或服务放到一起促销会更具价值。

五、客户推销策略

对于一家婚庆公司来说,客户开发是非常重要的,婚庆公司为了生存发展,为了获取更多的利润,必须运用各种方式达到扩大客户量的目的,主要包括以下几种推销方式。

1. 婚庆专业拓展员推销

① 派专员外出进行推销访问。

② 请顾客来店里参观、洽谈业务。

2. DM(direct mail)直接函件推销

① 信函。

② 印刷品。

③ 邮卡。

④ 小册子。

⑤ 节日祝贺函。

3. 婚庆公司网络推销

① 利用各类免费婚庆网站发布供求消息。

② 直接向潜在客户发送信息。

③ 网上拍卖。

④ 加入婚庆专业信息网。

六、投诉应对策略

任何商家都不可能让所有的顾客百分之百满意,都有可能发生顾客投诉的情况。如果商家对投诉处理得当,不但可以增进和巩固与客户的关系,甚至还可以促进销售的增长。当然,不同的商家处理投诉的方法也不尽相同,但都会分以下几步。

1. 认真倾听

受理投诉的工作人员不要与顾客争辩,要仔细倾听顾客抱怨的内容,了解他们到底是对服务,还是对其他方面不满意,以确定问题的实质和关键所在。

2. 分享感受

受理投诉的工作人员要从顾客的角度设身处地地去体会顾客的不满意,并对顾客的抱怨表示一定的认同。比如,"这事儿要是换了我,也会觉得有些不合适。"只有这样,才能缓解顾客的怨气,并营造继续沟通和澄清异议的气氛。

3. 澄清异议

通过前面的分析,应与顾客再次确认,以澄清抱怨的内容,并适当进行客观的解释,从而弄清问题产生的原因和实质。

4. 提出方案

在力所能及的范围内,提出解决问题的方案,以消除顾客的抱怨。

5. 要求行动

如果顾客同意提出的解决方案,就要与顾客进一步确认具体的解决时间、解决方式,使顾客的抱怨得以消解,甚至转化为最终的满意。

小 结

本章主要围绕婚庆公司的行业认知、开业筹备与经营管理展开。在对婚庆行业展开认知分析的基础上,全方位分析了婚庆公司的开业筹备,以及成立后的各类经营管理问题。

复习思考题

1. 简述婚庆行业的基本概况。
2. 简述婚庆行业的组织构架。
3. 简述婚庆行业的设备设施。
4. 简述婚庆行业的员工培训。
5. 简述婚庆行业的行业现状。
6. 简述婚庆行业的投资规模。
7. 简述婚庆行业的竞争特点和形式。
8. 婚庆公司如何选定经营场所?
9. 婚庆公司如何筹措投资资金?
10. 简述婚庆公司的办公环境要求。
11. 婚庆公司如何配置办公设备?
12. 婚庆公司如何招聘经营员工?
13. 婚庆公司如何申请注册公司?
14. 婚庆公司如何办理工商税务登记?
15. 婚庆公司如何办理银行开户手续?
16. 简述婚庆公司的营销策略。
17. 简述婚庆公司的促销策略。
18. 简述婚庆公司的客户开发策略。
19. 简述婚庆公司的投诉应对策略。

引申案例一

小夫妻创业案例,6年北漂后回家创业,开婚庆公司年入百万

引申案例二

国庆"爆仓"订单火爆 这家婚庆公司开创了商业新模式

附　　录

附录 1　《婚姻庆典服务》国家标准

附录 2　上海市《婚庆服务规范》

附录 3　上海婚庆礼仪服务合同

附录 4　上海婚庆行业自律公约书

附录5　上海婚庆礼仪服务投诉处理办法

附录6　黑龙江省婚庆礼仪消费争议解决办法

教师服务

感谢您选用清华大学出版社的教材！为了更好地服务教学，我们为授课教师提供本书的教学辅助资源，以及本学科重点教材信息。请您扫码获取。

》教辅获取

本书教辅资源，授课教师扫码获取

》样书赠送

旅游管理类重点教材，教师扫码获取样书

 清华大学出版社

E-mail: tupfuwu@163.com
电话：010-83470332 / 83470142
地址：北京市海淀区双清路学研大厦 B 座 509

网址：https://www.tup.com.cn/
传真：8610-83470107
邮编：100084